《东方杂志》与晚清社会

（1904—1911）

凡 樊◎著

吉林文史出版社

图书在版编目（CIP）数据

《东方杂志》与晚清社会：1904-1911 / 凡樊著 .

长春：吉林文史出版社，2024.8. -- ISBN 978-7-5752-
0611-2

Ⅰ . C55

中国国家版本馆 CIP 数据核字第 2024BU4449 号

《DONGFANG ZAZHI》YU WANQING SHEHUI（1904—1911）

书　　名《东方杂志》与晚清社会（1904—1911）
作　　者 凡　樊
责任编辑 孙佳琪
出版发行 吉林文史出版社
地　　址 长春市福祉大路 5788 号
网　　址 www.jlws.com.cn
印　　刷 北京四海锦诚印刷技术有限公司
开　　本 710 mm × 1000 mm　1/16
印　　张 14
字　　数 215 千字
版　　次 2025 年 3 月第 1 版
印　　次 2025 年 3 月第 1 次印刷
定　　价 58.00 元
书　　号 ISBN 978-7-5752-0611-2

简 介

　　晚清社会政局动荡，在深重的民族危机下，清廷宣布实行新政。同时期，更注重新闻传播内容与质量的期刊出现，在呈现新闻报道、消息资讯的同时，对彼时中国政治图景、社会舆论有大量的描绘与书写，为晚清社会注入了新的变革因素。1904年，《东方杂志》由商务印书馆出版刊行，是近代中国极有代表性、社会影响力的综合型商业期刊。该刊围绕"启导国民、联络东亚"这一宗旨，以扶持教育为己任，促社会之自觉，试图竭力引导政府顺应世界之潮流，达到尽快立宪之目的，反映了期刊与政治、期刊与社会变革之互动关联。

基金项目：

2022年主持度安徽省科研编制计划重点项目《〈东方杂志〉与晚清政治关系研究》，项目批准号：2022AH050432，在研。

前　言

一、选题缘由与意义

《东方杂志》因为存续时间长、内容丰富，在中国近代期刊史上占有重要地位。作为一份大型综合型杂志，一定程度上反映了清末各项改革的全貌。《东方杂志》视域下的清末新政是晚清社会转型背景下报刊与政治互动的镜像，其背后涉及地域环境、媒介报人、公共领域等多种内外因素。因此，"《东方杂志》对清末新政的呈现与展示"这一课题具有重要的研究价值。

本文以1904—1911年的《东方杂志》为中心考察清末新政，学术价值主要体现在：

第一，拓展《东方杂志》的研究视角。《东方杂志》在近代思想史、文化史上的地位使其成为一个非常值得深入研究的学术课题。长期以来，学界对于《东方杂志》的研究视角大致分为新闻学与历史学两方面。从新闻传播角度对《东方杂志》的研究，主要是探究历任主编的传播思想，研究各时期的编辑理念；史学界主要将《东方杂志》作为文本进行研究，从中梳理各种社会思潮和社会状况等。将传播学和历史学结合起来进行研究则相对较少。分析《东方杂志》对清末新政的呈现与展示，可以加强多学科的交叉研究。

第二，探讨媒介与社会的互动关系。报刊媒介在近代中国社会扮演着举足轻重的角色，尤其是在社会转型时期。把清末新政放置在当时的历史环境中观察，新政时期可谓是一个承前启后的转型时期。这一时期，《东方杂志》对新政的报道、对立宪的鼓吹，使民众对君主立宪的认识逐步加深，推动了立宪运动的发展。本文以该杂志为中心着重考察近代中国历史大变局下媒介与社会的互动关系，力求客观地揭示清末最后十年报刊视域下新政改革的内容、特点及其走向，进一步探究媒介与政治的互动关系、媒介与社会转型的互动关系。

二、学术史回顾

《东方杂志》由商务印书馆编辑发行，创刊于1904年，1948年停刊，共发行正刊44卷，几乎见证了20世纪上半期中国社会的发展历程。由于其内容涉及较广，保存了大量的第一手历史资料，因而具有极高的研究价值，近年来有关《东方杂志》的研究愈益受到学界的重视。学界关于《东方杂志》的研究主要集中在以下几个方面：

（一）关于《东方杂志》的整体性研究

自创刊以来，《东方杂志》便受到学界及业界的关注。民国时期，著名报人戈公振先生在其著作《中国报学史》中评价《东方杂志》为"杂志中时期最长久而最努力者"（《中国报学史》，古籍出版社，2003年版）。

《东方杂志》具有十分重要的史料价值，其意义和影响颇为深远。学界关于《东方杂志》的整体性研究不断增加。20世纪60年代，学界开始有关于《东方杂志》的研究专著面世。王云五的《〈东方杂志〉之刊行及其影响之研究》（台湾商务印书馆，1969年）是较早从传播学角度开展《东方杂志》整体研究的论著。该书以时间为主线阐述《东方杂志》的发展历程，选取一些个案研究，可以称作是整体了解《东方杂志》发展历程及地位价值的重要专著。洪九来的《宽容与理性——〈东方杂志〉的公共舆论研究(1904—1932)》（上海人民出版社，2006年）一书以1904—1932年的《东方杂志》为研究对象，从新闻传播学的角度观察编辑群体知识分子在舆论构建方面的作用，选取有代表性的主编全体进行研究梳理，以社会转型、知识分子群体为切入视角，研究《东方杂志》构建的公共舆论空间及其变化。丁文所著《"选报"时期的〈东方杂志〉（1904—1908）》（商务印书馆，2010年）亦是从新闻传播学的角度研究创刊初期的《东方杂志》，其详尽分析了这一时期《东方杂志》的选报内容，并将其与原文做细致比较，探究《东方杂志》对于选报的摘录删改，从而探析杂志的立场与态度。该书是研究早期作为文摘类读物的《东方杂志》的重要著作。

《东方杂志》的办刊宗旨及风格亦得到研究者的关注。石雅洁、李志强认为《东方杂志》在社会环境不断发生变化的45年时间中，大体经历了五个阶段，"启导国民、联络东亚""为舆论的顾问者""成为中国人公有的读物""求中国智识者的新生"及"发扬文化传播学术"，指出办刊宗旨的变化反映了时代的变迁及编辑群体的态度立场。（石雅洁、李志强：《〈东方杂志〉办刊宗旨的演变》，《新闻爱好者》，2010年16期）；李云豪、王艳萍指出，《东方杂志》经历了早期社会变革的选报时期、新文化运动中的保守稳健时期，以及20世纪20年代以后自由文化并行时期，进而探讨刊物本身的应时而变所反映出的社会变迁。（李云豪、王艳萍：《〈东方杂志〉风格的变化探析》，《中国出版》，2011年10期）

关于《东方杂志》的历史地位及其价值也是学界较为着力研究的一个领域。陶海洋的博士论文《〈东方杂志〉研究（1904—1948）——现代文化的生长点》（南京大学，2013年），梳理了不同编辑群体任职期间《东方杂志》的主要内容和文化特色，肯定了《东方杂志》对现代文化的贡献。王征的硕士论文《〈东方杂志〉在清末（1904—1911）的历史文化身份》（上海外国语大学，2007年）通过对《东方杂志》文章内容的阐述、《东方杂志》选摘文章来源报章的分析、《东方杂志》所属出版机构主持人和主编的分析、《东方杂志》作为综合性商业期刊的大众传播媒介论述、《东方杂志》的文学性分析五个方面来厘定《东方杂志》在清末（1904—1911）这个纷纭复杂时间段中的历史文化身份。张欣通过阐述《东方杂志》的创刊背景、内容取向、编辑风格，从史料性和学术性两方面肯定了其在中国近现代报刊史上具有独特的历史地位。（张欣：《〈东方杂志〉史料性和学术性研究》，《河南图书馆学刊》，2008年06期）。张凤英认为《东方杂志》的价值体现在它是"杂志的杂志"，认为《东方杂志》工具书性质明显；在政治倾向上有联络东亚、反对西方的演变轨迹；在思想文化领域，不仅留下当时国内外重大事件的报道与评论，而且在"新学"与"旧学"之争及随后东西文化大论战中，亦有身于其中和思想引导两方面的影响。（张凤英：《论〈东方杂志〉的文献价值》，《湘潭大学社会科学学报》，2001年03期。）

（二）关于《东方杂志》的专题性研究

作为一种百科全书式的杂志，对《东方杂志》的专题研究亦越来越得到重视，主要表现在以下几个方面：

1.关于《东方杂志》的主编及编辑群体的研究

《东方杂志》的出版及其编辑群体之于《东方杂志》可谓举足轻重。研究成果主要集中在杜亚泉、孟森、胡愈之等人。以杜亚泉为研究主体的著作和论文较多，但未见直接以清末《东方杂志》为研究背景的相关著作。研究杜亚泉思想方面的著作有高力克的《通适的智慧——杜亚泉思想研究》（浙江人民出版社，1998年）、许纪霖等主编的论文集《一溪集——杜亚泉的生平和思想》（三联书店，1999年版）等，对杜亚泉思想研究较为系统和全面。李静的《杜亚泉与〈东方杂志〉》（《青海社会科学》，2007年第4期）探讨在以救亡图存为主题的时代背景下，遭人误解的杜亚泉如何秉以稳健持中、超然独立、开放多元的编辑思想成就了《东方杂志》在近现代出版史上的独特风格。关于主编孟森的研究主要有罗娟的《孟森与〈东方杂志〉》（《聊城师范学院学报》，1999年第1期），分析孟森在主编《东方杂志》期间，大力改良刊物版面，使内容更加翔实，报刊性质也逐步由"选报"向自主撰稿的综合性刊物过渡。罗娟重点分析孟森通过《东方杂志》宣传、参与立宪运动，批评清政府无立宪诚意。但限于资料，涉及清末《东方杂志》的另外两位主编蒋维乔、徐柯的系统研究较少。

2.关于《东方杂志》与清末立宪研究

以《东方杂志》为研究视角对清末立宪的研究主要涉及杂志对立宪的宣传及其在立宪运动中的立场等内容。唐富满在《〈东方杂志〉与清末立宪宣传》（湖南师范大学，硕士论文，2003年4月）一文中，从宣传立宪活动的角度，利用《东方杂志》记载的有关立宪运动的资料，通过论述立宪宣传概况、《东方杂志》立宪宣传的内容、《东方杂志》在立宪宣传中对清政府与革命派关系的变化、《东方杂志》立宪宣传的特点等四部分内容，对《东方杂志》在清末的立宪宣传进行探讨。赵淑菊所撰写的《从政治传播的视角看东方杂志的清末立宪宣传（1905.9—1911.5）》（安徽大学，硕士论文，2012年5月）从政治传播学的角度分析《东方杂志》的主持者、选报来源、时代背景，以及选取文本，从为何立宪、如何立宪、官制改革、教育、地方自治等方面考察《东方杂志》的清末立宪宣传。洪九来认为，清末有关"立宪"的争论集中在集权还是分权，通过对《东方杂志》一群文化保守主义者相关言论的剖析，从中析离出他们既不同于极端的集权派，也不同于极端的分权派的相对独特的调和思想与折衷主张。（洪九来：《集权与分权——略论〈东方杂志〉在清末民初政争中的折衷观点》，《山西师范大学学报（社科版）》，2000年02期）。王娜、孙昉探究《东方杂志》对于清政府态度的演变。二者所撰《从〈东方杂志〉看清末立宪派与清政府关系的变化》（《大家》，2010年05期），通过对《东方杂志》进行文本分析，着重考察立宪派与清政府关系的变化。

3.《东方杂志》与清末教育、经济改革研究

彭慧艳的博士论文《舆论视野下的教育改革——以《东方杂志》为中心（1904—1911年）》（安徽大学，2013年）深入分析了《东方杂志》集中报道的废科举后兴办新式学堂、立宪与教育、教育普及、道德教育等当时社会关注度较高的有关新式教育发展的焦点问题，展示《东方杂志》报道清末教育改革的特点。全泽矿在硕士论文《〈东方杂志〉与清末教育思想》中重点阐述了《东方杂志》与近代教育思想的传播，并大力倡导教育普及和德智体并重的近代教育思想传播。另外，全泽矿的《〈东方杂志〉与清末普及教育思想的传播》（《湖北函授大学学报》，2011年01期），概述了《东方杂志》关于小学教育、女子教育、社会教育、留学教育的内容。涉及清末教育改革与《东方杂志》关系的研究论文还有《〈东方杂志〉对中国近现代教育发展的贡献》（陶惠娟：《〈东方杂志〉对中国近现代教育发展的贡献》，《黑龙江史志》，2010年21期），该论文探讨《东方杂志》站在中国社会改革的立场上，传播先进教育理念，批评教育发展中存在的问题，利用舆论监督和导向提出相关建议，认为《东方杂志》对中国教育现代化的发展起了重要的推动作用。

《东方杂志》对经济的重视也一度成为学界研究之一。蔡胜的博士论文《舆论视野中的"农业、农村、农民"问题研究——以〈东方杂志〉为中心（1918—1937年）》（安徽大学，2011年）从《东方杂志》"三农"作者群、传播路径和受众的分析，揭示"三农"问题的传播过程，及透视出该杂志传播"三农"问题的影响。赵然平的硕士论文《〈东方杂志〉与清末实业思想（1904—1911）》（吉林大学，2015年）则从实业的角度分析《东方杂志》与经济改革的关系，他认为《东方杂志》重视实业的原因主要有四方面：对西方富强和中国衰落现实的认识、主编群体多是热衷实业的立宪人士、上海具有探讨实业思想的有利环境、发展实业的重要性。论文通过《东方杂志》对中国当时实业不兴原因和解决对策的探讨，指出以《东方杂志》为载体的清末实业思想有开放性、先进性、超前性、局限性等特点。文吉的硕士论文则从杂志自身商业化和其所承担的社会责任视角出发，分析得出清末《东方杂志》的关注重点在振兴实业和对外关系。（文吉：《从商业理性和社会责任看清末民初的〈东方杂志〉》，华东师范大学，2010年。）

（三）其他相关研究

王玉蓉的《清末民初〈东方杂志〉商业广告研究1904—1937》（北京人民出版社，2015年），梳理、统计、分析了《东方杂志》创刊以来的商业广告、传播情形、传播特色及其对中国近代广告业的影响。它从大众传媒商业广告的角度，试图揭示和辨析新与旧、中与西的文化碰撞所带来的消费文化和社会伦理的变迁。罗奕的《〈东方杂志〉广告研究》（厦门大学出版社，2016年）一书以《东方杂志》上的广告为研究对象，分析其媒介生态，解析该杂志的广告经营理念和特色，梳理旧中国杂志广告发展变化轨迹。唐艳香、金璐洁则关注《东方杂志》所反映的妇女问题。唐艳香通过对1904—1919年间《东方杂志》关于妇女问题的文本分析，考察女子教育、妇女参政、婚姻自由等问题，进而洞悉《东方杂志》在妇女问题上的态度与立场。（《从女子教育、妇女参政到婚姻自由——1904—1919年间〈东方杂志〉对妇女问题的关注》，《社会科学》，2008年04期）《东方杂志》的研究成果远不止于上述几个方面，如《东方杂志》与近代灾荒研究、宗教问题、文学方面、对外关系等，在此不一一赘述。

三、研究思路和研究方法

本文以1904—1911年《东方杂志》对清末新政的呈现与展示为研究对象，通过梳理《东方杂志》在预备立宪、教育普及、实业救国等改革措施方面的态度与观点，探讨媒介在社会转型时期的作用。通过对《东方杂志》办刊宗旨、编辑群体及其出版发行情况的分析，得出其在创刊初期的角色定位。《东方杂志》对清末新政的关注与报道一定程度上影响了当时的社会环境。

通过数据统计分析《东方杂志》关于清末新政的栏目与板块、增刊与专题，分析该杂志通过"公文""奏折"呈现改革措施和以"选报""本社撰稿"对新政进行评论，分析刊登外国宪法章程、介绍外国宪法知识，以及《外论选译》翻译外国对于中国立宪的评论，梳理《东方杂志》对清末新政的相关报道情况。这一部分主要以数据统计及图表的方式对该杂志报道中新政所占比例，政治改革、教育改革所占比例，选报内容与本社撰稿所占比例进行分析总结，窥见《东方杂志》对新政关注重点的沿革。

　　《东方杂志》对新政的关注重点体现在对君主立宪的聚焦。通过对晚清8年《东方杂志》中关于立宪内容的分析，可见该刊在试图推进立宪方面的努力。关于立宪，《东方杂志》探讨了中国立宪的必要性，并对立宪做出构想与规划等。结合我国国情，对地方自治、国会、责任内阁、宪法等具体措施做出规划。《东方杂志》的主要政治倾向是鼓吹立宪，故其从"强教育""兴实业""重法制"视角分析阐述的同时，试图从普及教育、振兴实业、确立法制等方面为推进立宪做准备。可见，媒介作为政府政治整合的工具，其本身具有一定的政治整合功能，在信息传播的过程中试图将经济、文化、法制的发展轨迹纳入政治发展的宏图中，以期满足政治转型的需求。

　　最后，本文通过对《东方杂志》关注清末新政的内容特征进行分析与总结以观媒介与社会的互动。利用传播学的视角，从舆论宣传、舆论导向、舆论监督三方面探析《东方杂志》对清末新政的影响，从而延伸和升华至探讨媒介在社会转型中的作用。对于社会转型来说，尤其是中国社会由传统向近代转型的过程中，媒介起到的并非决定性作用，但媒介可以通过合理质疑专制政府、表达人民情绪诉求、传播特定文化等方面推动或阻扰社会转型。社会转型时期多伴有社会变革，以清末新政为例，社会变革是国家与社会关系的重构，媒介具有的纵向沟通功能，在原有体制之外构建出政治参与的新管道，并将社会与国家联结起来。它在信息与社会规范之间、国家权力与社会权力之间建立了一个新的平衡。虽然媒介并不是社会转型最根本的制造者，但媒介权力是一种对个人或社会进行影响、操纵、支配的力量，具有事件影响得以发生和事件怎样发生，由此形成或塑造公共意见的种种能力，并渗透至社会生活的各个领域。

　　本文坚持历史唯物主义，运用计量史学的方法，采用图表对相关问题进行量化分析，增强论证的说服力。同时，采用多学科交叉研究，通过对新政过程的传播者、传播文本、传播渠道、传播效果的分析，考察以《东方杂志》为代表的晚清媒介所呈现与展示的清末新政及媒介与社会的互动关系。此外，本文还借助文本分析方法，通过阅读《东方杂志》关于清末新政的文本，对其进行综合分析，进一步探究晚清媒介在社会转型中的作用。

四、创新与不足

综观学界，关于《东方杂志》的研究成果颇丰，但集中探讨《东方杂志》与清末新政关系的成果尚显不足。本文在前人研究的基础上，以《东方杂志》为视角，研究清末新政及其走向，更全面多元地展现早期《东方杂志》（1904—1911年）的面貌，进一步揭示社会转型时期媒介与社会的互动关系。因本文研究涉及历史学与传播学的学科交叉研究，对于如何使二者更好地融合稍显不足，有待于进一步加强。

目　录

第一章 《东方杂志》的创办与发行

媒介是传播大规模信息的载体，是社会发展到一定阶段的产物。《东方杂志》被戈公振称为近代杂志中"时期最长久而最努力者"[1]，可见其在中国近代新闻史上的地位。1904年3月，《东方杂志》创刊于上海，一直到1948年12月休刊，前后历时45年，共出版44卷。该刊由中国出版业的翘楚——商务印书馆出版发行。彼时的社会环境与编辑群体的身份在其办刊宗旨上有所反映，并对该杂志早期的出版发行与角色定位产生一定影响。

第一节 《东方杂志》的创办及其办刊宗旨

自1840年以来，中国社会一直深陷内忧外患的窘局。虽国人一直积极探索强国御辱之道，但由于清廷一直缺乏政治改革的觉悟，使中国社会进步举步维艰。尤其是晚清社会的最后几年，各类新旧势力争先涌动与碰撞，社会形势更加动荡。1901年，清廷终于被迫实行改革，史称"清末新政"。清末改革之前，政府主推官办报纸，以便控制言论，新政时期清廷广开"言禁"，为民间报刊的发展提供了相对宽松的环境。报刊媒介尤其是民间报刊开始迅速发展壮大。"19世纪末20世纪初，中国人在国内所办报刊已有247种"[2]，可见，这一时期，中国虽然内忧外患、社会动荡，但同时，也是中国社会由封建君主制逐渐向民主共和制转变的过渡时期。清末新政的重要意义之一就在于促进了中国的近代化进程。这种相对的政治环境的宽松、工商业的发达、出版业的繁荣、科技文化的进步，使期刊这种新型媒介应运而生。

---

① 戈公振：《中国报学史》，北京：三联书店，2011年，126页。

② 陈昌凤：《中国新闻传播史——媒介社会学视角》，北京：北京大学出版社，2007年，81页。

一、《东方杂志》创办的时代背景

（一）清末新政

1894年中日甲午战争爆发，中日敌对关系明显。战后《马关条约》割让辽东半岛给日本，引起俄、德、法三国的不满，在三国的干涉下，辽东半岛归还我国。1896年6月，李鸿章在莫斯科签订《中俄密约》表明当时中国的亲俄倾向。从1895年中日之战中国战败以后，我国开始反思，在与日本的比较过程中，我国逐渐发现日本的明治维新应该是其国力大增的主要原因。因此，中国开始进行革新。清末新政是清政府在其统治的最后十年（1901—1911）发起的一场大规模的社会改革运动。它和洋务运动、戊戌变法并称为晚清三大改革。清末新政在范围和影响上都超过前两次，并在推动中国近代化进程中起到了重要作用。可见清末新政在晚清历史上有重要地位。与前两次不同，这次改革是由清廷组织实施。政府主导型改革的优势之一就是所受的阻力相对较小，影响也就相对更大。

1901年1月29日，慈禧太后以光绪皇帝的名义颁发改革上谕："著军机大臣、大学士、六部九卿、出使各国大臣、各省督抚，各就现在情弊，参酌中西政治，举凡朝章、国政、吏治、民生、学校、科举、军制、财政，当因当革，当省当并，如何而国势始兴，如何而人才始盛，如何而度支始裕，如何而武备始精，各举所知，各抒所见，通限两个月内悉条议以闻。"[1]当时正值义和团运动失败、八国联军占领北京，清廷统治集团被迫出逃避难之际。中国八方风雨，清廷统治根基动摇，改革之事迫在眉睫。所以，和前两次相比，此次清政府更为迫切地期望挽救统治，改革态度也相对积极主动。尤其是经历了戊戌变法和八国联军侵华之役以后，期望政治变革的队伍日益壮大。而1904年日俄战争的爆发，促使立宪改革真正被提上日程。

（二）日俄战争

日俄之战与中国关系密切。早在1894年日本对华战争之时就埋下了日俄之战的种子。日本对中国领土的觊觎与俄国妄图霸占东三省，进一步控制我国新疆、蒙古和华北等地的计划严重冲突，最后演变为一场为了争夺我国领土的非正义性侵略战争。日俄之战的爆发来由以及战场分布在中国领土等原因，足以引起

---

① 朱寿朋：《光绪朝东华录》（第四册），北京：中华书局，2016年，总4602页。

中国对此战争的高度关注。而更重要的是，中国当时亟待改革。故日俄战争的胜负直接关系到清末改革的实施进度与前景。日胜俄败的结局，使国人看到了强国的希望，许多人认为是日本的立宪战胜沙俄的专制。

（三）期刊的出现

国人自办的最早期刊始于维新运动时期。康有为、梁启超等创办北京强学会，并在上海设分会，鼓吹变法，遭守旧派反对。1896年，北京强学会被查封以后，上海分会被迫改成时务报馆，刊《时务报》，每旬一刊，成为维新派主办的最早的综合类政治期刊。而后各地维新人士纷纷效仿，兴起办会办刊热潮。"而每会必有一种出版物以发表其意见，于是维新运动，顿呈活跃之观，而杂志亦风起云涌，盛极一时。"[①]至此，期刊已作为一个新媒介正式登上中国历史舞台。

新媒介是媒介定义的延伸。媒介的定义有狭义与广义之分，广义上，可以说媒介即政治，媒介即经济，媒介即文化，等等。正如麦克卢汉所说"媒介是人体的延伸"。媒介是人与人交流的桥梁，它与政治、经济、文化、社会都有着密切的联系。新媒介是由传统媒介演变而来，罗杰·菲德勒指出，传播媒介的形态变化，通常是由于可感知的需求、竞争和政治压力，以及社会和技术革新的交互作用引起的，新媒介并不是自发独立产生的，而是从旧媒介的形态变化中逐渐产生。[②]所以本文研究的新媒介是一个相对概念。没有哪一个新媒介是永久的新媒介。只是相对于以往的报纸书籍来说，期刊的出现成就了一种新的媒介传播方式。所以，既然说新媒介是在旧媒介的基础之上演变而来，那么新媒介也必然保留和继承了旧媒介的一些精华，同时又有其新的优势。

期刊与报纸、书籍相较确有其特殊之处。期刊虽然出现较晚，但它兼顾了报纸的新闻性与书籍的连贯性。期刊虽在新闻报道方面无法比拟日报的即时性，但恰是因为日报的出版周期短，内容篇幅有限，对新闻报道虽及时，但传播范围与传播力度有限。期刊一般为月刊或半月刊，不仅可以及时呈现本月或上月的新闻，还可以进行编排和汇总，并附加评论，更有利于读者省时省力地全面了解传播内容。书籍相较期刊、报纸而言，留存价值更高，传播力度更为深远，但即时性最弱。期刊是19世纪末20世纪初，在报纸、书籍基础上演化出来的新媒介。

---

① 戈公振：《中国报学史》，北京：三联书店，2011年，117页。

② ［美］罗杰·菲德勒著，明安香译：《媒介形态变化：认识新媒介》，北京：华夏出版社，2000年，19页。

所以一开始，期刊仍以"报"命名，只是比传统意义上的报纸出版周期略长，直到1904年《东方杂志》问世。虽说《东方杂志》并非中国近代最早出现的期刊，但它的出版，"使'杂志'这个称为谓今后的报刊界产生了极大的影响"①。

在第一期开篇的《新出东方杂志简要章程》中提及"本杂志……除本社撰译、论说，广辑新闻外，并选录各种官民月报、旬报、七日报、双日报、每日报、名论要件以便检阅""编次方法首关于本类之论说，次史事，次章程，次公牍，次规程，次新闻，仍以先内国后外国为序"。②《东方杂志》强调期刊的优点"重论说"的同时，也试图兼顾报纸的新闻性。虽在编次方法上把新闻放在最末，但就其内容来看，从论说到规程几乎均围绕当时的新闻热点展开。而搜罗选刊各报纸的有效信息，使受众既能免于读各类报纸的繁杂，降低了购买各种报纸的阅读成本，又能完整地了解新闻事件。《新出东方杂志简要章程》中亦提及主持群关于编排装订的想法："每类无论多少各自为页，不相掺杂，以便分订成书。"③《东方杂志》1904年第一卷共12号，除正常按顺序每月出版以外，另还有光绪三十年（1904）六月二十五日出版的第六期，分类记载1904年1期至4期的军事。光绪三十年（1904）九月二十五日发行第九期，记载1904年1期至12期的教育。还有两期发行日期模糊，分类记载1904年1期至12期的财政和外交。可见，《东方杂志》从创刊始，就致力于兼备报纸和书籍的双重优势。

上文提及，在新闻环境的不断变幻中，传统媒介孕育出新媒介。可见环境对媒介的产生与发展至关重要。那么《东方杂志》的创刊又与哪些环境因素密不可分呢？随着社会的发展进步，19世纪末20世纪初涌现了一股办刊热潮。具体情况见表1：

表1　19世纪末20世纪初热门期刊一览表

刊物名称	发行机构或发行人	创刊时间	创刊地点
《时务报》	时务报馆	1896年	上海
《知新报》	康广仁、何廷光等	1897年	澳门
《农学报》	罗振玉等	1897年	上海

---

① 马光仁主编：《上海新闻史（1850—1949）修订版》，上海：复旦大学出版社，2014年，271页。

② 《新出东方杂志简要章程》，《东方杂志》，第一卷（1904）第一期。

③ 《新出东方杂志简要章程》，《东方杂志》，第一卷（1904）第一期。

（续表）

刊物名称	发行机构或发行人	创刊时间	创刊地点
《新学报》	新学会与算学会	1897 年	上海
《求是报》	曾仰东、陈彭寿等	1897 年	上海
《萃报》	朱强父	1897 年	上海
《实学报》	王斯源、王仁俊等	1897 年	上海
《通学报》	任独	1897 年	上海
《集成报》	陈念萱	1897 年	上海
《湘学新报》	长沙校经书院	1897 年	长沙
《经世报》	章炳麟等	1897 年	杭州
《渝报》	宋育仁、潘清荫等	1897 年	重庆
《格致新闻》	朱开甲、王显理	1898 年	上海
《工商学报》	张德坤	1898 年	上海
《东亚报》	韩昙首等	1898 年	上海
《求我报》		1898 年	上海
《蜀学报》	尊经书局	1898 年	成都
《清议报》	梁启超等	1898 年	横滨
《无锡白话报》	裘毓芳	1898 年	无锡
《译林》	林长民等	1901 年	上海
《普通学报》		1901 年	上海
《选报》	将智由、赵祖德	1901 年	上海
《教育世界》	罗振玉	1901 年	上海
《外交报》	上海普通学书局	1901 年	上海
《新民丛报》	冯紫珊	1901 年	横滨
《鹭江报》	鹭江报馆	1902 年	厦门
《中外算报》	杜亚泉等	1902 年	上海
《政艺通报》	邓实	1902 年	上海
《女报》	撷芬	1902 年	上海

（续表）

刊物名称	发行机构或发行人	创刊时间	创刊地点
《商务报》		1903 年	上海
《大陆》	江呑	1903 年	上海
《启蒙画报》	彭翼仲	1903 年	北京
《国粹学报》	邓实	1904 年	上海
《东方杂志》	商务印书馆	1904 年	上海
《日俄战纪》	商务印书馆	1904 年	上海
《国文报》		1906 年	济南
《国粹丛编》		1907 年	
《振华五日大事记》	愚公、亚魂等	1907 年	广州
《政论》	政闻社	1907 年	上海
《农工商报》	江宝衍	1907 年	广州
《实业报》	曾公健	1907 年	广州
《半星期报》	莫梓斡	1908 年	广州
《蒙学画报》	上海中华学会	1908 年	上海
《教育杂志》	商务印书馆	1909 年	上海
《保国粹旬报》	黄德钧	1910 年	广州
《国风报》	何国桢	1910 年	上海
《蜀报》	朱山	1910 年	成都
《地学杂志》	中国地学会	1910 年	北京
《法政杂志》	陶保霖等	1911 年	上海

（来源于戈公振：《中国报学史》，北京：三联书店，2011 年版，117-125 页。）

　　此处统计了 1896—1911 年，各地兴办期刊的概况，虽不能涵盖所有的期刊，但已囊括了涉及不同领域侧重不同内容的大部分期刊。在统计的这 49 种期刊中，包括《东方杂志》在内有 30 种创刊于上海。从时间上看，1897—1904 年为最盛。创办者多为新型知识分子或团体，可见，晚清上海特殊的媒介环境对《东方杂志》创办有重要影响。

二、商务印书馆与《东方杂志》的创办

（一）晚清上海的媒介环境

上海地处东南沿海，是长江的入海口，自开埠以来经济地位冒升。随着西方力量的冲击，上海民族资本主义迅速发展，新兴企业普遍建立。1895—1913年开业的华资制造业和采矿业的企业，上海总共有83家企业创立，占总数的15%，资本数2300余万元，接近全国总额的20%。^①伴随工商业的繁荣，上海人口结构也发生变化。1900—1910年，上海46家雇工500人以上的工厂共有工人7.6万人，在这时期有据可查的47次罢工中，有36次发生在上海。^②这一时期，工人、中产阶级的兴起与壮大，上海人口数量的增多、人口流向的变化、工人罢工的频发都映射出晚清上海走在中国"城市化"道路的前沿。随着租界的建立与繁荣，上海开始成为一个华洋杂居的国际商业大都会。晚清上海社会的最突出的定义就是国际商业都会。经济的繁荣、工商业的发达成为晚清上海的标签。除此以外，给人印象深刻的便是"十里洋场"的繁华，西化的生活用品和生活方式。这一时期在"东南互保"之下，上海的政治环境稳定，相较戊戌政变以后的北京，上海的政治舆论氛围更加自由与宽松。用叶文心的话说："上海是资本密集的城市，也是移民密集的城市。上海是近代中国经济发展最为快速的都会……上海是全国新闻、教育、出版事业的中心……"^③所以，在民报比例逐渐赶超外报和官报时，上海在民间报刊的数量上位居第一也就不足为奇了。

民间办报兴起之前，在中国报界占主要地位的是官报和外报。官办报纸对于民意的表达尚显不周。洋人所办报纸更多的是代表洋人的利益，服务于外国。虽自同治年末，中国已出现民办报纸，但真正全面兴起和趋于多样化是在19世纪末20世纪初，其时，上海在民间报刊的数量上位居第一。早在1874年《汇报》出版于上海，1876年又出版《新报》，在民间办报方面已走在前端。19世纪末

---

① 费正清等编，中国社会科学院历史研究所编译室译：《剑桥中国晚清史》(下卷)，北京，中国社会科学出版社，1985 年，38 页。

② 费正清等编，中国社会科学院历史研究所编译室译：《剑桥中国晚清史》(下卷)，北京，中国社会科学出版社，1985 年，38 页。

③ 叶文心：《上海繁华——都会经济伦理与近代中国》，北京：时报出版公司，2010 年，8 页。

20世纪初，上海民办日报达32家之多，杂志达47种之多。位居全国第一。[①]由此可观，晚清上海出版机构亦是星罗棋布。

表2　晚清上海的出版机构一览表

出版机构	创办时间	创办人、主持人
扫叶山房	创办于明万历年间，1880年在上海设分号	席鉴（席玉照），席世臣
墨海书馆	1843年	基督教出版机构
翼化堂书局	1857年	张竹铭
美华书馆	1860年	基督教出版机构
土山湾印书馆	1864年	天主教出版机构
江南制造局翻译馆	1868年	清政府创办
申昌书局	1874年	（英）美查
鸿宝斋书局	清同治年间	经理乌仁甫
点石斋书局	1876年	（英）美查
益智书会	1877年	基督教出版机构
同文书局	1881或1882年	徐润、徐鸿甫
中西书局	1882年	魏允文、魏天生
鸿文书局	1882年	凌佩卿
千顷堂书局	1883年	黄产生
图书集成局	1884年	（英）美查
乐善堂书药局	1885年	（日）岸田吟香
校经山房	1886年	朱槐庐
蜚英馆	1887年	李盛铎
广学会	1887年	基督教出版机构
地图公会	1896年	邹代钧
译书公会	1897年	董康、赵元益
商务印书馆	1897年	夏瑞芳等

（来源：戈公振：《中国报学史》，北京：三联书店，2011年，243-245页。）

从上表可知，19世纪80年代起，随着维新思想的风起云涌，越来越多的政治家走上报坛，各类商办报纸随之涌现。上海新闻出版业空前繁荣的同时竞争也

---

① 参见戈公振：《中国报学史》，北京：三联书店，2011年，243-244页。

日趋激烈。出版业的竞争也体现在众多的新闻出版机构之间。在上表这些出版机构中，除去基督教出版机构，除去其他外人和清廷所建，再除去一些特定用途、特定出版方向的书局，如藏书家李盛铎所建的蕙英馆、地图学家邹代钧所建的地图公会等，余下的民办以盈利为目的、出版范围不受局限的出版机构并不致冗多。商务印书馆也许正是瞅准了这一契机。上海虽书局众多，但在20世纪之前，书局以出书为主，与报纸并非在同一个竞争圈。后来随着期刊作为新媒介出现，也涉及新闻报道，并且比起报纸包罗的范围更广、探讨的实时问题更加深入，使得报馆与书局之间、报纸与期刊之间也出现了竞争。上海的新闻出版业之间的竞争交织复杂，也愈发激烈。

（二）商务印书馆的建立与《东方杂志》的创办

上海出版行业在激烈竞争的环境下，不停地涌现新的出版机构，商务印书馆就是其中之一。"在媒介生态中，媒体是运行的主体，离开了媒体，离开了媒体的行为，就谈不上媒体生态。"[①]就当时的新闻界而言，媒体主要指的是报社、书局、出版社、印刷机构等。商务印书馆创办之初是为了适应当时翻译印刷西方书籍的需要，致力于印刷业，后随着清末废科举行学制的步伐，逐渐由印刷业向出版业转变。商务印书馆创于1897年，由广学会旗下的华美书馆印刷工人夏瑞芳等人建立。建立之初规模尚小，但因几位创办人都了解西方印刷技术，商务印书馆的出版物一开始就比同类刊物在印刷质量上更胜一筹。1900年，商务印书馆收购了日资印刷企业修文堂，将浇铸纸型的技术应用到实践中，再一次提高了印刷速度和质量，此后商务印书馆不断引进新技术。

商务印书馆虽是一家以出版书籍为主的商业化民办企业。但是，在所涉及的除书籍外的行业中，办得最为成功的就是具有规模性的优秀的期刊群。据统计，商务印书馆自1903年至1948年创办对外发行刊物总共21种。为何商务印书馆热衷报刊，而不是办报呢？梁启超在1902年概括晚清文化现象时曾指出"学生日多，数据日多，报馆日多"[②]这三大现象。另外，甲午战争的失败，让维新派人士把目光投向了日本。1903年，商务印书馆总经理夏瑞芳"提议创办一种期刊杂

---

① 许永：《媒体内生态中的个体与群体行为》，《新闻与信息传播研究》，2002，（冬季号）。

② 张元沅、罗福惠：《比较中的审视：中国早期现代化研究》，浙江：浙江人民出版社，1993年，564页。

志，以与社会各界通气联系，名称定为《东亚杂志》。张元济附议"。①就是后来的《东方杂志》。1904年3月11日，《东方杂志》正式创刊。

三、《东方杂志》的办刊宗旨

清末上海社会的公众舆论，按照参与讨论的公众规模以及舆论的主要话题、社会影响面等，可分为不同的层次和类型。②在对政治变革的呼吁中，立宪人士通过立宪报刊所表达构建的是立宪舆论，革命党人通过革命报刊所形成的是革命舆论。分辨不同的层次与类型，首要分析的应是报刊的办刊宗旨。

（一）"启导国民"

《东方杂志》在创刊号上《新出东方杂志简要章程》开篇即指出"本杂志以启导国民联络东亚为宗旨"③。

"启导国民"是这一时期民办报刊的主流旨归。《大公报》自1902年始，刊登白话文，希望通过白话文对下层民众发挥开民智的作用。所以这一时期，报刊基本重在让国人"知时局""厉国耻"，其宗旨也多重在"倡民权"和"开民智"。以"启导国民"为宗旨是由时代背景与主持者身份共同决定的。自1840年以来，中国被迫打开大门，在抗敌御辱的过程中，有志之士逐渐意识到单纯器物的模仿并不能改变中国的民运，中国亟待做出制度的调整。而很多人认为，动制度则动国本，国本动则国不稳，故提高国民素质是社会变革的前提准备。尤其是甲午中日战争失败以后，国人眼中的"天朝上国"竟败于弹丸之地日本，引发一部分国人深思，面对空前严重的民族危机，必须变中国的君主专制为君主立宪，从政治制度上做出改变，方能有望在科技、文化、经济等方面赶超外国。变法愿望虽好，但实施起来举步维艰，"开民智"的优势在于提高国人素质，使国人真正认识到中国政治制度的缺陷，期望国民达成改革共识。争取群众基础，有利于排除改变阻力。有话说"掌握媒介就掌握了话语权"，媒介的直接作用之一是传播新闻。美国社会学家罗伯特·帕克曾指出："新闻之于社会大众，正如理

---

① 陆典：《商务馆史闻见录（三）·东方杂志的定名》，《商务印书馆馆史资料》之七，商务印书馆，1993年，10页。

② 方平：《晚清上海的公共领域（1985—1911）》，上海：上海人民出版社，2007年，108页。

③ 《新出东方杂志简要章程》，《东方杂志》，第一卷（1904）第一期。

解力之于个人。它的功能不仅在于单纯的'告知',而是在于指引方向。"①换言之,媒介的作用不仅仅在于通过信息传播使受众形成共同意识,更在于利用这种共同意识达到社会动员的效果。所以,主张维新、立宪的人士纷纷将报刊作为舆论阵地,以"开民智"为宗旨,积极鼓吹变革。

商务的创始人除了夏瑞芳,还有鲍咸昌、鲍咸恩等人。1897年商务印书馆创业之初,只是一家印刷厂,甚至可以说是个小作坊。夏瑞芳这几个创始人不是官员,不是地主,他们是普通商人,他们曾在外资企业做学徒,对印刷技术有一定的了解,并且都略懂英文,属于接触过西学的新型知识分子。此外,商务印书馆的主持群还包括张元济、高凤谦、孟森等人。

表3 《东方杂志》主持群的双重身份

姓名	商务印书馆职务	其他职务
夏瑞芳	商务印书馆经理	预备立宪公会董事
张元济	商务印书馆编译所所长	预备立宪公会董事
高凤谦	商务印书馆国文部主任	预备立宪公会董事
孟森	《东方杂志》主编	预备立宪公会董事
陶葆霖	《东方杂志》主编	资政院议员

他们虽背景并不全然相同,但有一定的共同点,他们都受过封建传统教育,但又都或多或少地接触过西方文化,并在此过程中,逐渐发现封建社会的种种弊端,期望变革以救亡图存。作为知识分子,其发声阵地自然是媒介。所以他们主持的《东方杂志》以"启导国民"为宗旨就正与当时的媒介主流作用相得益彰。

《东方杂志》在创刊号上《新出东方杂志简要章程》中指出"本杂志以启导国民联络东亚为宗旨"。其中"东亚"主要指的是日本。甲午中日战争中国战败以后,日本正式加入侵略中国的帝国主义国家行列。甲午之战虽已过十年,但余波未平。1904年2月,日本与俄国为了争夺中国辽东半岛和朝鲜半岛的控制权,在中国东北的土地上爆发一场帝国主义列强之间战争,史称"日俄战争"。为何《东方杂志》的宗旨是"联络东亚"?这里的"联络"更多指的是效仿学习日本。1903年,商务印书馆完成了与日本金港堂书店的合资,引进日本先进的装订包装技术。1904年,有日本注资的商务印书馆创《日俄战纪》专门记述日俄之

---

① ［美］胥洛克著,姜雪影译:《制作新闻》,台北:远流出版事业股份有限公司,1994年,20页。

战。可见商务印书馆对日俄战争的重视。《东方杂志》创刊号首页宣传《日俄战纪》时指出"日俄之战为欧亚竞争之权舆，亦即黄种存亡之枢纽，而于我中国关系尤重，盖日本而胜，我国或有鼎新之机，不幸而败，我国必无更生之望"①。商务印书馆对日俄战争的重视态度决定了《东方杂志》"联络东亚"的办刊宗旨。该刊创于1904年3月，其主持群又是立宪的积极拥护者，所以该刊对国际形势的关注必然集中在日俄战争的进程上。《东方杂志》创刊号，首页"图画"里就有日本国皇帝睦仁、俄国皇帝尼古拉二世等的照片。从创刊号至第二卷第八期，《东方杂志》的卷首"图画"共刊载了184幅图片，其中112幅与日俄战争有关，占总数的百分之六十以上。②《东方杂志》创刊号中，别士（原名夏曾佑）所撰的《论中日分合之关联》为开篇之作。此篇指出日俄之战是亚洲与欧洲之战，黄种人与白种人之战，中国作为亚洲大国，理应与日本站在一起。此外，以1904年为例，统计该刊12期内容，包括《图书广告》《东方画报》在内介绍日本相关情况的有约100篇，而俄国只有20篇左右。第八卷（1911）第二期，《本杂志大改良》提到杂志应"藉以鼓吹东亚大陆之文明，餍足读者诸君之希望"③，足以见其"联络东亚"的办刊宗旨。

（二）"顺应世界之潮流""促社会之自觉"

第八卷（1911）第二期，《本杂志大改良》提到杂志应"顺国民读书之欲望、随世运而俱进"。第十七卷（1921），《东方杂志》由月刊改为半月刊，每月两期。第十七卷（1921）第一期，栏目《评论》中刊《本志之希望》提到："自本志之出世，至今已十七年矣，而此第十七年，又适为欧战告终后之第一年。世局更新，则杂志界亦不得不明定期的。以顺应世界之潮流，今试举其感想所及，与读者一商榷焉。"④此二处都在强调《东方杂志》要时刻与时俱进。虽这一说法的明确提出在《东方杂志》创刊数年以后，其实从杂志创刊号起，"顺应世界之潮流"这一宗旨始终未被摒弃。

国际上日俄战争的爆发，国内清末新政的实施，对《东方杂志》的创刊影响

---

① 《东方杂志》，第一卷（1904）第一期，首页。

② 丁文：《"选报"时期〈东方杂志〉研究（1904—1908）》，北京：商务印书馆，2010年，32页。

③ 《本杂志大改良》，《东方杂志》，第八卷（1911）第二期。

④ 《本志之希望》，《东方杂志》，第八卷（1911）第二期。

颇深。《东方杂志》始终围绕这两大主题用大量篇幅重点呈现。此后直到1948年停刊，都始终坚持"顺应世界之潮流"，从它的增刊与专号中明显可见。

表4 《东方杂志》增刊与专号一览表

出版年份	卷号刊号	专号或增刊
1906 年	第 3 卷	《临时增刊》
1912 年	第 9 卷第 7 号	《纪念增刊》
1921 年	第 18 卷第 18、19 号	《太平洋会议号》
1922 年	第 19 卷第 13 号，14 号	《国际时事问题号》（上）（下）
1922 年	第 19 卷第 21 号，第 22 号	《宪法研究号》（上）（下）
1922 年	第 19 卷第 24 号	《爱因斯坦号》
1924 年	第 21 卷第 1 号、2 号	《二十周年纪念号》（上）（下）
1925 年	第 22 卷第 12 号、13 号之间	《五卅事件临时增刊》
1927 年	第 24 卷第 1、2 号	《国际形势号》
1927 年	第 24 卷第 16 号	《农民状况调查号》
1930 年	第 27 卷第 1、2 号	《中国美术号》
1931 年	第 28 卷第 19 号	《辛亥革命二十年纪念号》
1933 年	第 30 卷第 19 号	《秋季特大号》
1933 年	第 30 卷第 20 号	《体育专号》
1934 年	第 31 卷第 1 号	《三十周年纪念号》
1934 年	第 33 卷第 1 号	《特大号》
1940 年	第 37 卷第 1 号	《欧洲大战专号》
1941 年	第 38 卷第 1 号	《建国三十年纪念号》
1941 年	第 38 卷第 15 号	《日本内幕专号》
1942 年	第 39 卷第 1 号	《复刊号》
1948 年	第 44 卷第 5 号	《悼念甘地专号》

（来源：《东方杂志》总目）

以上列举出《东方杂志》自创刊到停刊之间的所有增刊与专号，可见其始终以紧跟时代步伐，顺应社会潮流为归旨。这源于媒介的基本属性，媒介对于环境应具有敏锐的观察与反应能力，才能第一时间将环境变化告知读者。媒介除了告知环境变化以外，也具有更高一级的功能，即导向功能。

第十七卷（1921），《本志之希望》指出："杂志界之职务，自以言论为最重大。顾欲言论之不虚发。则第一必当择言论所针对之方向。第二必当使言论有可以实行之凭借。本志以为吾国一线之希望，惟在于社会自觉，而于操枋秉政之人无与，故今后之言论，亦将以促社会之自觉者居大部分。而不偏于政论之一方。而又以空虚町畦之辞。于事实无裨益。徒足滋社会之迷惘，故今后所陈情于社会者。尤当注重于切实可行之具体问题。"①《东方杂志》主持群认为救国图存的一线生机在于社会自觉，而杂志作为言论的发声者，在促进社会自觉方面有重要作用。"促社会自觉"的意思就是促进社会自身觉醒。换言之，社会的真正觉醒始终要靠自身，而媒介只是起到了促进这种自我觉醒的作用。所以杂志必须做到所发表的言论不可妄言，必须有凭据，不可带有明显的政治标志，必须有自己的方向。《东方杂志》向来重事实，尤其是在创刊初期，转载的《奏折》《谕旨》《草案》《章程》占整个杂志的重要比例。在发表言论的时候也有理有据。以孟森《宪政篇》为例，从1908年第7号始，孟森开《宪政篇》介绍君主立宪制度，以期催促清廷尽快立宪。《宪政篇》并非仅是作者言论，而是用小字引用奏折或谕旨，大字再加以作者按语。同时，《东方杂志》也时刻保持不偏于政论之一方。《东方杂志》自创办之日起，就定义为商业性质的报刊，而并非政论性报刊。比起有明显政治导向的激进派政论性报刊，《东方杂志》一直走的是"温和"路线。《东方杂志》虽有明确的政治态度，但仍能尽量理智客观地对待事件本身。正如它自身所想表达的一样，只有这样，才能将切实可行的具体问题真实地陈情于社会。由此方能坚持促进社会自觉的宗旨。

（三）"扶助教育为己任"

1902年初，张元济应夏瑞芳之邀加盟商务印书馆，两人相约"以扶助教育为己任"。②可见，《东方杂志》在创办之初，就体现了"以扶助教育为己任"的宗旨。在创刊初期，杂志在设立专题"教育"栏之外，还有"各省教育汇志""各国教育汇志""各省游学汇志"等补充版块，而且在其他分栏中也有不少关于教育专题论述的篇章。内容涵盖教育的方方面面。

首先，积极宣传教科书。《东方杂志》在创刊号中位置抢眼的首页登图书

---

① 《本志之希望》，《东方杂志》，第十七卷（1921）第一期。

② 张元济：《东方图书馆概况·缘起》，《商务印书馆九十五年》，商务印书馆，北京，1992年，21页。

广告《最新初等小学国文教科书出版》，其中指出："童蒙入学茫无知识，而我国文字多半艰深，往往有读书数年不能写一信、记一账者，欲谋教育普及不可不于国文加之意矣，今岁广设学堂，稍稍有编蒙学读本者，然施诸实用未尽合或程度过高，难于领会，或零举字义不能贯串，或貌袭西法不合华文性质或演为俗话不能彼此通用，有志教育者时以为憾，本馆特请通人精心编纂兼聘日本文部省图书审查，官兼视学官小谷重君、高等师范学校教授长尾槇太郎君及曾从事中国学堂之福建高君凤谦，浙江张君元济加校订一字不苟经营数月，始成数册，因应急需，先将首册出版用见方半寸大字附图九十余幅印刷鲜明，教授法稍迟续出，欲知本书详细情形者请观二月十三、十四、十五日中外日报告白，零售每册大洋一角五分，批发从廉。上海商务印书馆谨启。"①字字体现商务印书馆的领导人对于中国教育现状的担忧，以及为改善这种教育情况所做的努力。据笔者统计，从1904年创刊至1948年停刊，《东方杂志》共刊登教科书广告两千余篇。《东方杂志》秉持"扶持教育"的宗旨，在宣传教科书方面不遗余力。其次，与教育产生直接关系的就是学校。清末新政废除科举制度后，对学堂也进行相对的改良。改变以前四书五经八股文的单一教授模式，并创立各种新式学堂。《东方杂志》尤其重视对各类学堂相关情况的关注。据笔者统计，1904年明确介绍各类学堂约125篇，1905年约141篇，1906年约35篇。除此以外还有"各省学堂类志"汇总各省兴办学堂情形。再次，《东方杂志》重视介绍外国教育状况，《东方杂志》创刊于1904年，当时"开眼看世界"的社会风气盛行。在清末的最后8年，《东方杂志》把展示外国各方面面貌作为侧重点之一，刊载了相当数量涉及国外教育发展情况的图文。《东方杂志》期望通过宣传教科书、倡导学堂改良等发挥舆论传播的作用，达到普及教育，提高国民文明程度的影响。与此同时，宣传和介绍国外教育制度与教育情况，期望受众能够从中汲取经验教训，更好地推动中国教育发展。

概括以上三点，《东方杂志》的办刊宗旨始终是跟随社会趋势，联络东亚，通过扶持教育等方法，启导国民，最终促进社会自觉。一刊的办刊宗旨是该刊立场与态度的折射。所以，此后《东方杂志》对新政的呈现方式与特点、对立宪的关注与支持，以及对清政府的态度、对社会变革的看法等皆是其办刊宗旨的印证。

---

① 《最新初等小学国文教科书出版》，《东方杂志》，第一卷（1904）第一期。

三、《东方杂志》的角色定位

"自报章之文体行，遇事畅言，意无不尽。因印刷之进化，而传布愈易，因批判之风开，而真理乃愈见。所谓自由博爱平等之学说，乃一一输入我国，而国人始知有所谓自由博爱平等，故能于十余年间，颠覆清社，宏我汉京，文学之盛衰，系乎国运之隆替。"① 可见，清末十余年间，报章之重要意义。大众传播媒介自诞生之日起，就不单纯是信息传递和交流的工具，它具备信息传播、宣传引导、意见交会等功能。但清末社会环境纷繁复杂，不同种类的报刊对实行新政推行宪制所起到的具体作用也不同。

康、梁等主办的维新派报刊处于核心地位，对于新政的关注主要集中在立宪。而《东方杂志》这类报刊的态度尚不及政论性报刊激进。其政治倾向明显，但政治态度相对温和。对于新政的关注也不仅集中于立宪方面，而是相对全面地关注与报道。但它们的立场表明新政的重点在于立宪。诚如《东方杂志》认为彼时中国欲振兴就要从社会改革开始，而社会改革又囿于"上无优良之政法，下无完善之教育"②。可见，《东方杂志》自创刊起就致力于宣传确立优良政法，完善教育。为了扩大宣传，达成目标，该杂志致力于打造自身定位。

（一）综合型杂志

方汉奇曾给予《东方杂志》极高的评价，他认为《东方杂志》"是中国历史上出版时间最长、发行量一度排在首位的一份综合性学术期刊，是旧中国学术品位较高、学术质量较高、读者的文化层次也较高的一份综合性学术期刊。它是旧中国纸张质量最好、印刷质量最好、较早刊出铜版照片、图文并茂的一份综合性学术期刊"③。方汉奇从影响、质量、外观三方面评价《东方杂志》，且再三强调该杂志是综合性学术期刊。学界有观点认为1904—1911年的《东方杂志》处于创刊初期，这一时期该刊可以被定义为"选报"或"文摘"类的刊物，并不属综合型刊物。这种定义并不准确。创刊初期的《东方杂志》虽"选报"特征明显，但这一时期该杂志在不断地改版过程中日渐丰富，可谓是综合型杂志的酝酿

① 戈公振：《中国报学史》，上海：三联书社，2014年，第四章，65—66页。

② 《论中国必革政始能维新》，《东方杂志》，第一卷（1904）第一期。

③ 方汉奇：《〈东方杂志〉的特色及其历史地位》，《中国期刊年鉴》，2009年12期。

形成时。

《东方杂志》创刊号设15栏，分别为"社说""内务""军事""外交""教育""财政""实业""交通""商务""宗教""杂俎""小说""业谈""新书介绍"。1904年第一期到1908年第五卷第六期，是《时务报》的模式。其内容包罗万象，不仅有国内国际大事分类记载，还有各省"教育汇志""财政汇志""农桑汇志""矿物汇志""铁路汇志"等，便于读者简要了解各省概况，"杂俎"中有一年大事记的罗列后来改为每月大事记罗列。在创刊初的几年内，《东方杂志》不断地小动作调整版块，但始终偏重于文献的收集与传播。1908年第五卷第七期始，孟森担任《东方杂志》的主编，孟森主笔以后结合当时一战结束等时事，注意到国际形势发生前所未有的整合与重组，开始对《东方杂志》进行改版，偏重于对世界大事的报道与分析，内务情况集中于"记载"与"法令"，虽对于内政的评论性文章篇幅减少，但增加了对于内务的客观记载，保留了大量章程摺、谕旨、交旨、电旨，为日后的研究留存大量的文献史料。同时开始增加每月的职官表和金银时价一览表。各表带着工具书的性质，很受读者欢迎。《东方杂志》出现第一次较大规模的改版是从第八卷第一期始，张元济在《东方杂志》第八卷第一期第二期连续发表《环球谈荟》，图文并茂地介绍了世界各国的社会概况，也更进一步暗示学习西方的重要性。第八卷第一期具体改版情况为：整体篇幅有所缩减，不再细致分版块，仅有"科学杂俎""言情小说""理想小说""诗选""杂纂""中国大事记""外国大事记"。并且，从此期开始增"内外时报"，逐渐只保留此一专门版块，其他评论与记载均不分类。《东方杂志》开始刊载政治、法律、宗教、哲学、伦理、心理、文学、历史、地志、理化、博物、农工、商业等方面的"最新论著"，兼及诗歌、小说、诗词等文学作品。可见，《东方杂志》自创刊起，刊载内容涉及范围就相当广泛，并不拘于某一个或几个少数领域，可称得上综合型期刊。在其初期的发展过程中，仍坚持不断完善，逐渐朝更为面向大众的综合型期刊发展。

（一）面向大众

《东方杂志》创刊初期"选录各种官民月报、旬报、七日报、双日报、每日报、名论要件"①，分类刊登，性质类似于"选报"。目的是让"内地人士，无

---

① 《新出东方杂志简要章程》，《东方杂志》，第一卷第一期。

力遍阅各报者，得此亦足周知中外近事"①。《东方杂志》的选报性质来源于方便读者读此一本便可知晓天下事。自创刊起，该杂志登载图画、小说、杂文、广告、工具表等贴近民众生活的内容吸引读者。后又辟有"杂俎"栏，刊载中国事纪、日本事纪、欧美事纪；辟各表栏，刊载京官表、外官表、金银时价表等报表和统计表，供读者查阅参考。并在《售例》中多次采用促销包邮的方式，尽量以最为低廉的价格扩大销售范围，面向更广大的读者群体。

早期《东方杂志》旨在推进立宪，其读者群体主要集中于开明士大夫和知识分子。它虽然以推动立宪为归旨，但在一些版块设计、传播方式上也表现出了面向大众的办刊意愿。早期《东方杂志》曾两次刊登"征稿启事"，对于来稿人员并无身份限制，从刊出的读者来稿身份看来，上至社会知名人士，下至普通留日学生。可见，该杂志希望提高更多读者的阅读兴趣与参与程度，通过便于读者阅读、与读者互动等形式，使杂志更多地走向大众和普通读者，构建公共舆论空间。

（三）以浅近文言为载体

晚清时期，报刊已成为各派别表达政治诉求的舆论平台。一些知识分子意识到传统文言文的晦涩难懂，不利于媒介有效地进行信息传播。清末各报刊以开民智为目的，古文的艰涩更不利于民众对于信息的接受。彼时的社会现实是民众的识字能力尚且有限，接受新知识的能力更为有限。所以，文字改革受到各报刊媒介的重视。《东方杂志》的文字表达基本属于梁启超提倡的浅近文言的范畴。浅近文言一改传统文言文的古拗，表达相对简洁易懂，且有断句。

此外，这一时期已掀起兴办白话报刊的浪潮。据方汉奇先生统计，维新时期，国内白话报刊有5种，②从1900年到辛亥革命前夕白话报刊多达140多种。这在清末一千多种报刊的总量中，并不是一个很小的数字。《东方杂志》而采用浅近文言而非白话文，多半是受维新思想的影响。该杂志以推动立宪为主要目的，而各白话报的主要功能是开启民智，在传播立宪知识理论方面稍显薄弱。以考察同为1904年创办的《安徽俗话报》为例，其"论说"栏宣传的主要内容如表5所示：

---

① 《新出东方杂志简要章程》，《东方杂志》，第一卷第一期。

② 《新出东方杂志简要章程》，《东方杂志》，第一卷第一期。

表5 《安徽俗话报》"论说"栏统计表

题目	刊载篇数
瓜分中国	1
论安徽的矿物	1
恶俗篇	7
说国家	1
亡国篇	7
论戏曲	1
说爱国	1
再论婚姻	2

（来源：1904年《安徽俗话报》）

《安徽俗话报》发行的22期中，刊发"论说"文章8篇22次。这些文章中，对亡国危机的关注较多，有2篇刊8次。宣传国家学说倡导爱国的文章有2篇次。这样，有关国家问题的文章共有4篇10次。《安徽俗话报》所呈现的立宪思想相对浅显，并不足以使民众产生明晰的立宪思想，其只能在动员受众成为潜在的接受立宪的群体方面发挥一定作用。且白话报一般发行量较小、影响范围有限，所以，其为立宪思潮发展提供的助力，远不如《东方杂志》类的立宪报刊。

媒介的主要功能是传播信息。早期《东方杂志》以浅近文言为载体传播新政相关情况，是基于对传播群体、传播效果等因素的考量。但其面向大众的综合型报刊定位，又使该杂志在发展过程中顺应文字改革的潮流，文字逐渐趋向白话。《东方杂志》认为"吾谓今之书籍，除国文教科外，宜多用白话，而以科学书为尤要。盖我国人之知识，初不足以读专门之书，重以文言则索然寡味，欲求知识之普及，非以至浅之常言，说高深之原理，必不能达"[1]。可见《东方杂志》对白话文的提倡。1920年经过改版，《东方杂志》顺应时代潮流，加入白话行列。

---

[1] 《论中国书报不能发达之故》，《东方杂志》，第二卷（1905）第一期。

第二节　《东方杂志》的编辑群体及其出版发行

20世纪初，中国民族资产阶级发展壮大，西学在中国（尤其是东南沿海）广泛传播，加之内忧外患，国内立宪与革命两大思潮并起。前者代表了梁启超等民族资产阶级上层的愿望，期望通过建立国会、责任内阁，实行地方自治的和平方式，改君主专制为君主立宪，挽救国家危亡；后者代表了以孙中山为首的民族资产阶级中下层的愿望，他们主张通过暴力手段推翻清廷统治，实行民主共和。这两大思潮共同构成清末社会思潮的主流，规模大，范围广，影响深远。

上海特殊的地理位置和社会环境，使其舆论氛围更加层次分明。上海自开埠以来，一直到晚清，发展成为长江中下游地区乃至全国的商业经济中心。19世纪末20世纪初伴随着民族资本主义的兴起，民族资产阶级登上历史舞台，资产阶级要求发展民族工商业，要求言论自由、政治民主，推动了上海地区立宪与革命思潮的勃发。又加之上海地处东南沿海、长江入海口，为中西汇通之前沿。西方先进文化包括政治制度在上海有更容易被接受的舆论空间。上海独特的地位和环境使它长期成为近代中国新文化的首要发源地和许多变革潮流的重要策源地。洋务运动期间，西学从这里初兴；维新变法中，上海的《时务报》一时之间成为维新派重要的舆论阵地。19世纪末，上海成为国内翻译和出版日本书籍的主要地区，同时也是革命派在国内最大的宣传中心。故上海可谓是清季国内重要的舆论传播中心之一。制造舆论的主体为人，媒介是人进行信息传播活动的工具。在信息传播过程中，人的主观意识起到不可忽视的作用。在近代以报纸、杂志为主的媒介传播年代，编者的身份与其所代表的立场直接影响了媒介的传播内容与方式。

一、《东方杂志》的编辑群体

（一）影响决策层

清末最后几年特殊的时代背景使《东方杂志》主持者的身份并不单一。上海自开埠以来，逐渐形成了两个世界。租界内是一个新兴的、西化的、摩登的社会，市容、街道、建筑、交通工具，人们的衣着打扮、饮食风俗、价值取向等都趋向西化；而租界外的南市则还是一个传统的、古老的、守旧的社会。在这"十里洋场"灯红酒绿的背后，华界的景象并非如此。"民国时期的上海，电力的供应并不是无远弗届的。电车也只是租界的现象。……租界的学校晚上可以开办读书会、俱乐部，南市的学校到天黑就活动有限。"[①]民国时期尚且如此，晚清上海更是差别甚大的两个社会的混合体。在这样的环境下形成的城市报人，他们拥有独特的双视野视角看待事物。传统、守旧、落后的面貌使报人们更迫切地希望改变旧社会的面貌，更倡导通过学习西方救国强国。同时上海兼容并包的海派文化传统，也更加坚定了报人宣传政治主张进行社会动员的决心与勇气。另一方面，商办书局、民办报刊的出现，是民族资本主义发展的必然结果。不断接受新兴事物，接触西方思想文化，在资本主义经济的大潮中生存的城市报人，同时也被赋予了另一个身份：商人。上海开埠以后，工商业发展迅速，到19世纪末已成为亚洲最大的商埠。商品经济最大的特征是竞争，所以包括出版业在内的各行各业为了在优胜劣汰的竞争机制中存活，都致力于经营方式、销售策略等方面的调整，以迎合市场的需要。《东方杂志》的知识分子群体带着报人与商人的双重身份，其中以夏瑞芳、张元济为代表。

表6　《东方杂志》领导决策者基本信息表

姓名	生卒年份	教育经历与活动	职务
夏瑞芳	1871—1914	曾就读于基督教教会学校，后为预备立宪公会会员	商务印书馆经理，预备立宪公会董事
张元济	1867—1959	进士，曾参加维新变法运动，提倡西学	商务印书馆编译所所长，预备立宪公会董事

夏瑞芳自小接触西方教育，曾在基督教教会学校读书。后因生活所迫，进英商《文汇报》馆学习英文排字，先后在外人所办报馆当排字工人，后创办商务印书馆。张元济于光绪十八（1892）年科举中进士，曾任过清朝刑部主事。因参加维新变法运动，被"革职永不叙用"，后应夏瑞芳之邀加入商务印书馆，接办该馆，任总经理，主持出版过数十种报纸、杂志。夏瑞芳与张元济都曾接触过西

---

① 叶文心：《上海繁华——都会经济伦理与近代中国》，北京：时报出版公司，2010年，第8页。

学，思想观念相对超前；都有经商天赋，重视企业发展；都并非《东方杂志》的主要撰稿人，但其思想与决策对《东方杂志》影响重大。1903年，商务印书馆总经理夏瑞芳"提议创办一种期刊，以与社会各界通气联系，名称定为《东亚杂志》。张元济附议"①，就是后来的《东方杂志》。可以说夏瑞芳和张元济不仅是商务印书馆的核心任务，亦是《东方杂志》的创办者和掌舵人。

夏瑞芳颇有经商头脑，张元济主张"在商言商"。1903年，二人决定与日本金港堂合作，引进日本先进印刷技术，提高商务印书馆的印刷质量，使《东方杂志》在外观上就比同期杂志略胜一筹。夏瑞芳主张振兴实业，张元济主张"文明排外"，二人的经济思想不谋而合。故《东方杂志》自创刊始，始终重视对振兴实业、发展民族工商业的宣传。张元济的"文明排外"思想不仅包括振兴实业以排外，更重要的是发展教育以排外。夏瑞芳对教育也同样重视。1901年清廷下诏实施新政，通令全国遍设学校，教科书整改问题一度引起夏张二人重视。二人谋划编写出版各类适合中国国情的教科书。《东方杂志》频刊商务印书馆出版的各类教科书广告也可印证此点。除此之外，《东方杂志》创刊初期积极主张和支持立宪，是重要的立宪派报刊，也与二人的身份思想相一致。民国之后，面对错综复杂的政治局势，《东方杂志》的政治报道日趋淡化，1912年以后更是常年不刊社论，亦与夏张二人的商人特质有关。他们把商务印书馆的事业与政治拉开距离，维护了商业文化机构相对独立的形象，也维护了《东方杂志》的超然地位。

（二）主笔层

关于《东方杂志》早期（1904—1911）的历任主编，学界说法不一，根据周新顺的考证，从1904年第1期到1908年第6期选刊特征明显的时期，该杂志首任主编为蒋维乔，从1908年第7期到1909年上半年第二任主编为孟森，从1909年上半年到1910年第12期第三任主编为徐珂。笔者赞同此观点，认为早期三任主编分别为蒋维乔、孟森、徐珂。

除了这三任主编以外，这一时期《东方杂志》可考证的主要撰稿人还包括杜亚泉、夏曾佑、高梦旦、汪允中等。

---

① 陆典：《商务馆史闻见录（三）·东方杂志的定名》，《商务印书馆馆史资料》之七，第10页。

表7 《东方杂志》主要撰稿人信息表

姓名	笔名	生卒年份	教育经历与活动	职务
蒋维乔		1873—1958	曾就读于南菁学堂接触新学	《东方杂志》主编
孟森	心史	1866—1938	廪生，有留日经历，1906年在上海参加预备立宪公会	《东方杂志》主编，预备立宪公会董事
徐珂		1869—1928	举人，曾参与维新运动	《东方杂志》主编
夏曾佑	别士	1863—1924	进士，曾参加改良派维新活动，曾随五大臣出洋考察	
高梦旦	崇有	1870—1936	秀才，赞成康梁维新，有旅日经历	商务印书馆国文部主任，预备立宪公会董事
杜亚泉	仲逸、伧父、高劳等	1873—1933	秀才，后潜心研究西学	《东方杂志》主编
汪允中	蘉照	1873—1918	先后就读于芜湖中江书院，江宁高等学堂。参与筹办《警钟日报》，承办《神州日报》，后投身辛亥革命	

清末的舆论思潮是立宪与革命齐头并进。若以支持群体大小来衡量的话，立宪思潮为社会的主流思潮。立宪思潮争相借助报刊传媒的平台扩大影响力。从《东方杂志》主持群的身份来看，该刊也不例外。《东方杂志》的影响决策层与主笔层大多出生于19世纪60—70年代，这一时期西方力量全面入侵中国，而中国仍旧处于封建政体的统治之下，其面临的首要任务是探索救亡图存之路。所以《东方杂志》的主持群体基本上在幼年时期仍受中国传统封建教育，后来才接触西方科学文化，甚至有出洋留学经历，赞成维新，成为新型知识分子。这类群体共同经营民办报刊，商人属性明显；同时也是资产阶级的典型代表。故在立宪思潮下，其积极拥护确立立宪。

（三）来稿人员

统计1904—1911年《东方杂志》明确标记"来稿"或"投稿"的文章如下：

表8 1904—1911年《东方杂志》来稿情况统计表

期刊号	来稿名称	版块	作者
第一卷第三期（1904）	论会议银价事	社说	
第三卷第八期（1906）	论滇事	社说	蛰生氏
第三卷第八期（1906）	论滇缅界事	社说	
第三卷第八期（1906）	监狱改良两大纲	内务	
第三卷第十一期（1906）	禁赌私议	社说	孙梦兰
第三卷第十一期（1906）	筹办广西全省铁路刍议	交通	留日学生
第三卷第十二期（1906）	论铁路国有与民有之得失	交通	留学日本路矿学业生赵儁华
第四卷第二期（1907）	论今日宜征地方税以为实行自治之用	社说	山阴孙梦兰
第四卷第三期（1907）	工业进化论	社说	侯维良
第四卷第四期（1907）	振兴华货议	实业	侯维良
第四卷第九期（1907）	整顿圜法条议	财政	章宗元
第五卷第一期（1908）	普及教育节省经费条议	教育	上海沈亮启
第五卷第五期（1908）	论国家征税之公理	财政	杨毓辉
第五卷第六期（1908）	京师建设帝国博览馆议	教育	通州张謇
第五卷第十一期（1908）	早开国会问答自序	言论	罗杰
第八卷第八期（1911）	种树九行题之推广		通海五属公立中学

　　《东方杂志》在1904—1911年共发三次投稿规则，分别是第五卷第七期的《东方杂志征文事》、第七卷第一期的《投稿规则》、第八卷第一期的《本社悬赏征文略例》。可见《东方杂志》对读者群体的关注。从来稿人员的身份来看，包括社会知名人士、普通学者和留日学生等。从来稿的内容看，涉及政治、实业、教育、交通、社会风俗各方面，对革新提出建议看法。由此观之，《东方杂志》的读者群体多集中于接触新学的知识分子。而该杂志对于来稿的摘选，并不以身份地位为标准，而是更看重来稿内容，多选取对新政改革有建设性意见的稿件刊登，其中可见该杂志兼容并包的办刊理念和推进改革的意愿目标。

二、《东方杂志》的出版发行

《东方杂志》作为一个立宪派主办的商业期刊，本着"知阅者之用意""计阅者之便利"的原则，始终坚持"材料最富""价格最低"的形象，依托商务印书馆庞大的发行网络，不断发展扩大发行区域。

（一）发行地域

信息的传播与载体的销售是同步的，只有消费者完成了消费的过程，信息才达到了传播的目的，消费者也才成为受众。虽《东方杂志》的总发行所在上海，但一个杂志若希望长久发展，必须拓展市场空间。销售区域的扩展成为《东方杂志》信息传播的重要渠道。

《东方杂志》第一年第二期《售例》中提及"本杂志总发行所在上海棋盘街中市商务印书馆，本埠寄售处，各书坊，外埠代售处，北京公慎书局，有正书局，保定府官书局，长沙集益书社，常德启智书局，武昌文明书局，中东书社，新政书局，总派报处，汉口商务印书分馆，江左汉记，广东开新书报公司，圣教书楼，英文书庄，南昌广智书庄，南京明达书庄，中西书局，杭州崇实斋，采办书报处，史学斋，苏州开智书室，日本东京金港堂书店"①。从第二年第11期始，《售例》中除了零售价格由每册两角五分涨至每册三角外，销售范围也有所扩大。北京、天津、广东省城新增了商务印书馆分馆发售，此前的销售区域除了北京、广东和日本外，主要还是集中在长江中下游附近。而从第二年第十一期开始，销售区域扩展到山东、河南、陕西等地。第三年第五期始，《售例》中的销售区域进一步扩展，不仅地区扩大，外埠代售的书社书局也大为增多。增奉天、福州、汉口、成都、重庆、开封商务印书馆分馆。至此，销售区域涵盖的范围有北京，天津，奉天，锦州，广东省的广州、嘉应，福建省的福州、浦城，湖北的武昌、汉口，四川的成都、重庆与泸州，河南的开封、归德、怀庆，湖南长沙，山东济南、安丘、烟台，浙江杭州、宁波、绍兴，江西南昌，江苏苏州、南京、扬州，陕西西安，山西太原，甘肃兰州，直隶保定，日本东京。创刊后的第三年，据《宪政初纲临时增刊》的《售例》可见其销售区域扩展惊人。《东方杂志》第五期《售例》所呈现的外埠代售处的基础上，在原来所涉及的区域上，增加了西南地区诸如广西、云南、贵州，中部地区诸如安徽等，国外代售处也由

① 《售例》，《东方杂志》，第二卷（1905）第二期。

东京扩展至美洲旧金山，以及东南亚地区诸如菲律宾的槟榔屿、安南，越南的河内，缅甸的仰光。另，省内的市级代售处以及代售书局也有扩增。

由此可见，除上海外，《东方杂志》最核心的辐射区是在江南一带，因为江南地区的经济发展水平较高，读者思想更为开明。而借助于发行上的成功，短短三年间，《东方杂志》销售区域经两次扩展，速度快、范围广，传播渠道沿着商务印书馆分馆的建立随之拓展。

（二）营销策略

各新闻媒体之间的竞争关系是媒介环境下的一种常态关系，也正是这种竞争才能共同塑造富有活力的媒介环境。而上海的矛盾特质使政治斗争、文化碰撞、经济竞争构成了整个社会环境中的常态关系。在上海，出版行业竞争尤其激烈。媒介若要在竞争中不被淘汰，则需要主持群体的决策得当。

《东方杂志》作为一份商办的大型综合类杂志，其目的之一必然是盈利。因此，主持群必然要对杂志制定一定的营销策略以使其符合市场和读者的需要，以求盈利。1904年《东方杂志》兴办之时中国内政忙于清末改革，世界大事之一则是日俄战争的爆发。国人关注日俄战争是期望以宪制立国的日本能取得胜利以更加坚定国人立宪救国之决心。《东方杂志》在《新出东方杂志简要章程》中开篇提及"本杂志以启导国民联络东亚为宗旨"。此"东亚"主要指的就是日本。在内容版块的分布方面，"本杂志略仿日本《太阳报》，英、美两国而利费 Review of review 体裁，除本社撰译、论说，广辑新闻外，并选录各种官民月报、旬报、七日报、双日报、每日报、名论要件以便检阅"①。可见，《东方杂志》不仅包罗了各报纸的有效信息，更有本社论说深入讨论时事、发表见解。使受众既能免于读各类报纸的繁杂，降低了受众购买各种报纸的阅读成本，又能完整地了解新闻事件。"编次方法首关于本类之论说，次史事，次章程，次公牍，次规程，次新闻，仍以先内国后外国为序。"②在编排方法上，最重要的是论说，可见《东方杂志》的主持群客观地认清了期刊与报纸相比的优劣势。在编排上，《东方杂志》的编者们考虑细致详备，"每类无论多少各自为页，不相掺杂，以

---

① 《新出东方杂志简要章程》，《东方杂志》，第一卷第一期。

② 《新出东方杂志简要章程》，《东方杂志》，第一卷第一期。

便分订成书"①。《东方杂志》第一年,光绪三十年(1904),除正常按顺序每月出版以外,还有光绪三十年六月二十五日出版的第六期,分类记载1904年1期至4期的军事。光绪三十年九月二十五日发行第九期,记载1904年1期至12期的教育。还有两期发行日期模糊,分类记载1904年1期至12期的财政和外交。《东方杂志》从创刊始,注重的就是杂志日后的文献价值。

《东方杂志》的主持群除了注重内容版块和编次,还察觉到了上海由于近代化速度加快,人口增加的速度也相对较快,读者群体庞大。在出版业的激烈竞争中,售价方面应尽量低廉并定期推出特价促销活动,"每册售价大洋二角五分,预定全年十二册,本埠洋二元五角,外埠洋三元。十三邮局已通之处,如购一册加邮费五分,信局寄货由阅报者自给"②。在第一卷第二号《售例》,更加详细地介绍了邮费,而且给予了邮费的折扣,如购一册,邮费为每册五分,全年十二个月应为六角,实收五角。若是寄去日本或者轮船火车未能直达的地方,每册的邮费为一角五分,全年十二个月的邮费为一元八角,实收一元五角。如在上海本地,免费派送。若一个定购五份寄送到一处,照价九折,十份八折。对代售处采取的也是多销多折扣的策略。"代售至二百五十份者七五折,五百份者七折,七百五十份者六五折,一千份者六折"③,第二十二卷第一号,推出特价发售,因此杂志从十七卷开始改为二十四册,故二十四册定价为四元,特价两元,每册定价为两角,特价为一角。特价期限为民国十四年(1925)的一月至六月底。

此外,为了拓宽客户群体和业务范围,购买《东方杂志》还提供送书上门和邮售的服务,第一年第二期《售例》中提到"在总发行所定购者,本埠按期派送不取酒资""……报纸寄费,轮船火车直达之处为口岸,如购一册邮费五分全年五角,日本同轮船火车未能直达之处为腹地(惟邮局新定章程如行驶小轮之处间日开行者即以未能直达之处论)每购一册邮费壹角五分,全年壹圆五角,外国同至未通邮政之处,民局寄资阅者自给"④。

从《东方杂志》的创办与发行看,囿于彼时的时间空间条件,在主办单位与编辑群体的影响下,办刊宗旨、出版发行情况、角色定位均与上述条件互为依托。而这些特点又在该刊对清末新政的关注报道上有所呈现。

---

① 《新出东方杂志简要章程》,《东方杂志》,第一卷第一期。

② 《售例》,《东方杂志》,第二卷(1905)第二期。

③ 《售例》,《东方杂志》,第二卷(1905)第二期。

④ 《售例》,《东方杂志》,第二卷(1905)第二期。

第二章 《东方杂志》对清末新政的报道分析

将报刊称为媒介，是因为其在人民与政府、社会与国家等关系中是沟通的中介桥梁。这就决定了媒介不是简单地表达报人的态度立场，也不仅是反映受众意识的"留声机"和"传话筒"，它对社会还具有极强烈的辐射、指导作用，报刊与报人担负着重要的社会责任。这种责任包括对政府的监督和对人民的导引等。报刊试图发挥这种社会责任首先是通过对历史事件的记录与传播。由《东方杂志》的办刊宗旨、编辑群体及角色定位可知，该杂志创刊的社会责任之一即试图推进立宪，促进改革。故其对清末新政的报道时刻围绕这一主题，呈现出自身特色。

第一节 《东方杂志》对清末新政的相关报道

栏目是杂志归类和规范稿件的一个要素，是杂志主旨的重要体现，也是便于读者阅读的手段；增刊与专题是杂志对于传播内容的强调方式。故对《东方杂志》的栏目版面、增刊专题的分析，可从宏观角度考察该刊对新政报道的关注重视程度。

一、报道栏目与版面

早期《东方杂志》的栏目设置，是一个由全面向简化发展的过程。在简化栏目的过程中又不断根据时代要求增设新栏目。从该刊栏目设置的变化，隐约可窥见其对清末新政关注趋势的沿革。

表9 1904—1911年《东方杂志》栏目设置一览表

第一卷第一期（1904）	社说、谕旨、内务、军事、外交、教育、财政、实业、交通、商务、宗教、杂俎、小说、丛谈、新书介绍
第一卷第四期（1904）	时评
第五卷第七期（1908）	记载、法令、调查、言论、各表
第五卷第十期（1908）	文苑
第六卷第一期（1909）	新知识
第六卷第三期（1909）	章程、记事
第六卷第四期（1909）	奏牍
第六卷第五期（1909）	附录
第六卷第六期（1909）	行记
第六卷第八期（1909）	杂纂
第七卷第一期（1910）	论说、文件
第八卷第一期（1911）	科学杂俎、中国大事记、外国大事记
第八卷第十一期（1911）	内外时报

　　《东方杂志》创刊之初栏目设置较多，分如下门类：一、社说（选论来稿附），二、谕旨，三内务，四军事，五外交，六教育，七财政，八实业，九交通，十商务，十一宗教，十二杂俎，十三小说，十四丛谈，十五新书介绍。到1908年第五卷第六期之间，基本沿袭上述栏目设置。只在第一卷第四期增《时评》栏目，其他变化甚微。如此栏目设置，使其对新政的报道分门别类，清晰可辨，大致分布于社说、内务、军事、教育、财政、实业、交通、商务共八栏内。第一卷第四期所增的《时评》，多是对国际形势的简练介绍与短评，对于新政内容也有所涉及，但所占比例不重。然而，这并不影响这一时期对新政的报道在整个杂志中的比重。这一时期对于新政的报道非常全面和翔实，分门别类，对于新政各个领域的实施进展一目了然，同时兼顾中央和地方的新政推行情况，每期坚持刊各省汇志，归纳总结各省的新政进展。

　　1908年第五卷第七期开始，可视为《东方杂志》栏目变化的分界点。在此后的三十年左右，《东方杂志》的栏目只是在局部有所调整，并未再出现如此大规模的改版。将第五卷第七期前后栏目对比可见，此前四年栏目的数量多，且以介绍国内情况为主，编辑之所以做这样的安排，既是《东方杂志》创刊之初的目的所决定，亦可反映社会变动的现实。第五卷第七期以后，栏目可大致分为评论、世界新潮、大事记、内外时评、小说五大类。不再以经济、教育、实业、商务等形式划分刊载内容，并非代表其不再关注或不再重视新政，而是编辑群体开始以更成熟、更理性的方式考量杂志的长远发展。

二、临时增刊与专题

上海城市的矛盾性对出版业的直接影响是在这种异质多元的社会中各种思想主张更易发声。知识分子群体能自由在传统与现代之间做出理性的选择。《东方杂志》的知识分子群体抓住了这一时代特征，积极通过刊物表达自己的政治诉求，通过多种方式表达自己的政治理念，增刊即其中之一。

1906年清廷宣布预备立宪，此消息给予立宪派极大的鼓舞。《东方杂志》表示赞成立宪之预备，1906年设临时增刊题为《宪政初纲》。

表10　《东方杂志》1906年《临时增刊》栏目设置一览表

刊号	栏目
1906年第三卷临时增刊《宪政初纲》	图画
1906年第三卷临时增刊《宪政初纲》	刊印宪政初纲缘起
1906年第三卷临时增刊《宪政初纲》	社说
1906年第三卷临时增刊《宪政初纲》	诏令
1906年第三卷临时增刊《宪政初纲》	奏议
1906年第三卷临时增刊《宪政初纲》	阁部官制草案
1906年第三卷临时增刊《宪政初纲》	立宪纲要
1906年第三卷临时增刊《宪政初纲》	舆论一斑
1906年第三卷临时增刊《宪政初纲》	外论选译
1906年第三卷临时增刊《宪政初纲》	立宪纪文
1906年第三卷临时增刊《宪政初纲》	君主立宪国宪法摘要

《宪政初纲》开篇图画为"出洋考察政治五大臣"，继而由夏曾佑（笔名别士）撰《刊印宪政初纲缘起》，提及中国立宪与外国立宪之区别，中国自古无宪法，人民不知宪法为何物。若要尽快立宪，必先令人民了解君主立宪。关于立宪之事宜，各报"所载详略互殊，一事所书，时日间隔，欲其贯彻原委，洞晓首

尾，则非专留意于此事者不能"①。彼时新政的万端皆起，若要人民浪费大量时间，时刻关注钻研新政动态，了解其细枝末节尚不现实。人们多为了解而后未及时连贯继而逐渐淡忘，这将成为立宪进程推进的阻碍。所以《东方杂志》设《临时增刊》，系统介绍立宪相关事宜。"凡此次立宪之事实论议，其荦荦大者，略具于是，开卷即得。无俟推寻。未知其事者，可以得其涯略；已知其事者，可以留备检查。其诸立宪之一助乎。"②可见，1906年《临时增刊》的目的是通过全面的介绍宪政相关事宜以便推动中国尽快立宪。

《东方杂志》第九卷第七期（1912），设专题《刊行"十年之纪念"》，版块主要有《十年以来中国政治通览》《十年以来世界大势综论》《十年以来中国大事记》《十年以来世界大事记》。《东方杂志》1904年刊行，到1912年并未及十年，选择在1912年（民国二年一月一日）刊行的第七号出版《纪念增刊》，极有可能是为了顺应当时历史发展趋势。1911年中华民国成立，封建王朝被推翻，共和制开始建立。此变局正式宣告清末新政的落幕，对于扭转中国之颓势给予新的希望。杜亚泉以"伧父"之笔名在《十年以来中国政治通览》的《通论》中提及"吾侪今日，处共和政体之下……而五千年来专制帝王之局，于此十年中为一大结束，今后亿万斯年之中华民国，乃于此时开幕。则非十年以来之小变，实五千年以来之大变"③。杜亚泉在支持推崇中华民国的同时，并未否定清末十年的历史，指出西方的思想得以与东方文化融合，西方政治制度的建立，并非一朝一夕之事，清末十年正是其孕育胚胎之时代，认为清末立宪有较大的价值意义。"则茫茫政海中，固有二大潮流。……其一为革命运动，其一为立宪运动。革命运动者，改君主国为民主国；立宪运动者，变独裁制为代议制，其始涂迳颇殊。一则为激烈之主张，一则为温和之进步，及其成功，则殊途同归。由立宪运动而专制之政府倾。由革命运动而君主之特权废。民主立宪之中华民国。即由此二大政潮之相推相荡而成。"④辛亥革命之后，《东方杂志》及时出"十年纪念"专题，回顾清末新政时期的政治构想，肯定新政时期的立宪意义。可见，该杂志的立宪倾向决定了其信息传播的政治主张与社会目的，以及其客观看待中国政治民主化进程的政治高度。

---

① 别士：《宪政初纲缘起》，《东方杂志》，第三卷（1906）临时增刊。

② 别士：《宪政初纲缘起》，《东方杂志》，第三卷（1906）临时增刊。

③ 伧父：《十年以来中国政治通览（上编 通论）》，《东方杂志》第九卷（1912）第七期。

④ 伧父：《十年以来中国政治通览（上编 通论）》，《东方杂志》第九卷（1912）第七期。

第二节　《东方杂志》对清政府改革措施的关注

《东方杂志》通过不断调整栏目与版块，以及以临时增刊和专题等形式将新政改革措施全面呈现出来。这其中既包括真实直接的呈现展示，也包括带有自身态度立场的评论分析。

一、以"公文""奏折"呈现改革措施与进展

（一）直接性呈现

《东方杂志》在对新政的呈现方式上主要是直接性呈现。原文转载奏折、谕旨以及政府颁布的章程、草案，力求还原新政原貌。这种呈现方式严格遵守了新闻界重视真实性的基本属性与原则。对1904—1911年共99期杂志进行统计，见下表：

表12　1904—1911年奏折、谕旨、章程、草案数量统计表

年份（卷号）	总期数	奏折	谕旨	章程	草案
1904 年（第 1 卷）	12	164	12	101	0
1905 年（第 2 卷）	12	179	13	61	0
1906 年（第 3 卷）	14	165	12	82	20
1907 年（第 4 卷）	12	199	12	37	2
1908 年（第 5 卷）	12	175	11	75	2
1909 年（第 6 卷）	13	24	9	17	1
1910 年（第 7 卷）	12	11	9	5	0
1911 年（第 8 卷）	12	2	0	14	2

由上表可见，晚清的最后8年，尤其是1904—1908年，奏折、谕旨、章程的数量都是位居前列。草案集中在1906年《临时增刊》，集中刊载了宣布预备立宪之后清廷出台的一系列改制草案。新闻传媒的最大职责在于记录与传播，记录

过程中，真实性是其第一要性。在呈现清末新政的过程中《东方杂志》大量原文转载奏折、谕旨、章程、草案等第一手文书，可见其对新闻真实性的重视。

（二）持续性呈现

第一，对新政进展的持续性呈现。虽说期刊与报纸相较，其对于新闻事件呈现的及时性不及报章，但《东方杂志》始终并未摒弃新闻及时性的特点，对于新政的进展进行及时的跟踪关注。诚如清末改革中颁布的最早新法《钦定大清商律》，是中国历史上第一部独立的商事法律。《钦定大清商律》由商部制定，1904年1月21日奏准颁行。3月出版的《东方杂志》首期的商务专栏，《商部拟定商律折》《商律》及时呈现了新政在法制方面的进展。再如，1906年9月1日（光绪三十二年七月十三日），清廷颁发了《宣示预备立宪谕》，预备立宪由此而起。《东方杂志》1906年（第3卷）第9期开篇即刊蛤笑的《论立宪预备之最要》。"自七月十三日立宪之诏旨既下，沪上诸报，咸有发挥推绎之文。或筹预备之基，或论实行之法，或责难于官吏，或贡议于国民，崇论闳议，详矣备矣。愿本报尚有不得已于言者。"对于立宪"我国前无所承，两千余年国民渺不知立宪为何事。而涣号之颁。恩出自上。斯真五洲万国所绝无而仅有者也。……则所以变通措置之方亦必有迥殊于他国者""今所谓预备之最急者曰革命官制也，曰强迫教育也。夫官制之于宪政精深复杂，其关系之重要，人人知之。……顾其中有根本之根本焉。则宦寺之必宜废罢与满汉之必宜融合也。……二者不革，则一切改革皆粉饰形迹，而无当于宏旨。"[1]立即指出确立宪政最重要的是改革官制和强迫教育。积极为立宪之预备出谋划策。

第二，对新政中一些事件的持续关注。例如，"铁良南下"是清末改革过程中反映清廷真实意愿的典型事件。1904年8月，清廷派户部侍郎铁良南下，名义上为清查江南库司及各局厂，实际上是搜刮地方财赋，进而体现出传统中央集权与新政提倡地方自治之间不可调和的矛盾。上海作为江南地区的中心地带，s 其搜刮的重点。《东方杂志》对此事给予关注并持续跟进追踪。1904年第一卷第七期，在社说版块转载《中外日报》的《论中央集权之流弊》开篇揭露清政府真实面目："政府自设立财政处、练兵处后日兴，各省督抚以文牍相往还。近日乃有

---

① 蛤笑：《论立宪预备之最要》，《东方杂志》，第三卷（1906）第九期。

派铁良南下之事，窥其意，无非欲吸聚各省之财权归于政府而已。"①在时评版块转载《时报》的《政府派铁侍郎南下》，认为铁良南下的原因有三个，"其一必在于柳州之变""其二必有各国兵船近日辄游弋于长江上下，其意不可测""其三则因受日俄战争之影响，而又困于英藏、法粤之交涉也"②。1904年第一卷第八期，在社说版块转载《时报》的《铁侍郎南下之关系》推测铁良南下的目的："一、清查藩库。二、清查各局厂。三、查勘制造局基址。合而观之要，皆不出乎理财之计。第一、第二搜剔盈余也。第三，节省经费也。"③并对铁良提出三条要求建议以示警醒。紧接着刊《论义和团第二次之出现》透露出对铁良南下事件的忧虑。义和团运动爆发的导火索之一，是清廷派刚毅南下搜刮地方，当时所用理由为筹饷、练兵，而今铁良南下亦用同样的理由，若再爆发类似义和团运动的民变，百姓必将面对亡国灭种的命运。同年第九期继续关注此事，指出"铁良南下"的宗旨"可一言以蔽之曰中央集权"④。

又如，"筹办海军"。清末军事改革前期一直集中于中央与各省编练新军，练兵处的设立，以及各种军事制度的颁行。宣统年间，清廷开始重视海军的筹备，这是继洋务运动之后又一个有规模的筹办海军。1909年6月，清廷宣布把陆军部兼管下的海军处改置为筹办海军事务处，着手海军的筹办工作。1909年第六卷第九、十、十一期连续刊登筹办海军的相关事宜，表现出对新闻事件的跟踪关注。首先在《记筹办海军事宜第一》中提及陆军部会同海军大臣奏定筹办海军的入手办法。经商讨酌定七年成立海军，并详细列举了每一年应筹办事项以及经费的筹备方法等。其次，《记筹办海军事宜第二》刊海军大臣分年筹备军港事宜，以及各种具体措施。"闻海军大臣业将北洋、南洋及闽粤等省旧有兵舰加以调查比较，其堪以编列舰队内。"悉数列出旧有兵舰名。"又一说谓海军大臣拟以整顿各省水师，为兴复海军之入手办法"详细查列各水师相关情况。再次，《记筹办海军事宜第三》列举海军开办经度支部及各省分别认定以后的所需经费清单。"度支部电致各省分筹规复海军经费。"⑤

① 《论中央集权之流弊》：《东方杂志》，第一卷（1904）第七期。

② 《政府派铁侍郎南下》：《东方杂志》，第一卷（1904）第七期。

③ 《铁侍郎南下之关系》：《东方杂志》，第一卷（1904）第八期。

④ 《论铁良南下之宗旨》：《东方杂志》，第一卷（1904）第九期。

⑤ 《记筹办海军事宜第一》：《东方杂志》，第六卷（1909）第九期。

除此以外还有"锦爱铁路问题""南洋劝业会记事"等事件的多篇持续关注，以及各种民变、乡民暴动事件的续记、末记。1910年第七卷第三期、第五期、第十一期、第十二期又增《中国大事记补遗》，1910年第七卷第九期又名《中国大事记补记》。明确表明"凡重要事实已依其发现之时日，载诸前期大事记中者，续有所闻，补列于此。俾一事之始末，无或遗漏云尔"①。

第三，对地方新政实施程度的连续重视。《东方杂志》不仅对政府新政政策进行直接性呈现，而且关注政策在地方的实施情况，并对一些突出事件进行跟踪性关注。例如，"山东士绅对于路矿之计议"。《东方杂志》关注发展实业，路矿问题又是继发展工商业以后一个重要且亟待解决的问题。《东方杂志》在1909年第六卷，第九、十、十一、十二、十三期连续刊载《记山东士绅对于路矿之计议》《续记山东士绅对于路矿之计议》《三记山东士绅对于路矿之计议》《四记山东士绅对于路矿之计议》《五记山东士绅对于路矿之计议》。又如，"江西调查户口之风潮"。1909年第六卷第八、九、十期连续刊载《记江西调查户口之风潮》《续记江西调查户口之风潮》《三记江西调查户口之风潮》。

除此以外，《东方杂志》在1904—1911年，每期不间断呈现各省多方面的情况汇总。如下表：

表13 1904—1911年各年汇志汇总表

1904 年	1905 年	1906 年	1907 年	1908 年	1909 年	1910 年	1911 年
91	95	102	67	28	4	3	0

这些汇志包括《各省内务汇志》《各省军事纪要》，教育文化方面的《各省教育汇志》《各省学堂汇志》《各省游学汇志》《各省报界汇志》，经济实业方面的《各省农桑汇》《各省渔盐汇志》《各省矿物汇志》《各省商业汇志》《各省理财汇志》《各省工艺汇志》，交通方面的《各省电线汇志》《各省铁路汇志》《各省航路汇志》《各省邮政汇志》等，涵盖内容全面。《东方杂志》不仅重视信息传播，也重视资料积累。无论是原文转载的奏折、谕旨还是汇总的纪要、汇志，都反映了《东方杂志》的一个显著特征：重视史料积累与文献传播。而这些以史料为主的传播内容本身又具有很强的新闻性，成为时人了解和研究时局的重要资料来源。在同期的报刊中，这一特色可谓是该刊的一个闪光点。这也体现出

---

① 《中国大事记补遗》：《东方杂志》，第七卷（1910）第三期。

期刊相较于报纸的优势，对新闻事件的追踪型报道，有利于读者了解新闻事件的全貌；对各省情况的汇编，给读者提供更大范围更方便、快捷的了解渠道。

二、以"选报""本社撰稿"评价新政

《东方杂志》作为中国近代新闻史上一份成功的期刊，在尽力保持媒介新闻性的同时，深知期刊的优势在于评论性。《东方杂志》在编次方法上"首关于本类之论说，次史事，次章程，次公牍，次规程，次新闻"①。把论说置首位，把新闻置末位，即可看出其对评论的重视。

（一）"社说"与"时评"

《社说》除去图画外杂志开篇第一栏，其主要来源可分为"选论"和"本社撰稿"。第一卷第四期增"时评"，"时评"编次在"社说""谕旨"之后，可见《东方杂志》对评论的重视。"时评"是把新闻与评论杂糅在一起的新栏目，这一版块的增加完全符合《东方杂志》想要兼顾新闻性与评论性的初衷。"时评"中的文章并无明确说明是"选论"还是"本社撰稿"，据丁文考证，《东方杂志》上的"时评"应该是转载自其他各报，许多内容都是采自《警钟日报》和《时报》。②选报虽并非直接体现杂志的主要观点，但却也是对杂志主要态度立场的间接反映。在选报的过程中，坚持对"类己性"报刊的选择，并在转载时根据编辑者的立场对原文进行了一定的删改，如对一些激进话语的删除，均体现出《东方杂志》支持立宪却又不正面谈政治的立场与态度。

"社说"和"时评"集中了《东方杂志》的评论性文章，是反映该刊立场与态度的重要窗口。"新闻纸之'社说'一栏，乃其正当发表对于时事之意见，以代表舆论或创造舆论之地也。此栏与新闻栏，应严分界线，前者发表意见，后者专登新闻。若混而为一，则流弊甚多……就吾国新闻界之现状言之，撰述社论之人，常即为采编新闻之人。且社论多为一人之见，故大抵署名发表。"③1904年第一卷第一期至1908年第五卷第七期，"社说"均作为开篇首栏存在。1908年第五卷第八期至1909年第六卷第二期为"言论"，1911年第七卷第十二期为"论

---

① 《新出东方杂志简要章程》，《东方杂志》，第一卷（1904）第一期。

② 丁文：《"选报"时期〈东方杂志〉研究（1904—1908）》，北京：商务印书馆，2010年，170页。

③ 《新出东方杂志简要章程》，《东方杂志》，第一卷（1904）第一期。

说"。主要论述的内容大致围绕救亡存图、评论新政。评论性文章是包含事例引证和立场阐发的综合形态，可更直接地表达编辑群体的政治立场和愿景，对动员民众也起到了更为直接有效的作用。而"时评"相对于"社说"略有不足，"时评"一方面汲取各报新闻，一方面又不能像"社说"里那样透彻地发挥评论性优势。将新闻性与评论性杂糅相混，容易两头皆未落实。也许出于这种考量，从1904年第一卷第四期至1905年第二卷第一期，"时评"在出现了十期以后便无疾而终。

（二）"选报"与"本社撰稿"

在最能反映编者立场的"社说"栏，主要分为：选报、本社撰稿、本社选稿、本社译稿、来稿。其中本社选稿、本社译稿、来稿所占比例甚小。故从"选报"与"本社撰稿"中便可体现《东方杂志》的意旨。

"社说"栏目共存在55期，从第一卷第一期（1904年3月）至第五卷第六期（1908年7月），共刊载稿件315篇，其中88篇为本社撰稿，基本上每期均有分布。"本社撰稿"是《东方杂志》的核心与精神的体现，而"选报"也体现出该杂志编者的主观意识。根据统计，1904年3月—1908年7月，《东方杂志》共选报546篇，其中"社论"188篇，其余358篇。

表14 1904年3月—1908年7月《东方杂志》选报统计表

中外日报	时报	南方报	外交报	新闻报
121篇	101篇	41篇	39篇	23篇
官报	激进派报刊	革命派报刊	留日学生刊物	申报
60篇	35篇	12篇	11篇	10篇

由上表可见，《东方杂志》的选报大多节录于类己性报刊，这与该杂志主张的温和改良路线不无关系，但对于激进类报刊，如《警钟日报》、《中华报》等；革命派报刊，如《神州日报》等，《东方杂志》也有所选摘。这些选摘皆是经过编辑群体的审查与筛选，与"本社撰稿"互为依托，起到强化或补充杂志观点立场的作用。诚如，1905年第二卷第八期，"社说"栏刊"本社撰稿"申苏的《论中国民气衰弱之由》，讨论中国民气衰落的原因。而在前后几期均以选报的形式强调了民气的重要性。1905年第二卷第六期"社说"栏，刊《民气与国家之关系》（录乙巳四月二十六日《时报》）；1905年第二卷第七期"社说"栏，刊《论

中国人民之可用》（录乙巳四月二十日《大公报》）；1905年第二卷第九期"社说"栏，刊《论中国人民之可用》（录乙巳六月十三日《时报》）。

第三节　《东方杂志》对国外宪政理论思想的传播

学界有观点认为，《东方杂志》创办的直接原因是日俄战争的爆发。所以，该杂志自创刊起，便相当关注日俄战争。日俄战争被当时的国人看作是立宪与专制之战，而《东方杂志》创刊的主要原因之一又是为了推进立宪。故该刊重视对日本及西方一些君主立宪制国家制度与思想的传播，以拱卫其拥护中国立宪的目的。清末新政的具体改革内容基本源头来自外国，预备立宪更是效仿日本和西方一些君主立宪制国家。《东方杂志》的出版编排也尚未脱离欧美、日本报刊的发行模式。"杂志略仿日本太阳报，英、美两国而利费 Review of review 体裁"[1]，而且《东方杂志》在创刊之初与日本金港堂合资，引进日本先进的包装印刷技术和管理理念。加之，《东方杂志》的主持群是一群主张开眼看世界的近代报人。因此，《东方杂志》始终重视对国外制度与思想的传播。

一、以"宪法""汇志"介绍外国宪法知识

《东方杂志》创刊之时正逢日俄战争，立宪派人士将日俄战争看作是君主立宪制与君主专制之间的博弈。早期《东方杂志》对日本高度关注。

图1　《东方杂志》关于国外知识传播柱状图

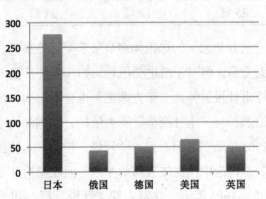

① 《新出东方杂志简要章程》：《东方杂志》，第一卷（1904）第一期。

上图可见，1904—1911年，无论是从介绍外国情况，还是宣传外国制度与思想来看，日本所占比例大大超过其他国家，甚至达到别国的五倍左右。报道涉及日本的政治、教育、经济、法制、文化各方面内容。但也不仅仅是简单地介绍日本的情况，还包括一些论说性文章，如《中国衰弱非日本之福说》《论中国与日本欧化速率之比例》《日人评论中国抵制外货事》等关注中日关系、中日比较、对方看法的评论性文章。《东方杂志》重点关注日本是顺应当时的社会环境与历史潮流的，而在晚清八年中，这种关注程度是否发生变化，是研究《东方杂志》与社会环境变化的重要一环。

图2 《东方杂志》关于国外知识传播折线图

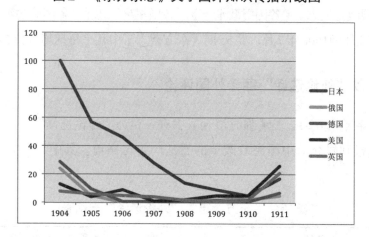

具体看年份变化折线图，《东方杂志》对日本的高度关注在1904年最甚。1904—1905年，正值日俄战争之际，因此这一时期《东方杂志》关注日本的各种情况即是关注立宪制度，立宪与否是当时关系到救国救民的重中之重。换言之，这一时期对日本的突出关注也是《东方杂志》爱国图存立场的一种表现。1905—1906年关注程度较1904年有所下降，但与别国相较，其关注程度依旧居高不下。这一时期，立宪呼声日渐高涨，清廷于1906年9月1日颁布《仿行立宪上谕》，而作为主要效仿对象的日本理所应当在高度关注的范围之内。自1907年秋起，各界人士纷纷请开国会，清廷却推托改制，1908年宣布预备立宪以九年为限，一部分立宪派人士要求缩短预备时限，国会请愿运动风起云涌。一面立宪迟迟未定，一面革命思潮四起。在这种此消彼长的舆论环境下，1908年以后《东方杂志》逐渐减少了对日本的关注，开始增加对英美等西方国家的重视。1911年皇族内阁的出台，无疑表明立宪无望，暴力革命势在必行。故1910年以后，《东方杂志》在关注国外层面不再局限于日本一家独大的局面，各国比例都有所增加，对英美等西方国家的关注开始超越日本，这也反映出《东方杂志》逐渐倾向英美民主制的意向。可见，在社会转型时期，《东方杂志》作为媒介，顺应社会发展趋势成为其存在与发展的重要条件。

相对集中地介绍外国宪法知识，见《东方杂志》1906年第三卷《临时增刊》，其中有一栏为"君主立宪国宪法摘要"，其中包括《日本宪法》《俄国宪法》《英国宪法》《普鲁士宪法》《意大利国宪法》，基本集齐了当时世界君主立宪制国家的宪法，以便结合中国国情参考制定宪法章程。此外，《东方杂志》还将各国的情况汇总在一起，以便了解比较，如《各国内务汇志》《各国交涉汇志》《各国教育汇志》《各国财政汇志》《各国军事汇志》《各国矿物汇志》等，在1904年3月至1908年7月，共55期《东方杂志》中几乎每期均有分布。

二、以"外论选译"翻译外国评论

1906年《东方杂志》《临时增刊》中有一栏为"外论选译"，集中选译日本和英国报刊媒介对中国宪政改革的看法。共刊16篇。其中日本12篇，英国4篇。

表15　《东方杂志》"外论选译"一览表

报刊名	文章名
日本外交时报	论中国改政要端
日本东京日日新闻	论中国立宪之适宜
日本东京日日新闻	述大隈伯论立宪之当于中国
日本时事新报	论实行之难
日本东京每日新闻	论中国立宪之根底薄弱
日本时事新报	论中国之前途恐将多事
日本外交时报	论中国立宪之宜融和满汉
英国摩宁普士报	论中波立宪之比较
英国摩宁普士报	论中国立宪之不宜背约
英国纽加斯路报	论中国立宪之不至排外
英国泰晤士报	论中国维新不宜排外

（续表）

报刊名	文章名
日本国民新闻	论中国立宪宜先改地方制度
日本东京日日新闻	论中国改革官制之可见新党渐占优胜
日本国民新闻	论中国改革官制之不当
日本大阪朝日新闻	论改革官制之因循姑息
日本大阪每日新闻	论改革官制之有名无实

　　日本的12篇报道中，仅3篇认为中国立宪颇为恰当，必有成效，其余9篇均不同程度指出中国确立宪政所面临的问题。问题大致可归为三点：一是皇权问题。中国旧例皇位继承沿袭的是世袭制，决策可出于皇帝一人。这种几千年根深蒂固的制度"能与立宪政体相容与否"①。二是官制改革问题。中央军机处独大，地方上督抚专权。这对于责任内阁、国会议会的建立来说均是羁绊。三是民智程度问题。开民智的首要为促进满汉融和。只有民族内部团结和谐，方可抵御外敌，励精图治。并告诫中国实施宪政应"不徒饰形式之美，而求实际之善"②。英国对中国宪政的评论主要关注点在于保护自身利益，担忧中国因救亡图存实施宪政而盲目排外，影响两国通商，并认为"宪政非可猝期，必由数百年来全国元气浸淫鼓荡而后得之，夫岂今日宣布某律数条，明日施行某例数则，遂谓能得宪政之真耶"③。《东方杂志》选译英国与日本对中国宪政的评论，主要原因在于日本与英国均是立宪政体。但日本为二元制君主立宪制，英国为议会制君主立宪制。《东方杂志》选译日本对中国宪政的评论，一方面告诫民众中国确立宪政路线的正确性；另一方面，借助日本之口，向民众展示彼时中国立宪之难，侧面表达对清廷改革力道不足、层次不够的不满。从选译英国对中国宪政评论的篇幅来看，《东方杂志》和清廷一致，侧重于效仿日本的二元制君主立宪政体。但从其内容来看，《东方杂志》不赞成盲目排斥英国，对于英国更民主的议会制君主立宪制隐约透露出渴望。

　　此外，外国对于中国新政其他方面的建议评论分布于《东方杂志》的各个版块。具体如下表。

---

① 《外论选译》，《东方杂志》，第三卷（1906）《临时增刊》。

② 《外论选译》，《东方杂志》，第三卷（1906）《临时增刊》。

③ 《外论选译》，《东方杂志》，第三卷（1906）《临时增刊》。

表16　外国评论新政内容一览表

期刊号	标题	版块	来源	作者
第一卷第一期（1904）	中国货币改革案	财政	译英国经济杂志	
第二卷第九期（1905）	论满洲税则之沿革	财政	译日本明治三十八年五月十六日国民新闻	
第一卷第三期（1904）	论中国铁路	交通	译美国礼郎报	
第三卷第六期（1906）	论满洲实业考署	实业	节译日本明治三十九年一月三日东京日日新闻	
第三卷第六期（1906）	论贸易家必需之准备	商务	录丙午第一期商务官报译日本实业报	
第五卷第十一期（1908）	银价贵贱与中国之关系	言论	录商务官报译美人爱谷诺米斯脱氏论	杨志洵
第七卷第一期（1909）	黑龙江渔业记	调查	译金山江尼咕西报	
第八卷第四期（1911）	论中国外债及财政之前途		译四月二十五日至五月三日大阪日报	王我臧
第八卷第五期（1911）	纪中国币制改良始末		译文汇报	甘永龙
第八卷第五期（1911）	中国南方之通运事业		译泰晤士报	
第八卷第五期（1911）	东三省商业统计表		译裕商报	
第八卷第五期（1911）	新中国与鸦片问题		译英京伦敦日报	

　　《东方杂志》在引进外国先进的思想与制度方面不遗余力，但同时主持者们也注意到任何外来思想与制度都不可能全部照搬移植到中国的土壤上来，必须结合中国特有的国情民性做出适当调整，其中最有代表性的就是立宪制度。"英国

宪政，出于相因而化，成于相习，故宪典无成章。德国以联邦相合，国体自别。法经屡革之后，制度最有秩序，惟政体为共和。美之政体如法，而分省如国，各省立法自治，有欠统一。欧美各国之情势，不同如是矣。日本采欧美之善。就本国之宜，灿然成一国典章，于日本固称完善，而情势又不同中国。"①故中国要立宪需要根据中国特有的具体情况从长计议。比如，满汉问题，陆宗舆指出中国立宪的要件有五个，其中第一就是满汉问题。《东方杂志》在社说类文章中不止一处强调此问题。预备立宪最急迫的有两个方面，第一是改革官制，另一个是强迫教育。其中根本的根本也有两个，"宦寺之必宜废罢""满汉之必宜融合也"②。倡导满汉一家，既反对满人强满弱汉，也反对汉人革命排满。《东方杂志》反映出的主张与其编辑群体的立宪倾向相辅相成。

　　除了关注中国特有的满汉问题以外，对于当时流行的"人民文化程度不及说"，《东方杂志》也并未忽视。中国要实行宪政，宪政的主要特点就是人民有参与国家大事决策的权利，"中国国民之程度甚低，不能不讲施行之次序"③。"全国人民皆具有政治知识及自治能力"民智大开方可立宪。而当时的国民"泯泯昏昏，蠢如鹿豕，知书识字者千不得一，明理达时者万不得一。家庭之中无礼教，乡里之中无团体，郡县之间视同秦越……"④，故不能贸然实行宪政，赋予人民大权，当时立宪的当务之急之一就是普及教育、提高人民文化程度。该刊虽赞同我国人民文化程度不高，不足以行使政治大权，但却有别于朝廷以"人民文化程度不及说"故意推诿立宪。该刊积极为提高人民文化程度出谋划策。由于各地国民文化程度参差不齐在宣传地方自治时，应先从经济发展较好的地方逐步推广。在制定宪法时，《东方杂志》认为不能贸然照搬外国的宪法条文，中国应先设宪法研究会。"然使立宪之新知识，不先输入于国民之脑中，而深喻其利弊之所在。我恐政体变而国民之心理犹未能相应而与之俱变。利未得而害先见，未可知也。欲避其害非讲明其学不可。欲讲明其学，非设会研究不可。此所以有设立宪法研

① 陆宗舆：《立宪私议》，《东方杂志》，第二卷（1905）第十期。

② 蛤笑：《论立宪预备之要议》，《东方杂志》，第三卷（1906）第九期。

③ 陆宗舆：《立宪私议》，《东方杂志》，第二卷（1905）第十期。

④ 觉民：《论立宪与教育之关系》，《东方杂志》，第二卷（1905）第十二期。

究会之议也。"①可见，设立宪法研究会的原因就是要提高人民文化程度以便尽快立宪。

《东方杂志》重视讲外国先进的制度思想与中国具体国情民性相结合，其根本是为了救亡图存。所以，救亡图存才是早期《东方杂志》始终坚持的主题。1840年以来，中国在强国御辱之路上不断探索，但始终未能如愿。1901年清廷被迫实施新政以来，情势并未有转机，民族危机依旧日甚。1904年7月，英占西藏江孜，9月强迫西藏地方当局签订《拉萨条约》，索取特权，妄图把西藏变为它的独占势力范围。同年9月，美国索取陕西榆林、延安两府的煤矿权。1905年，沙俄在对日作战的同时还分兵侵犯新疆的喀什噶尔、伊犁等地。面对严重的民族危机，如何救亡图存是当时全社会亟待解决的问题。《东方杂志》认为"……外患之迫极，朝廷深思熟虑，知非变法不足以图存耶"②，"朝廷欲图存必先定国是，定国是在立宪法"③，所以《东方杂志》大力宣传立宪救国。在各界的呼声下，清廷宣布预备立宪，但民族危机仍在进一步加深。日本在东三省设置关东都督府和南满铁路公司以便侵略。1910年又将朝鲜吞并，直接威胁中国领土安全。与此同时，沙俄不断陈兵东北、西北边境。在一波又一波的民族危机的威胁下，《东方杂志》认为加快立宪步伐是救亡图存的关键。该刊对国会请愿运动表现出高度的关注，并表示赞同与支持。总之，《东方杂志》通过媒介的舆论输出，有利于民众更全面地认识了解新政，激发民众的爱国热情，使更多群众投入救亡图存的洪流中。

第四节　《东方杂志》对新政关注重点的沿革

宏观来看，1904—1911年《东方杂志》对新政极其关注。因新政内容涵盖政治、经济、教育、军事、法制等各个方面，故在《东方杂志》的版块编排中除去宗教、杂俎、小说、业谈、新书介绍以外，基本内容主要以新政、御辱、介绍外国情况为主。而这三者之中又是新政占主要比例。

---

① 《论今日宜亟设宪法研究会》，《东方杂志》，第三卷（1906）第二期。

② 别士：《论变法必以历史为根本》，《东方杂志》，第二卷（1905）第八期。

③ 《论朝廷欲图存必先定国是》，《东方杂志》，第一卷（1904）第七期。

据笔者统计，1904—1911年99期杂志中，新政相关内容所占比例的变化趋势如下图：

图3　1904—1911年《东方杂志》报道新政内容所占比例折线图

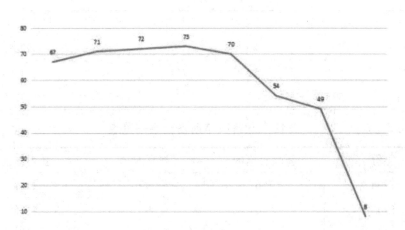

（数据来源：《东方杂志总目》[①]）

由上图可见，除去1911年以外，新政相关内容在《东方杂志》中所占的比例之大。1904—1908年更是高达70%左右。1908年开始，新政报道内容有所下滑，1910年可以说是骤降。1911年，革命风潮一触即发，新政随之落幕，《东方杂志》对新政的关注也随之逐渐停止。

一、1904—1905 年：全面关注新政改革

《东方杂志》创刊初期栏目分类详细，包括"内务、实业、教育、财政、商业、军事"等，关于新政改革的各类内容分门别类归属各版块，便于读者阅读。单就数据统计来看，1904—1911年《东方杂志》关于新政各项内容的报道中，教育改革与经济改革占比较大，政治改革方面集中于中央和地方的官制整改。其中

① 三联书店编辑部编：《东方杂志总目》，北京：三联书店，1980年，1—142页。笔者统计的总篇数为除去画报、广告的数量。统计的新政数量主要为杂志对清末新政的实施关注与相关评论。1904年总篇数约为1132篇，与新政相关约756篇；1905年总篇数约为755篇，与新政相关540篇；1906年总篇数约为737篇，与新政相关约535篇；1907年总篇数约为587篇，与新政相关约432篇；1908年总篇数约为611篇，与新政相关约426篇；1909年总篇数约为436篇，与新政相关约236篇；1910年总篇数约为482篇，与新政相关约234篇；1911年总篇数约为404篇，与新政相关约34篇。统计存在一定误差，但不影响整体数据走向与分析。

1904年3月—1908年7月，该刊每期分"教育""财政""实业"栏对教育改革与经济改革的具体实施与进展有详尽报道，官制改革集中于"内务"栏。

表17 经济改革所占比重一览表

年份	新政总篇数	整顿财政	振兴实业	实业占比	经济改革占比
1904	756	79	136	18%	28%
1905	540	50	186	34%	43%
1906	535	44	127	24%	32%

表18 教育改革所占比重一览表

年份	新政总篇数	教育改革	教育占比
1904	756	99	13%
1905	540	95	17%
1906	535	67	12%

（数据根据《东方杂志总目》统计，详情参见附录）

这一时期，虽立宪呼声渐高，但清廷尚未宣布立宪，而是致力于为立宪做准备的官制改革。《东方杂志》对于官制改革见于"内务"栏。据统计，1904年24篇，1905年23篇，不足以与经济教育改革比重对比。此两年间，经济与教育改革占比总数分别为41%、60%，平均达到了总篇数的一半左右。究其原因，第一，这一时期，清廷尚未宣布预备立宪。政治改革集中于整顿中央地方的官制与机构。而这种官制与机构的改革亦尚未体现三权分立，政治改革尚且停留在表皮。这一时期的《东方杂志》的报道与评论多半是关于分析中国时局。该刊发表《论中国必革政始能维新》《论中国时局》《论中国前途有可望之机》《论中国改革之难》等选报性质的评论，表达其政治诉求，期望中国尽快落实改革。第二，商务印书馆与《东方杂志》均重视教育的推广与普及。从《东方杂志》的办刊宗旨即可看出其对教育的重视。该刊认为通过普及教育、强迫教育提高人民文化程度，为立宪之基础。第三，《东方杂志》认为实业与立宪联系紧密。该刊的编辑群体多为支持实业的资产阶级立宪派。《东方杂志》认为"实业之兴替，关于宪政隆污之说"[①]。在立宪派看来，发展实业与实现宪政相辅相成、缺一不可。

---

① 胜因：《实业救国悬谈》，《东方杂志》，第七卷（1910）第六期。

二、1906—1908 年：重点关注立宪、教育

　　《东方杂志》对宪政的报道递增是在1906年清廷宣布预备立宪之后，这一时期，《东方杂志》对新政的关注点逐渐集中于立宪与教育。

　　一般来说，清末政治改革分为两个阶段：第一阶段主要集中于官制改革，中央与地方机构整改；第二阶段以五大臣出洋考察始，次年宣布预备立宪，开始政治体制的改革。《东方杂志》于1904年3月创刊，而政治改革始于1901年。对于第一阶段的政治改革进程亦有所涉及，但更多地集中于政治体制的改革，也就是君主立宪改革方面。

表19　1904—1911年《东方杂志》关于君主立宪的论说一览表

文章题目	期数	来源
论中国必革政始能维新	1904 年（第 1 卷）第 1 期	中外日报
论中国无国权	1904 年（第 1 卷）第 5 期	本社撰稿
奏请立宪之风说	1904 年（第 1 卷）第 5 期	本社撰稿
论中国立宪之要义	1904 年（第 1 卷）第 5 期	大公报
对客问	1904 年（第 1 卷）第 5 期	本社撰稿
奏请立宪之风	1904 年（第 1 卷）第 5 期	本社撰稿
改良地方董事议	1904 年（第 1 卷）第 6 期	时报
论蒙蔽	1904 年（第 1 卷）第 6 期	中外日报
论中央集权之流弊	1904 年（第 1 卷）第 7 期	中外日报
论朝廷欲图存必先定国是	1904 年（第 1 卷）第 7 期	时报
地方自治政论	1904 年（第 1 卷）第 9 期	时报
立宪法议	1904 年（第 1 卷）第 12 期	时敏报
立宪法议	1904 年（第 1 卷）第 12 期	时敏报
论日胜为宪政之兆	1905 年（第 2 卷）第 6 期	中外日报
立宪浅说	1905 年（第 2 卷）第 9 期	中外日报
读十四日上谕书后	1905 年（第 2 卷）第 9 期	时报
中国未立宪以前当以法律遍教国民论	1905 年（第 2 卷）第 11 期	本社撰稿
今日新政之缺点	1905 年（第 2 卷）第 11 期	岭东报
论立宪与教育之关系	1905 年（第 2 卷）第 12 期	本社撰稿

（续表）

文章题目	期数	来源
论立宪当以地方自治为基础	1905 年（第 2 卷）第 12 期	南方报
论中国之进步	1906 年（第 3 卷）第 1 期	本社撰稿
论今日宜巫设宪法研究会	1906 年（第 3 卷）第 2 期	时报
论立宪当有预备	1906 年（第 3 卷）第 3 期	本社撰稿
论国民对于宪法之义务	1906 年（第 3 卷）第 4 期	北洋学报
论君主立宪政体之性质	1906 年（第 3 卷）第 4 期	北洋学报
筹教当议	1906 年（第 3 卷）第 8 期	本社撰稿
论中国近日权利思想之发达	1906 年（第 3 卷）第 9 期	本社撰稿
论地方自治制宜先行之于都市	1906 年（第 3 卷）第 9 期	南方报
个人说	1906 年（第 3 卷）第 10 期	南方报
论地方自治有专制立宪之别	1906 年（第 3 卷）第 11 期	南方报
论中国于实行立宪之前宜速行预算法	1906 年（第 3 卷）第 13 期	南方报
刊印宪政初纲缘起	临时增刊	本社撰稿
立宪释疑义	临时增刊	本社撰稿
出使各国大臣奏请宣布立宪折	临时增刊	本社撰稿
本治篇	临时增刊	本社撰稿
人民文化程度之解释	临时增刊	本社撰稿
述立宪利益第三	临时增刊	本社撰稿
述政体第四	临时增刊	本社撰稿
述述宪法界说第一	临时增刊	本社撰稿
述宪法种类第二	临时增刊	本社撰稿
述君权第五	临时增刊	本社撰稿
述臣民之权利义务第七	临时增刊	本社撰稿
述养成议员资格第九	临时增刊	本社撰稿
述国务大臣责任第六	临时增刊	本社撰稿
论地方自治为预备立宪之根本	1907 年（第 4 卷）第 1 期	北洋官报
论今日宜征地方税以为实行地方自治	1907 年（第 4 卷）第 2 期	本社撰稿
中国将来议院制度之问题	1907 年（第 4 卷）第 7 期	时报

（续表）

文章题目	期数	来源
论开国会当先于地方自治	1907 年（第 4 卷）第 12 期	神州日报
论地方自治之意义及分类	1907 年（第 4 卷）第 12 期	中外日报
论组织议院之计划	1908 年（第 5 卷）第 1 期	津报
国会预备议	1908 年（第 5 卷）第 2 期	津报
地方自治总志	1908 年（第 5 卷）第 2 期	本社撰稿
论地方自治之亟	1908 年（第 5 卷）第 3 期	本社撰稿
宪政篇	1909 年（第 6 卷）第 7 期	本社撰稿
宪政篇	1910 年（第 7 卷）第 1 期	本社撰稿
都察院代递孙洪伊等吁恳速开国会呈	1910 年（第 7 卷）第 1 期	本刊载文
都察院代递文耀等吁恳速开国会呈	1910 年（第 7 卷）第 1 期	本刊载文
都察院之代递吁恳速开国会呈	1910 年（第 7 卷）第 1 期	本刊载文
宪政篇	1910 年（第 7 卷）第 2 期	本社撰稿
宪政篇	1910 年（第 7 卷）第 4 期	本社撰稿
宪政篇	1910 年（第 7 卷）第 5 期	本社撰稿
中国大事记	1910 年（第 7 卷）第 11 期	本社撰稿
论对于责任内阁制人民与政府两方面之误解	1911 年（第 8 卷）第 5 期	本社撰稿

　　从版块编排上看，《东方杂志》的评论性文章虽地位较重但篇幅较少。其大部分是通过奏折、谕旨、章程、草案等对新政内容的直接性呈现。在篇幅较少的评论性文章中预备立宪占绝对主导比例。可见，《东方杂志》对于立宪的重点关注。综观 1904—1911 年 62 篇评论性文章，1904—1905 年主要侧重于分析时局，提出立宪的重要性，连带一些为立宪做准备的要素，鲜少提出立宪构想与规划。而 1908 年以后，在清政府"预备立宪"的诱动鼓舞下，立宪派发动了几次召开国会的请愿。故 1909—1911 年，话题主要聚焦于请求速开国会。由上表《东方杂志》对立宪的评论性文章统计来看，1906 年为最甚，评论性文章达 23 篇。1906 年清廷宣布预备立宪，资产阶级立宪派备受鼓舞，认为立宪指日可待。1906—1908 年《东方杂志》积极为立宪出谋划策，围绕中国国情提出建议构想，表达对确立宪政寄予的期望。1908 年 8 月清廷颁布《钦定宪法大纲》，其中君主依然大权在握，与封建专制政体并无实质区别，这一举动更加激发资产阶级

立宪派对清廷不满。《东方杂志》由第五卷（1908）第五期始刊《宪政篇》，持续公布立宪动态，评论宪政进展，试图在真正意义上推动立宪。

这一时期，《东方杂志》关注立宪的同时，刊文中有关教育的占比仍重。在新政各项改革中，根据"为政之道，首在得人"的思想，教育改革迈出的步子最快，成效也最显著。1908年（第4卷）第7期之前，杂志除设立"教育"专栏之外，还有"各省教育汇志""各省游学汇志"等补充版块，而且在其他分栏中也有颇多关于教育专题论述的篇章。后来，随着栏目的调整，"教育"栏一度被并入其他版块，从数量上来说，相较前期有所减少。但对于教育的关注程度始终不减。最能体现编者方针及观念的是"时评"和"社说"栏目，仅1904—1909年就有41篇关于教育方面的文章入选。[1]关注的内容包括教育行政机构改革、出国留学、新式学堂等各方面。

三、1909—1911 年：持续关注教育、实业

1909年改元宣统，3月下诏重申"预备立宪"，命各省当年内成立咨议局。立宪派在各省咨议局中占据了领导地位。12月，十六省咨议局代表组成国会请愿同志会，在1910年又三次请愿要求速开国会。10月，资政院在北京成立，亦要求1911年召开国会。清政府不得已将预备立宪期九年改为五年，定于1913年召开国会，1911年先成立内阁，同时下令驱散各地请愿代表。1908年（第五卷）第七号始，孟森开始担任《东方杂志》的主编，孟森主笔以后结合当时一战结束等时事，注意到国际形势发生前所未有的整合与重组，开始对《东方杂志》进行改版，《东方杂志》出现创刊以来最大规模的一次改版，开始偏重于对世界大事的报道与分析，内务情况集中于"记载"与"法令"。所以，1909年、1910年新政的相关内容所占比例略有下降，但依然保持在50%左右。1911年新政的相关内容在《东方杂志》的所占比例骤降到8%左右。究其原因：其一，自1911年第1号起，杂志取消了所有的版块设置，只设"科学杂俎""言情小说""理想小说""诗选""杂纂""中国大事记""外国大事记""职官表"等更面向大众的休闲版块，其他均不分类。其二，并非《东方杂志》不再关注新政，而是1909年以后，随着国会请愿运动的失败，清廷的真实面目逐步暴露，对新政

---

① 彭慧艳：《舆论视野下的教育改革——以〈东方杂志〉为中心（1904—1911）》，安徽大学，博士论文，2011。

的推行日益敷衍。其三，1911年皇族内阁的出台，使得立宪派人士对新政彻底失望，加上这一时期革命情绪高涨，革命形势一触即发，立宪派人士对于清廷和革命派的态度也发生了转变。故随着新政走向落幕，《东方杂志》在国内的关注点依然在教育与实业，同时兼顾国际动态与世界大势。这种审时度势的温和态度也是该杂志并非随着新政落幕而衰落的原因之一。

从新闻学视角观察，媒介对事件的报道注重真实性、即时性和独立性。真实性是新闻传播的基本属性要求；即时性是媒介对于事件发生、变化有敏锐反应，能够及时呈现，对于同一事件的最新变化有跟踪性报道；独立性是对媒介立场的真实反应，以上三特性为媒介传播的基本特性。《东方杂志》对新政的传播过程紧扣这三种特性，在传播过程中形成自身特色。新闻传播学中的特色化传播，就是在传播主客体和内容形式上积淀创新，以此形成自己持久的价值和特色。《东方杂志》诞生于舆论氛围相对活跃的晚清社会，媒介成为各界知识分子在民族危机中发表救国言论的舆论平台。处于混乱动荡的时期，《东方杂志》短期内在众多报刊中脱颖而出，在新闻界树立品牌、站稳脚跟，与其创刊初期形成的传播特色密不可分。晚清八年可谓是该刊的创刊初期。因此，《东方杂志》对清末新政的关注原因与程度，呈现方式与特点，均展示了该刊的特色化传播模式。由于清政府积极实施新政，立宪与革命思潮勃发的舆论环境，《东方杂志》主持群的政治倾向等因素，《东方杂志》对清末新政极为关注，其关注主要分为全面介绍改革内容、重点关注政治教育、评述改革重要事件三方面。以直接性呈现、连续性呈现、独立性评论三种形式，始终保持国情与民情并重，重视国外制度与思想，围绕救亡图存主题。媒介的最终目的是通过特色化传播构建舆论氛围、宣传舆论思想，从而达到社会动员、阻止或推动社会变迁的效果。所以对于媒介如何具体呈现历史事件，表达主持群舆论思想，及最终达成的社会效果有重要的影响。

第三章 《东方杂志》对君主立宪的评论

新闻界有学者提出媒介即政治的理论，认为媒介是社会政治的镜像。众所周知，任何媒介都是在一定的媒介环境中诞生和发展的。广义上看，一切社会政治环境都是媒介环境的一部分。在清末政治改革以前，中国一直处于封建君主制的高压政治下，媒介作为领导集团的舆论工具，作用单一。清末新政实施以来，广开言禁，舆论氛围相对自由，媒介也逐渐走向相对自由的多维度化。政治变革最先反映在思想观念领域，清廷推行预备立宪是器物模仿失败以后的历史必然趋势，所以立宪思潮成为当时的主流社会思潮。媒介所传播的观念、内容、方式、方法是与当时的政治形态、社会需求相适应的。同时，媒介通过传播信息，监督政府与导引国民，推动社会政治形态变迁。《东方杂志》对君主立宪的聚焦正是媒介与政治互动关系的折射。

第一节 探讨君主立宪的必要性

自1904年创刊至1911年清廷灭亡期间，《东方杂志》始终致力于对宪政的宣传，无论是通过摘录选报言论还是原文刊载奏折谕旨，又或是介绍国外宪政制度思想，都围绕一条始终贯穿其中的主线，即在当下的中国实施宪政的必要性。

一、君主立宪的迫切性

历朝历代的改良革新皆是多种因素共同作用的复杂结果。改革的内容涵盖范围甚广，而改变政体是改良革新中的大事。《东方杂志》明确指出确立宪政对彼时中国社会来说是极其必要且迫切的。

表20 《东方杂志》关于立宪必要性的刊文一览表

标题	期数	卷号	年份
论中国必革政始能维新	1	1	1904
论中国改革之难	1	4	1904
奏请立宪之风说	1	5	1904
论变法之精神	1	7	1904
论朝廷欲图存必先定国是	1	7	1904
政府之病状	1	8	1904
论中国社会之现象及其振兴之要旨	1	12	1904
论变法必以历史为根本	2	8	1905
论中国前途之可危	2	9	1905
论立宪为万事根本	2	10	1905
立宪释疑	3	临时增刊	1906
论中国社会之缺点	4	8	1907

《东方杂志》关于探讨立宪必要性的刊文集中分布于1904—1905年，这一时期立宪派积极鼓吹立宪。从标题可见，12篇中有5篇以政府或时局现状为主要内容，指出中国面临危亡之局，进而引出改革政体为彼时救亡存图之办法。

早期《东方杂志》"社说"栏中，分析中国时局的相关论说所占比例甚大，可见该杂志对当下时局有较为清晰的认知。据笔者统计，分析晚清时局的论说大约共26篇，主要分布于第四卷第八期之前，这26篇中有5篇"本社撰稿"、2篇"本社选稿"，其余均为选报。主要围绕社会现状进行讨论，引出改革的必要性。"中国时局，至今已危险万分。"[①]自道光年间五口通商之始，外患甚重，专制政体下的清廷对百姓的压榨更甚，无奈之下，百姓以求外人庇护。"商之挂洋旗，民之入西籍者，既已闻不胜闻。其最著者，则宗教之信仰。"[②]挂洋旗的商船，入西方国籍的民众，数不胜数。其中受西方影响最大的便是宗教信仰，外来传教士在中国传教，广纳教徒，从思想上动摇了封建传统思想的禁锢。如此一来，中国对内的主权极其不稳。越来越多的国民意识到中国的国力微弱不足以保护其生存发展，故外患未除，内忧亦起。在这种局面下，国人一直在探索强国御

① 《论中国改革之难》，《东方杂志》，第一卷（1904）第四期。

② 《论中国前途之可危》，《东方杂志》，第二卷（1905）第九期。

辱之道。《东方杂志》认为若要救亡图存，一在于政府，一在于国民。"政府病，其病状则为麻木"①，政府麻木不作为，导致中国二十一行省屡割不一，政府的麻木之症亦未可治。而当时世界之大势在于"厘革百度，更张庶政，楚材晋用，取长舍短"②，中国鉴于此亦积极变法。而从洋务运动到维新变法的失败说明了"中国之于新法，无论为浮慕，无论为阻遏，无论为敷衍，无论为试行，抑无论其为实行，皆无裨于今日之大局，无救于今日之危亡"③，中国试图通过效仿西方强国御辱，但是"凡百措施创之于列邦而为善治者，及其行之中国几无不与初意大左，而利害适相反焉"④，"一言以断之曰，政体不立之害。欲救其弊，固非改定政体不可"。⑤究其原因，是因为这些新法的具体措施只适用于欧美，不适用于中国，因为中国和西方的政体不同。所以，中国若想改变现状，唯有改变政体。鉴于当时中国的内忧外患，一部分人开始认为立宪是救国的唯一出路。《东方杂志》关于当时立宪的必要性的阐述，主要围绕强国与御辱两个方面。

（一）立宪可强国御辱

《东方杂志》指出确立宪政对内对外都有好处，对内而言立宪可巩固主权。对于如何巩固主权，《东方杂志》主要通过以下几个方面论证。第一，保国民。"故为今之计，中国而欲自保其民，则不可以不宣言立宪。诚使立宪之后，其官吏既受宪法之制裁，而人民亦得宪法之保障，无患于苛政，而可以安存。"⑥确立宪政，无疑须制定宪法，宪法的制定可使人民的权益得到一定保障。除此之外，立宪可提高国民素质，提高人民生活水平。"其在内国，则以立宪结公共之团体，而导之一爱国合群。""其对外人，则以立宪进国民之资格，而使之生存竞化其为幸福。"⑦立宪可保障人民权利和幸福生活。因为宪法的确立在政治上有利于整顿吏治，提高行政效率。"立宪之后，其官吏既受宪法之制裁，而人民

① 《论中国改革之难》，《东方杂志》，第一卷（1904）第四期。

② 《政府之病状》，《东方杂志》，第一卷（1904）第八期。

③ ［日］长尾雨山：《对客问 第一》，《东方杂志》，第一卷（1904）第一期。

④ 《论中国必革政始能维新》，《东方杂志》，第一卷（1904）第一期。

⑤ 《论立宪为万事根本》，《东方杂志》，第二卷（1905）第十期。

⑥ 《论立宪为万事根本》，《东方杂志》，第二卷（1905）第十期。

⑦ 《论立宪为万事根本》，《东方杂志》，第二卷（1905）第十期。

亦得宪法之保障。无患于苛政，而可以安存。"①《东方杂志》认为立宪对于政治上的益处之一就是限制官吏，改变了以往官吏苛政的行为，使人民的权利和生活得以保障。而人民安居乐业，国家才能富强繁荣。第二，在经济上"兴实业""利理财"。晚清中国，经济凋敝，财政困难重重。"不立宪之国，实业可以兴乎？以官吏之贪婪无厌，以胥役之逐物取盈，民欲营业固不易也。"②《东方杂志》认为，在立宪政体下，限制了官吏胥役的权利，使他们的横征暴敛、巧取豪夺得以收敛，有利于民间资本的发展壮大。另外，对于日渐不敷的国家财政情况也可通过募国债的方式得以扭转。以往专制政府，强硬专断，并无信用可言，民众对于政府只有畏惧而无信任。专制政体之下，政府期望通过募国债的方式解决财政困难，但政府无信用可言，出尔反尔，使百姓手中债券变成一纸空文且诉出无门。而在立宪政体之下，"然其事必赖政府与人民两间之信用，而非可以强迫期也"③，即"加赋亦不难"，因为它们靠的是信用。加赋与募国债一定程度上可扭转财政萎靡的局面，可见立宪政体对于国富民强的作用。第三，军事上有利于巩固国防。虽然彼时的中国已采取征兵制，但《东方杂志》认为"此固立宪国之所有事，而非专制国之所能行也"④。立宪国家的人民，在宪法的规制下拥有一定的权利，每个人作为国家的一分子，在拥有权利的同时"必当尽卫国之义务，且即以自卫其权利"⑤。第四，只有行立宪政治，才能逐步推行平等外交。"夫专制之疒加病字头毒不独害及内政也，亦且危及外交。然则处今世之潮流，而欲得捭阖纵横之胜算，舍确立宪政导国民以外交之大势，而树之后盾，亦岂有他术乎？"⑥当时，外人自称为文明者，以有宪法故。而我国因没有宪法，被视为不文明的野蛮之邦，至于平等外交，更无从谈起。针对当时许多国人"以编发之民而入西籍，设肆之贾而悬洋旗"⑦的现象，《东方杂志》载文称，"欲自保其民，则不可不行立宪"⑧，"必立宪而后可以善处外交，今日列强外交政

---

① 《论立宪为万事根本》，《东方杂志》，第二卷（1905）第十期。

② 《论立宪为万事根本》，《东方杂志》，第二卷（1905）第十期。

③ 《论立宪为万事根本》，《东方杂志》，第二卷（1905）第十期。

④ 《论立宪为万事根本》，《东方杂志》，第二卷（1905）第十期。

⑤ 《论立宪为万事根本》，《东方杂志》，第二卷（1905）第十期。

⑥ 《论立宪为万事根本》，《东方杂志》，第二卷（1905）第十期。

⑦ 《论立宪为万事根本》，《东方杂志》，第二卷（1905）第十期。

⑧ 《论立宪为万事根本》，《东方杂志》，第二卷（1905）第十期。

策，其所以对我国者有唯一之方法焉。曰利用少数之政府以驯制多数之人民"。①
西方列强利用君主专制的特点，通过威胁或者诱骗的方法将清政府作为自己侵略
中国的工具。但若是我国实行立宪政体，议院可以反对君主的决定，国民有参与
国家大事的权利。西方列强威胁、诱骗少数人容易，妄图控制亿万国民实属困
难。第五，禁陋俗。"不立宪之国，陋俗可以禁乎？彼不蹈刑法斯足矣。民既无
与于国，则国律所干涉，亦不能及其无意识之自由，即有法令无所施也。"②

由此可见，为何当时中国亟须立宪，原因众多。大多是举专制政体所产生的
恶果为例，与立宪的好处形成鲜明对比。

（二）立宪乃大势所趋

晚清中国处于列强环伺、竞争激烈的国际环境中，《东方杂志》刊文认为，
但凡立于世界之林的竞争者，都是先提高国民竞争力。因为"国际竞争者，非甲
国之君与乙国之君之竞争，实甲国之民与乙国之民竞争也"③。而立宪政体者，
"所以厚国民之竞争力使国家能进而行帝国主义者"④。立宪既已成世界之潮流，
国内要求立宪的呼声也越来越高，媒介重要的社会责任之一即下情上达，贯通官
民。《东方杂志》积极呼吁，立宪是大势所趋。"通过上下望立宪政体之成立，
已有万流奔注不可趋于海不止之势。失此不图，则泛滥为患祸，且甚于古昔之洪
水也。夫一转移，间利害若此。某国是者，奈何不急起而为之所也。"⑤

一时之间，立宪风潮四起、呼声渐高，有人认为"宪法立，国基定，中国
其兴"⑥，也有人认为"或曰时机尚未熟，人格尚未及，苟立宪法，中国其益纷
扰"。⑦对于各种不同的说法，《东方杂志》表示立宪兹事体大，宪法的确立，
并非仅仅是一纸诏书，也非百十议士相聚谈论就能成功。日本未立宪法之前，先

---

① 《论立宪为万事根本》，《东方杂志》，第二卷（1905）第十期。

② 《论立宪为万事根本》，《东方杂志》，第二卷（1905）第十期。

③ 《宪政篇》，《东方杂志》，第五卷（1908）第八期。

④ 《宪政篇》，《东方杂志》，第五卷（1908）第八期。

⑤ 《论朝廷欲图存必先定国是》，《东方杂志》，第一卷（1904）第七期。

⑥ 《奏请立宪之风说》，《东方杂志》，第一卷（1904）第五期。

⑦ 《奏请立宪之风说》，《东方杂志》，第一卷（1904）第五期。

派朝臣游历各宪政国家，求得各国宪法，回国以后再根据其国情进行修改，并非贸然以一纸诏书颁行宪法、改革政体。《东方杂志》并未明确倡导立宪的方法步骤须效仿日本，但其字里行间借对我国立宪的担忧以抒效仿日本之意。该刊表示："夫日本与我中国非均所谓变法四十余年之国乎，然何以日本之变法，至今百事俱举。而我中国之变法，至今仍百事俱隳也。我甚惧我宪法之立，其与我变法等，则立宪与不立宪，仅其名之异，而于我国进退，仍不能增损毫末。"[1]意思是我国若不效仿日本的立宪步骤与路径，很可能清末改革会同之前的变法一样徒劳无功，表现出《东方杂志》的编者们对中国能否立宪的担忧。

自清廷下诏立宪以后，"其号称开明者，以为得此改革，则民气发舒，域内可指日而治，而老成持重者，或又咨嗟太息，以为主权所在，不可不保守而沮扰之"[2]。这一喜一悲皆未领会立宪真义。不仅时人不了解立宪的真正意思，清廷对于此也不甚深知。七月十三日上谕宣"我国政令历久想仍，日处阽危，受患迫切""现载泽等回国奏陈，皆以国势不振，实由于上下相蒙，内外隔阂。官不知所以保民，民不知所以卫国。而各国之所以富强者，实由于行宪法，取决公论，军民一体，呼吸想通"[3]。由此观之，朝廷之所以主张立宪，意在救亡，实焦灼于制治之旧，不足以适应于世界大势之新。"且深知今日之受祸者，由于不立宪，以致不振。而诸国之富强，乃由于能立宪也。"[4]

清廷对立宪的认识尚未准确完善，但其执念于中国所致危亡之局的原因在于他国立宪，而中国未立。"吾国不振为果，仍旧为因。诸国立宪为因，富强为果。"[5]并认为中国只要速行立宪，就可解当下所燃眉之急。"立宪后，其机关完备，行使之力各有所借而益强，而于主权之本体，固无所损，且益形其固也。"[6]

---

[1] 《奏请立宪之风说》，《东方杂志》，第一卷（1904）第五期。

[2] 《立宪释疑》，《东方杂志》，第三卷（1906）《临时增刊》。

[3] 《立宪释疑》，《东方杂志》，第三卷（1906）《临时增刊》。

[4] 《立宪释疑》，《东方杂志》，第三卷（1906）《临时增刊》。

[5] 《人民文化程度之解释》，《东方杂志》，第三卷（1906）《临时增刊》。

[6] 《立宪释疑》，《东方杂志》，第三卷（1906）《临时增刊》。

二、君主立宪与君权

（一）比较共和、立宪、专制政体

《东方杂志》首先指出"政体者，统治之权力动作于形式上者是也"[①]。统治权所在各异，故政体各异。世界政体大致可分三种。统治权属于人民全体者为共和政体，政权掌握在少数人手中为寡人政体、君主一人手里为专制政体。三者的最大区别在于统治权的归属问题。共和政体的国家权力属于全体国民，"国家之政治，人民自行之"[②]。寡人政体统治权在于国民中的一些人，往往是贵族阶层，贵族可以受平民之委托参与政事。君主政体是指统治权掌握在君主一人手中，其中君主政体又可分两类，一是君主独裁政体，一是君主立宪政体。究竟何为"君主立宪政体"，《南方报》认为如果把治理国家的人比作泛舟之人，必须先确定他的方向，才能达到他想到达的地方。而立宪政体对于国家而言，就像指南针一样重要。《东方杂志》给出二者清晰的定义。"以特定一人，因其固有之权力，而总揽国权，统治其国者"谓之君主国体；"以宪法为统治国家之大则，依所设国会、政府、裁判所之统治机关，而行立法司法行政三大权者"[③]，谓之立宪政体。《东方杂志》亦指出专制政体与共和政体均有弊端。专制政体权力出自君主一人之手，一人之号令就是全国之法律，这会导致"政治阻隔，上下之气不通，君民之情不惬"[④]。而共和政体的劣势在于国权掌握在人民手中，"民有权力则有思想，有思想则有主张，有主张则有出入，有出入则有竞争，有竞争则有党援，党援既树门户各分"[⑤]，党派之间一旦决裂，必祸及国家。专制政体的权力集中，共和政体的上轻下重皆非政体之最优，而最优之政体即为君主立宪制。君主立宪国，国民可共享公益，却不能争揽政权。可见彼时，一部分时人已认识到所谓宪政制度，分为立法、司法、行政三大系统，这三者互立并存。"议法者，自国家上下议院至府县乡村之会议机关而言；司法者，自大审院、控诉院、地方裁判所及区裁判所等，司法专衙而言；行政者，自内阁各部大臣至各府

---

① 《临时增刊·述政体第四》，《东方杂志》，第三卷（1906）《临时增刊》。

② 《临时增刊·述政体第四》，《东方杂志》，第三卷（1906）《临时增刊》。

③ 《立宪释疑》，《东方杂志》，第三卷（1906）《临时增刊》。

④ 《论君主立宪政体之性质》，《东方杂志》，第三卷（1906）第四期。

⑤ 《论君主立宪政体之性质》，《东方杂志》，第三卷（1906）第四期。

县知事郡长等行政专官而言。"①上至政府官员下至舆论空间，皆知确立宪政须分权。对于分权最大的顾虑来自清廷。清廷革新的本意试图巩固主权，而立宪所谓的分权是否会导致君权不稳是立宪当下较为关注的问题之一。

（二）"分权以后君权不稳"

对于分权以后是否会导致君权不稳的问题，当时中国社会大致分为两派：一是以出洋考察团为代表的皇位永固派。载泽归国以后上奏指出，立宪一大好处即为皇位永固。"立宪之国，君主神圣不可侵犯，故于行政不负责任，由大臣代负之；即偶有行政失宜，或议会与之反对，或经议院弹劾，不过政府各大臣辞职，别立一新政府而已。故相位旦夕可迁，君位万世不改，大利一。"②这类说法基本以上层官员为主体。其对立宪的认识停留在表面较多。其与清廷利益一致，期望通过立宪巩固统治。二是立宪倾向于知识分子代表的君权无损说。《东方杂志》撰稿人振民认为关于主权的说法，不能简单地以实行君主制或民主制判断，要将国体政体相结合。并以日本为例说，："日本固即以君主国体而用立宪政体者也。彼其覆幕以还。王权巩固。天皇之尊荣，世所耳熟而羡之矣。"③并详列出立宪政体下的主体、客体、机关、作用。其中主体包括"（一）皇位：国权所寄，统治之本源。（二）皇位继承：正统相承，国权之延续"等。最终得出结论"不过既立宪后其机关完备，行使之力各有所借而益强，而于主权之本体固无所损。"④这类说法，表面附和皇权永固派，指出君主立宪政体分为英国和日本两类。效仿日本，即可无损皇权。其中代表了立宪派渴望确立宪政的愿望，期望通过拥护清廷而得到清廷让步，确立三权分立之制，从而分得些许政权。

由此可见，一些立宪派知识分子已洞悉清廷的意图，试图从旁翼做证，君主专制已不适用于彼时中国，唯独改变政体方可保皇权稳固。换句话说，就是君权的适当分散，可保中央集权稳固。《东方杂志》接连刊《论中央集权》《再论中央集权》阐明中央集权"可行于各国，而独不可行于今时之中国；可行于立宪

---

① 陆宗舆：《立宪私议》，《东方杂志》，第二卷（1905）第十期。

② 《出使各国考察政治大臣载泽奏请宣布立宪密折》，第三卷（1906）《临时增刊》。

③ 振民：《立宪释疑》，《东方杂志》，第三卷（1906）第十三期。

④ 振民：《立宪释疑》，《东方杂志》，第三卷（1906）第十三期。

之国，而独不可行于专制之国"①。一个国家幅员辽阔、百姓众多，政府若是听一人指挥操控，则完全需要依靠此人的见识、魄力、才干、学问等。若是此人见识、魄力、才干、学问均属上等，则国富民强，反之则民不聊生。观当时之中国，内忧外患，政府无能。中国号称专制之国家，但晚清之时，大权旁落，各省督抚分权，抗旨不行，各自为政。《东方杂志》这样描述当时的政局：

中国号为专制之国，而至于今日，则大权所在，究难指实政府有权矣。而所下之令，或有不便于时者，则各省疆吏，可以抗不奉行，政府无如何也，即或迫于严切之。诏旨不敢据理力争，而其势又万不可行。则相率以阳奉阴违了事，以免政府之催督，而政府无如何也。是政府之无权也，督抚有权矣。而用一人必请命于大部，部臣驳以不合例，则不能用也。行一事亦必请命于大部，部臣如执不许，则亦不能行也，甚至其下之司道，若与督抚不洽，则亦可阴抗其意旨，而不为奉行。是疆吏亦无权也。夫疆吏无权，则政府宜有权，然政府实亦无权。则有权竟不知何属，而犹高言中央集权。论其程度，无乃去之尚远。犹幸中国历来以相忍为国，疆吏虽不尽有权，而亦不尽无权。每值王纲解纽，朝廷威灵，不绝如线。政府束手无策。无所施其权力之时，督抚之有才干者，尚能凭借其所有之兵力财力起，而承匡复之任。外之则翊戴王灵，内之则捍卫土宇。卒以收旋乾坤之效。往事不具论，即如咸丰之季。联军聚于京师，匪焰张于东南。设非有益阳湘乡诸明臣，力以平贼自任，则当时之大局，岂堪设想。②

若继续下去，不久以后各省的兵力财力将被搜刮殆尽。政府将无饷可用、无兵可调。如果等到那时，政府则后悔莫及。中国自古以来崇尚中央集权，晚清政局动荡，中国望效仿西方达到巩固中央集权的目的。殊不知西方国家，已率先确立为立宪之国，而并非君主专制政体。

《东方杂志》指出立宪之国，是君与民共事。政府欲行一事，如果人民持反对意见，这项决议将不能实行。政府所实施的一切方针政策都经过人民许可。人民掌握立法权，政府掌握行法权，大部分权力还是集中在政府手中。以往专制政体下，立法行法都出于皇帝一人之手，若皇帝能擅治国之道，国家与人民幸；若皇帝残暴昏庸，不理国情民性，恣意裁决，则国家与人民大祸将至。当下中国的境况，就属于后者。不分君权则国家危，分权则国家稳。这个难题摆在政府与

---

① 《论中央集权之流弊》，《东方杂志》，第一卷（1904）第七期。三期。

② 《论中央集权之流弊》，《东方杂志》，第一卷（1904）第七期。

人民面前。时局迫使政府不得不选后者。"令各省亦自有其权，其在平时不见其益，或且憎其遇事掣肘，无以遂其独断独行之愿，而至于存亡绝续之秋。则明效大验，显然可知。"①适当分权于各省，不至于危难之时，各省无丝毫全事，听命于政府束缚手脚，庚子之乱即是警示。江山社稷即将沦为废墟，生灵涂炭，就是政府大权在握的后果。《东方杂志》通过分析时局，形成舆论导向，告知政府与知识分子。虽自古以来我国始终为高度中央集权的君主专制，但近代以来，专制制度弊端日益暴露，国力衰微无暇庇护百姓。若望政权稳固，必须效仿他国适当分权。适当分权的好处在于既稳固统治，又对皇权无大损。这种舆论输出表现了立宪派知识分子的政治立场。

三、立宪需预备

《东方杂志》列举并考证了确立宪政的必要性。依照所效法的日本来看，中国国民文化程度不高，立即确立宪政恐不能立即发挥实效，立宪须预备之说开始风行。立宪派虽期望确立宪政，但也对社会现实有一定认知，一部分资产阶级立宪派认为以中国国情来看，立宪确须预备。所以，当清廷把立宪提上日程时，立宪派表示赞同并极为重视。

（一）对预备立宪的重视

1906年8月清政府宣布预备仿行立宪。《东方杂志》第三卷（1906）第九期即刊出蛤笑所撰《论立宪预备之最要》，指出："中国立宪之要件，则固有特须注意者。第一，满汉问题。第二，领土问题。第三，外藩问题。第四，边疆治法问题。第五，皇位问题。"②这些都是中国国家形体上非常重要的条件。"至于君权民权之关系，议院之宜否，行政之统一，司法之独立等，则又立宪内容之绝大关键，顾以现今之中国国势民情论之，庸使得一二圣君贤相，专制一二十年后，徐议宪政，以为幸以兴立宪之程度远也。"③鉴于我国与别国不同的国势民情，不能因为惧怕困难而退缩，也不可过于激进招致失败。"各国之立宪，各有相因而至相迫而成之势，无他。民智日开，上苟不顺导，则下必逆进，顺导则至

---

① 《论中央集权之流弊》，《东方杂志》，第 一卷（1904）第七期。

② 蛤笑：《论立宪预备之最要》，第三卷（1906）第九期。

③ 蛤笑：《论立宪预备之最要》，第三卷（1906）第九期。

安，逆进则至危。故中国古圣王，本以顺民情为治天下之要旨，今中国下情不通，民怨郁积，至于其极。"①清廷深知若想改变这一局面，中国欲行宪政困难重重，不仅要注意国情民性的特殊性，还应重视宪政内容的根本在于议法、司法、行政三大系统的并存互立。陆宗舆认为中国宪政的首要任务，是将行政、司法两大权分司而治。"以除积重难返之弊，而并收三者莫大之益，遏教权，平民情、举政事也。"②

朝廷派五大臣出洋考察各国政治，宪政之萌芽已立。但宪法的渊源、国民的权利和义务，并非人尽知晓。了解宪法的渊源，对宪法的了解更为完善，为预备事宜之一。《东方杂志》指出君主立宪制度虽形成于近代，但是自上古之世，就有宪法之萌芽，如斯巴达的宪法、梭伦的法典、雅典的宪法等。我国自古奉周礼，无宪法。今日的宪法萌发于英国，美国是其鼻祖，法国予以传播，遍及整个欧洲。今天的欧洲除了俄国之外，其他均为宪法之国。立宪之国的宪法种类可分为二：成文宪法，即成典宪法，有形式的宪法；不成文宪法，即不成典之宪法，有实质的宪法。其中有实质而无形式的立宪之国，又根据宪法的性质分为立宪君主国和立宪民主国。《东方杂志》介绍了宪法的渊源、种类、性质等，为中国的即将立宪做好借鉴铺垫。由此观之，《东方杂志》对于立宪预备事宜之重视。

此外，清廷宣布预备立宪同年，《东方杂志》刊出名为《宪政初纲》的《临时增刊》，认为："人民文化程度不及而欲延迟立宪者，何以悟矣。况夫国民资格乃由法律认许以生，若宪法不立，而以向日怙势借权之，道陵之，国民何有，资格何有，民方惶惑于恐怖之中，必无程度可言矣。"③《东方杂志》认为国民的资格和权利都是由法律规定的，若宪法不立，国民没有身份、没有权利，终日惶惶不安，又如何提高人民文化程度。而在清廷宣布预备立宪之前，《东方杂志》曾指出"是故宪政也者，必由人民之要求而后得，非君主之所肯施舍者也。而人民之要求立宪，亦必在民智大启、民力大进以后，而非浅化之民所能梦见者也"。④而当时的人民现状令人担忧，因为长期处于封建专制的高压之下，"今者我国之人民，果处何等之位置乎，泯泯昏昏，蠢如鹿豕，知书识字者千不得

---

① 蛤笑：《论立宪预备之最要》，第三卷（1906）第九期。

② 陆宗舆：《立宪私议》，《东方杂志》，第二卷（1905）第十期。

③ 《人民文化程度之解释》，《东方杂志》，第三卷（1906）《临时增刊》。

④ 《论立宪与教育之关系》，《东方杂志》，第二卷（1905）第十二期。

一，明理达时者万不得一。家庭之中无礼教；乡里之中无团体；郡县之间；是同秦越，省界一分，尔诈我虞"。① 所以，如果不改变人民现状，即使"颁布宪法，与民更始，其如民智之幼稚，民力之绵薄何，吾恐宪政既立而国民茫然无措"。② 亟待解决的问题是先使国民具备立宪的资格，而后再开始实行宪政。从《东方杂志》总目观之，强调"开民智"，普及教育提高国民文化程度作为立宪之准备，集中于1906年8月前，即在清廷宣布预备立宪之后。《东方杂志》刊出的观点以表达"应当尽快立宪"为主。另外，《临时增刊》刊出各部院出台的官制草案，公开官制整改进程。并对于"立宪"做了系统的阐释，就宪法种类、立宪利益、政体、君权、国务大臣之责任、臣民之权利、如何养成议员资格、选举法等进行解释说明。并翻译君主立宪制国家宪法摘要。由此观之，《东方杂志》并不否认立宪须预备之说，但其急切地对立宪的构想与规划，透露出其与立宪派立场的一致性，均期望尽快确立宪法。

（二）对预备立宪的态度演变

从1903年开始到1911年结束的立宪运动，大致分为以下几个阶段：从1903年开始到1906年8月清政府宣布预备仿行立宪止，是资产阶级立宪派集中力量宣传鼓吹君主立宪政体，要求清政府实行立宪的阶段。从1906年9月1日清廷颁布预备仿行宪政谕旨，到1908年9月清政府宣布九年预备立宪止，是国内外立宪分子开始组织各种立宪团体，并发动第一次国会请愿运动的阶段。从1908年9月清政府宣布九年预备立宪，到1909年10月各省咨议局成立止，是酝酿和成立各省咨议局，巩固并加强立宪派在各省的地方势力，准备进一步发动全国大请愿的阶段。从1909年11月张謇成立各省咨议局联合会，到1911年1月，第三次请愿速来国会失败，是全国立宪分子组织起来，连续发动三次要求速开国会，成立责任内阁的大请愿阶段。从1911年1月第三次请愿速开国会运动失败，到辛亥革命爆发，是立宪派在各省继续巩固自己阵地——咨议局，准备万一革命爆发，伺机夺取政权的阶段。

这其中，1906年9月1日清廷颁布预备仿行宪政谕旨、1908年8月宣布预备立宪以9年为限、1909年3月将预备立宪期9年改为5年、1911年5月建立责任内

---

① 《论立宪与教育之关系》，《东方杂志》，第二卷第十二期。

② 《论立宪与教育之关系》，《东方杂志》，第二卷第十二期。

阁为四个重要的时间节点。根据清廷政策走向的变化，媒体折射出不同的关注曲线。1903—1906年，是立宪分子集中力量宣传君主立宪政体的优点，要求清政府实行立宪的阶段。立宪派要求清政府向他们开放少数权力，他们愿意支持清廷统治、抵制革命。清廷派五大臣出洋考察，立宪派立即欢欣鼓舞。而清廷期望通过伪立宪适当拉拢立宪派，欺骗人民，从而进一步巩固他们的封建统治。《东方杂志》的刊文显示，这一时期，一部分立宪派已对清廷的缓行立宪有所不满，但尚对立宪抱有极大期望。所以，1906年之前，《东方杂志》对于新政的呈现非常之全面，其中划分政治、实业、教育、军事等不同版块报道新政进程，尤其是1906年更是集中于立宪的宣传与引导。1906年9月1日，清廷终于下诏"预备仿行立宪"，对于立宪的支持者来说，无疑是振奋人心的好消息。"自诏旨公布预备立宪，海内各报，类有发挥推绎之文，或献猷于政府，不愧喉舌之司；或贡议于国民，藉作盲旧之导；或则主持渐进，为新陈代迭之谋；或则筹议速行，期扩清积弊之效。指虽互异，归则攸同。"①《东方杂志》出《临时增刊》关注预备立宪事宜。其中《舆论一斑》《外论选译》集中了中外各报刊对于预备立宪的看法。该刊认为："自奉预备立宪之明诏东西报章亦各有所陈，或褒或规，若讥若讽。固足为我借镜之资也。因节译之。"②可见，这一时期，从媒介对于新政的重视，亦可观之整个社会对于新政给予的期望。

宣布预备立宪之后，1907年9月派达寿使日、王大燮使英、于式枚使德，考察宪政。实际观之，其皆为表面功夫。对此，《东方杂志》指出："虽然政府而如始终泄沓，无丝毫奋发之气也。则亦已耳。政府而既有变法图强之心，则吾愿更进一言，非特变法，必先改革政体。政体者，万事之本，而治道之原，其再不容稍有迟疑，稍有吝秘，以为进化之梗固也。即今日所行诸新政为天下人所同声称快者，亦多有自相矛盾，自相乖戾者，纵改革之初，难臻善备，而图之不速。……一谋教育普及而未兴女学也。……一科举既废而捐输不停也。……一刑法既改而官制不变也。……一冗员方裁而政出多门也。……一日言练军而不许各省制造军器也。……一保商之令屡下而秕政日甚也。"③1907年以后，《东方杂志》对清廷立宪动机已开始表示怀疑与不满。杂志指出清政府立宪始终泄沓，没有丝

---

① 《舆论一斑》《东方杂志》，第三卷（1906）《临时增刊》。

② 《舆论一斑》《东方杂志》，第三卷（1906）《临时增刊》。

③ 《论今日新政之缺点》，第二卷（1905）第十一期。

毫的奋发之气，进而指出改革的不彻底，在教育、官制、机构整改、练军、经济方面均不深入，只在表皮。"吾国有立宪之谋，乃剥肤于敌国外患，被动所生而非主动。此无可讳饰者也。"①指出清廷立宪是迫于外患，并非主动改弦更张，进一步洞悉清廷立宪的真实目的。

随着清廷政策变动，新政进程变化，媒介的功能侧重也有所不同。以《东方杂志》为例，前期主要发挥的是告知功能，宣传新政内容，试图扩大改革影响。1907年之后，《东方杂志》开始更多地发挥其政治监督作用，报道与跟进国会请愿运动，鼓吹颁行宪法等，表明《东方杂志》对政府立宪进程不满之余，试图发挥媒介的作用，进行政治监督，从而试图引导推动政治变革。

（三）对国会与责任内阁的构想

君主立宪制度三要素为宪法、国会、责任内阁。这三者中，责任内阁和国会又为立宪政体之基石，也为预备立宪之重点。《东方杂志》结合中国实际情况对责任内阁与国会提出颇多的构想与规划。

《东方杂志》认为国会是立法机关，是人民参与政治的机构，"国会者，人民与闻政治之所也"②，"国会者，所有监察政府而使政府负完全之责任也"③，可见，在宪政中国会的重要地位，它是一个拥有至高立法权的组织机关，但较以往不同的是，这个机关不是统治阶级和贵族的傀儡，而是一个人民参与政治的机构，是一个监督政府的机构。

表21 《东方杂志》关于开设国会的刊文一览表

年份	期刊号	标题	版块	来源
1904	第一卷第五期	论中国立宪之要义	内务	大公报
1906	第三卷临时增刊	述养成议员资格第九	立宪纲要	
1907	第四卷七期	中国将来议院制度之问题	内务	时报
1907	第四卷十二期	论开国会当先于地方自治	内务	神州日报
1908	第五卷一期	论组织议院之计划	内务	津报

---

① 《人民文化程度之解释》，《东方杂志》，第三卷（1906）《临时增刊》。

② 《都察院代递孙洪伊等吁恳速开国会》，《东方杂志》，第七卷（1910）第一期。

③ 《署两广总督袁树勋奏中央集权宜先有责任政府及监察机关折》，《东方杂志》，第七卷（1910）第七期。

（续表）

年份	期刊号	标题	版块	来源
1908	第五卷二期	国会预备议	内务	津报
1908	第五卷二期	会议政务处奏议覆都御史陆等请改都察院为国议会折	内务	
1908	第五卷九期	宪政编查馆等奏遵拟宪法大纲暨议院选举各法并逐年应行筹备事宜折	法令	
1908	第五卷十一期	早开国会问答自序	言论	来稿
1909	第六卷十二期	全国咨议局促开国会记事	记事	
1910	第七卷一期	都察院代递孙洪伊等吁恳速开国会	奏牍	
1910	第七卷一期	都察院代递文耀等吁恳速开国会呈	奏牍	
1910	第七卷一期	论中国于实行立宪之前宜速行预算法	财政	南方报
1910	第七卷三期	再记国会请愿代表进行之状况	记载	
1910	第七卷四期	国会请愿之近况	记载	
1910	第七卷七期	国会请愿之近状	记载	
1910	第七卷八期	国会请愿之近状	记载	

《东方杂志》关于国会的报道1904—1910年均有分布，由上表可见，1908年以前，《东方杂志》对于国会的开设停留在强调其重要性阶段，《论中国之要义》中指出"国会者，立法之机关也"。[1]这是国会最重要且准确的定义，其是一国的立法机关。这一阶段，处于立宪的预备阶段，《东方杂志》关于国会的刊文围绕开设国会的设想展开，主要分为以下三点：

1. 为何要设立国会

首先，设立国会对一国之宪政有重要作用。陆宗舆曾在上奏中提到我国司法与行政权分开的必要性和紧迫性，关于立法权归属问题只字未提。可见关于立法权是清廷统治阶层惧怕分权而始终避而不谈的问题。这也能解释为何1906年预备立宪之后，宪政筹备工作迟缓。立法之权对于一个国家来说至关重要，《东方杂志》认为只有国会得以有立法权，"庶政始有更张之本""政府乃有催促之机"。[2]因此若要预备立宪的工作有所进展，必先确立其核心"三权分立"，而

---

① 《论中国立宪之要义》，《东方杂志》，第一卷（1904）第五期。

② 《都察院代递孙洪伊等吁恳速开国会》，《东方杂志》，第七卷（1910）第一期。

三权中，立法权为最重，故必须先行建立国会。其次，建立国会有助于培养国民的公德心，增强国民参与政治的积极性。地方自治的实行也有此益处，地方自治是人民在地方行使权利，国会是人民可参与国家事务行使权力，荣誉感和成就感更胜一筹。人民的国家意识集体意识得以形成与发展，"人人以军国民之资格收军国民之实用"，使"人人知交纳租税以供国家多种支出费用"。①人民的国家意识被唤醒后，对国家尽应尽之义务，保障了一国的赋税和征兵，促进了国富兵强。《东方杂志》刊孙洪伊上奏中强调国会是立法机关之要部，对内政而言，一天都不能再缓。除此之外，对外交而言，国会也发挥重要作用。近代以来，我国在外交上的失败有目共睹；"政府受困于上，国民不满于下。每缔一约，事前则秘密万端，事后则亏损百出。""政府之作用，人民不知也。政府之苦衷，人民不喻也。条约出之一二人之手，负担加之亿万人之身。"②而若设立国会，在国际交涉中"无论如何困难，政府即有不得已之衷，不能尽喻国民者，国会犹可以代白；国民即有不可忍之痛，不能直达于政府者，国会亦可与代陈"。③国会的设立，改变了对外交涉中政府一家之言的局面。《东方》认为国会是沟通人民和政府的桥梁。

2.国会所应拥有的职权

国会拥有的职权直接关系到人民权利和国家利益。在国会的职权之中，最重要的是立法权。《东方杂志》在《论中国立宪之要义》一文中指出，"议院者，实立法之机关也，宪法之立以国民公认为准，故必有代表国民者会议决定之，乃可以颁行中国"。④施行宪政必有宪法，宪法必由国会所立。因为国会代表国民利益决议宪法条陈，出台的宪法才能兼顾国家与人民利益。除了最重要的立法权之外，国会还具备监督权。国会的监督权分为对国家财政的监督和对政府的监督。经济是国家发展的基础保证，财政管理对于一国经济发展影响重大，《东方杂志》在《论中国于实行立宪之前宜速行预算法》一文中指出，国家在征收租税时，须由"议会必先预计承诺政府收支之数"。⑤国家预算只有通过国会的监督，

---

① 《都察院代递孙洪伊等吁恳速开国会》，《东方杂志》，第七卷（1910）第一期。

② 《都察院代递孙洪伊等吁恳速开国会》，《东方杂志》，第七卷（1910）第一期。

③ 《都察院代递孙洪伊等吁恳速开国会》，《东方杂志》，第七卷（1910）第一期。

④ 《论中国立宪之要义》，《东方杂志》，第一卷（1904）第五期。

⑤ 《论中国于实行立宪之前宜速行预算法》，《东方杂志》，第七卷（1910）第一期。

才能得到人民的信任。"议院者，所以监督政府而使政府负完全之责任者也。"①其具体权限有质问权、弹劾内阁及其阁员违法的言行。此外，在外交方面，对于君主或者政府与别国缔结的任何条约，国会皆拥有否决权。

3.设立国会的设想

《东方杂志》主张中国确定宪政不应该完全照搬别国模式，应根据自身国情稍做调整，并对我国设立议院制度展开设想。彼时，我国尚处于立宪之预备阶段。《东方杂志》刊文指出，所谓的预备，有实质上的预备，有根本上的预备，也有形式上的预备和精神上的预备。彼时中国的预备，如编法典、改官制、定币制、订典礼皆广泛的预备，并不是真切的预备。编宪法、设国会也只属于实质上、形式上之预备，只有把宪法与国会落于实处，才能真正称为根本上、精神上之预备。根据此情况，该刊文继而指出开国会所需要具备的有两点，一是臣民之程度，一是议员之资格。议员的资格并非法律上所定以年岁职业位分财产为依据，而是要根据中国具体实行何种议院制度而定。《东方杂志》刊《中国将来议院制度之问题》指出议院制因时代和国势不同，分为三院制、二院制和一院制。丹麦曾实行三院制，不久便废三院而行二院，三院制因不适于时宜便成为历史之陈迹。中国应实行二院制议会制。所谓的二院制即分上下议院，《东方杂志》亦指出二院制的益处有：一"预防议院之专横"②，一院制度往往易流于专横，而二院制有上下议院互相牵制；二"调和议院与它机关之冲突"③，议院与政府之间有时不免会有冲突，若采一院制，必然双方相持不下，最终结下恶果，而采取二院制，便可一院与政府冲突，一院调和其间，即使有矛盾也不至剧烈；三"抑制躁妄之举动"④，一院制任意行动不免会有不妥之时，二院制便可互相制约考量；四"议员性质不同而使各尽其责"⑤，上议院议员富有学识，举事持重长于保守，且阅读较多，故能谙练时势，下院议员由人民选举通过，通达民情，往往更乐于进取，二者各尽所长、张弛有度，有利于调和各种矛盾；五"国民中少数

① 《署两广总督袁树勋奏中央集权宜先有责任政府及监察机关折》，《东方杂志》，第七卷（1910）第七期。

② 《中国将来议院制度之问题》，《东方杂志》，第四卷（1907）第七期。

③ 《中国将来议院制度之问题》，《东方杂志》，第四卷（1907）第七期。

④ 《中国将来议院制度之问题》，《东方杂志》，第四卷（1907）第七期。

⑤ 《中国将来议院制度之问题》，《东方杂志》，第四卷（1907）第七期。

优秀者可以发挥政见"①，上院议员皆为富有学识之优秀人才，下院议员为国民的代表，也必属拥有一定声望之人。他们参与政治，必能发挥其政见，对国家政治发展起到积极作用。基于此符合中国国情的两院制，《东方杂志》对议员选举提出构想。当选上议院议员应具备何种资格，又何种程度呢？该杂志认为"一曰宜去感情之惑，二曰宜扩知识之域，三曰宜谅天下之心"②，而下议院议员当具备"一议员当有责任心，二须先自量须急预备，三进步在实际不在意气，四有国家思想，五勿借此以为愚人之计及趋附他人之计，六法律上问题与事实上问题宜别于其性质"③。《东方杂志》通过详细对比一院制与二院制的区别，指出二院制是当今世界趋势所倾，我国也更适合实行二院议会制，并对上下院议员的选举资格做了详细的构想与解释。可见，该杂志对于中国尽快设立国会、确立宪政的迫切之意。

上表亦可见，1908年以后《东方杂志》关于国会的报道围绕呼吁速开国会展开，其中1910年为最甚。《东方杂志》刊《国会预备议》《会议政务处奏议覆都御史陆等改都察院为国议会折》《全国咨议局促开国会记事》等文，呼吁速开国会。该杂志认为立宪的要素中，最重要的是立法机关，只有作为全国代表的国会设立，才是宪法精神的真正体现。《东方杂志》认为设立国会应先于地方自治，先于人民文化程度提高。政治改革之难在于人民文化程度不足，人民文化程度不足由于中国向来没有地方自治之说，所以要先开国会，"以提倡地方自治，使得挟持其教育经济卫生各种事业，发达完美以上"④。此正是《东方杂志》结合中国国情提出的速开国会的建议，该杂志有理有据地分析了中国与别国的不同。中国的封建郡县制存在两千余年，比日本的部藩存在时间久。地方自成团体，行政官之权力可以左右地方事务。这种国情与英日皆不同，"今日为有地方政府，无中央政府"⑤，晚清政府大权旁落，地方势力尾大不掉，《东方杂志》已认识到，没有强有力的中央政府，地方自治将无法有效实行，地方自治若无法实行，提高人民文化程度亦困难重重。我国封建郡县制存在两千余年，人民长

---

① 《中国将来议院制度之问题》，《东方杂志》，第四卷（1907）第七期。

② 《国会预备议》，《东方杂志》，第五卷（1908）第二期。

③ 《国会预备议》，《东方杂志》，第五卷（1908）第二期。

④ 《论开国会当先于地方自治》，《东方杂志》，第四卷（1907）第十二期。

⑤ 《论开国会当先于地方自治》，《东方杂志》，第四卷（1907）第十二期。

期生活于封建传统之下，此二者若在短期内依靠一些单薄的措施很难得以快速转变。若国会得以速开，权力机关得以重建，政策的颁布实行得到强有力的监督，地方自治得以实行，人民参与地方事务管理，促进人民文化程度的提高。

在清廷宣布预备之后，《东方杂志》表现出积极推动立宪的意旨。在此之前，该杂志把主要目光投射在教育与实业上，认为从长远来看，强教育和兴实业是立宪的基础与途径；而在清廷宣布预备立宪之后，《东方杂志》审时度势，认识到尽快完善立宪的要素才是最快确定宪政的方法，所以1906年以后，该杂志积极宣传国会、宪法、责任内阁，且大肆报道国会请愿运动，动员民众参与国会请愿，力求把舆论影响扩大到实质斗争中去。《东方杂志》在积极倡导开设国会的同时，对责任内阁的建立亦高度关注。

《法学大辞典》中这样解释责任内阁，"内阁是由议会产生并对议会负责的政权组织形式"①。所以，内阁制是以议会为基础形成的。《东方杂志》指出新政实施以来，政治改革成效不大，主要表现在"政事日堕，吏治日疏，权利日失，地方日敝"②。晚清以来，政治上存在的官员任责不专、办事效率低下等问题始终未得到根本改善。在外敌入侵下，晚清政府已沦为外来侵略者统治中国的工具。建立一个强有力的政府对于彼时中国来说迫在眉睫，这个强大政府并不是专制政体下的政府，而是指一个系统分明，富有成效的责任内阁。

表22　《东方杂志》关于责任内阁的刊文一览表

年份	期刊号	标题	版块
1907	第四卷六期	论国家之竞争力	社说
1907	第四卷六期	论国民当知预算之理由及其根据	财政
1908	第五卷一期	会议政务处奏议覆御史赵炳麟奏组织内阁宜确定责任制度折	内务
1909	第七卷三期	吉林巡抚陈昭常奏请设立责任内阁折	文件
1909	第七卷七期	云贵总督李经羲奏请设责任内阁折	文件
1909	第七卷十二期	记疆臣请速设内阁事	记载
1911	第八卷五期	论对于责任内阁制人民与政府两方面之误解	

---

① 邹瑜：《法学大辞典》，中国政法大学出版社，1991年版，12页。

② 《文件·吉林巡府陈昭常奏请设立内阁》，《东方杂志》，第七卷（1910）第三期。

《东方杂志》关于责任内阁的刊文出现于1907年以后，以主张设立责任内阁的奏折为主，评论较少。因为责任内阁是建立在议会基础上的，故国会尚未开设，对于责任内阁的跟踪关注便相对较乏。但责任内阁作为立宪政体三要素之一，是行政权力的掌握机关，地位突出。所以，《东方杂志》对于责任内阁的报道围绕我国设立责任内阁的紧迫性展开。

《东方杂志》中最早提到责任内阁，是在《论国家之竞争力》一文中，提到责任内阁是以政党的意见定大政方针的机构，只有建立了责任内阁，才能借政党之权力巩固宪政之基础。《东方杂志》亦指出彼时时局之艰难日甚一日，人们开始认识到着手于政治为根本，只有实行宪政，才能"系天下之人望"[1]。"国家安危之机，决于人心之向背，若再迟疑而不决，恐非时势之所宜"[2]，欧美各国"其内阁之设施"[3]，"国势之所以蒸蒸日上者，无不于此基之"[4]。可见，我国急于设立责任内阁的原因有二：一为救亡图存政治改革所必须；二为跟随世界之趋势。

吉林巡抚陈昭常在上奏中提到，改订官制可缓，但设责任内阁不可，因为"官制中之责任内阁辅弼君上代负责任，尤不可不急为设立"[5]。责任内阁为全国政治的最高机关，其作用之一即是分担君主责任。结合中国国情分析，我国已设军机处分担君主事务，但《东方杂志》指出军机处与责任内阁的不同。该杂志认为表面看来，军机处由内阁分设，与英国最初的内阁由枢密院分设相符合，但英国内阁不仅是政治最高之机关，而且对政治负责，而中国的军机处虽握有行政之实权，但却无责任之规定。这样一来，"政府忧劳于上，人民怨咨于下，在政府固不必求助于人民，而人民亦不谅夫政府，上下之隔阂，国是之纷纭，诚今日天下之大患"[6]。对于彼时欲更张百度、百业革新来说，设立责任内阁不可耽搁。《吉林巡抚陈昭常奏请设立内阁折》中把责任内阁分为政党内阁和帝国内阁两

---

① 《吉林巡抚陈昭常奏请设立责任内阁折》，《东方杂志》，第七卷（1910）第三期。

② 《吉林巡抚陈昭常奏请设立责任内阁折》，《东方杂志》，第七卷（1910）第三期。

③ 《吉林巡抚陈昭常奏请设立责任内阁折》，《东方杂志》，第七卷（1910）第三期。

④ 《吉林巡抚陈昭常奏请设立责任内阁折》，《东方杂志》，第七卷（1910）第三期。

⑤ 《吉林巡抚陈昭常奏请设立责任内阁折》，《东方杂志》，第七卷（1910）第三期。

⑥ 《吉林巡抚陈昭常奏请设立责任内阁折》，《东方杂志》，第七卷（1910）第三期。

种。政党内阁即其内阁阁员对于议会负责任，"组织内阁必用议会多数之党"①，如英国、法国、奥地利、意大利等国。而帝国内阁是指阁员对于皇帝负责任，组织内阁之权操之于君主，如德国、日本等国。继而指出我国军机处，最开始是由内阁分设，这与英国最初的内阁是由枢密院分设非常类似。但所不同的是，英国的内阁"寝假而为政治最高之机关，寝假而对于政治负其责"②，中国的军机处虽握有行政实权，而无责任之规定。《东方杂志》在强调责任内阁重要性的同时，对其职权和责任也做了介绍。简单地讲，责任内阁的职权有：其一，定国家大政之方针；其二，凡国务必经内阁；其三，凡臣工入对必经内阁；其四，外交事件必由内阁议定；其五，统一各部事务。此外还有一些特别职权。"设立责任内阁，凡一切重要问题发生，开内阁会议决之，议决后即为执行，其权限既较会议政务处为确定，其责任亦较会议政务处为分明矣。"③

《东方杂志》用大量刊文强调了立宪的重要与急迫，亦分析了清廷最关注的分权以后的君权问题，在对预备立宪的构想与规划中，也表示即使设立责任内阁与国会，君权依旧神圣不可侵犯。"所以立内阁者，元首之尊，一定而不可移，而行政保无缺失。不能犯神圣而施以责任，故取责任内阁代君主以负之。责任者，质言之，即处分之谓；不负责任者，正以尊君权。"④内阁的设立不仅无损君权，甚至对君权有利，"内阁而贤，舆论载之；其不贤也，舆论可请撤换之。而执行仍在君主，内阁代君主以负责任"⑤。国会亦是如此，"以保障君主，检查大臣"⑥。体现了《东方杂志》试图推动政府确立宪政的意图。

第二节　重视君主立宪之基础

《东方杂志》在《中国立宪之难》一文中指出中国确立宪政的困难，在于国民文化程度不及、经济实力薄弱、政治混乱、法制未明等原因。若期望尽快立

---

① 《文件第一·奏牍》，《东方杂志》，第七卷（1910）第三期。

② 《吉林巡抚陈昭常奏请设立责任内阁折》，《东方杂志》，第七卷（1910）第三期。

③ 《吉林巡抚陈昭常奏请设立责任内阁折》，《东方杂志》，第七卷（1910）第三期。

④ 《前江西提学使汤寿潜奏陈存亡大计标本治法折》，《东方杂志》，第七卷（1910）第三期。

⑤ 《前江西提学使汤寿潜奏陈存亡大计标本治法折》，《东方杂志》，第七卷（1910）第三期。

⑥ 《前江西提学使汤寿潜奏陈存亡大计标本治法折》，《东方杂志》，第七卷（1910）第三期。

宪，必先做好立宪之预备工作。故该刊显示出对立宪之预备的高度重视。

一、立宪之前提：强教育

立宪与教育关系紧密，早期《东方杂志》始终强调教育改革的重要性。戊戌变法的失败证明未能深入民心的外在形式改革无法扭转国势倾颓的局面，最终促使中国知识分子超越制度层面的认知，以国民改造为目标。梁启超就意识到新民才是当时第一要务。于是"开民智"的社会思潮在清末日渐兴盛。一方面，越来越多的有志之士逐渐意识到要想实行宪政，人民的要求比君主的单方面实施更重要。《东方杂志》亦指出"是故宪政也者，必由人民之要求而后得，非君主之所肯施捨者也。而人民之要求立宪，亦必在民智大启、民力大进以后，而非浅化之民所能梦见者也"。[①]另一方面，只有人民文化程度得以提高，真正理解什么是君主立宪，才便于宪政的确立。而当时的人民现状令人担忧，因为长期处于封建专制的高压之下，"今者我国之人民，果处何等之位置乎，泯泯昏昏，蠢如鹿豕，知书识字者千不得一，明理达时者万不得一。家庭之中无礼教；乡里之中无团体；郡县之间，是同秦越；省界一分，尔诈我虞"。[②]所以，如果不改变人民现状，即使"颁布宪法，与民更始，其如民智之幼稚，民力之绵薄何，吾恐宪政既立而国民茫然无措"。[③]亟待解决的问题是先使国民具备立宪的资格，而后再开始实行宪政。如何令国民具备立宪之资格？只有加以培养。而如何培养？唯有通过教育。"教育既遍国民胥智，政治上之知识，皆磅礴于人人之脑中，而后自治之能力，随之可以发挥，以之充议员之选。闻国家之事，其恢恢乎游刃有余矣。然当教育为溥之时，决不能遽行立宪。若逆其道而行之。适足以增异日之障。"[④]由此足以见得，教育对立宪的奠基作用。只有教育普及，国民素质提高，具有政治意识，能够充分发挥政治权利，立宪制度的建立才真正有望。因此，从《东方杂志》关于教育类的报道可见，其主张教育从以下几个方面作用于立宪。

为立宪所做的教育准备：

---

① 《论立宪与教育之关系》，《东方杂志》，第二卷（1905）第十二期。

② 《论立宪与教育之关系》，《东方杂志》，第二卷（1905）第十二期。

③ 《论立宪与教育之关系》，《东方杂志》，第二卷（1905）第十二期。

④ 《文件第一·奏牍》，《东方杂志》，第七卷（1910）第三期。

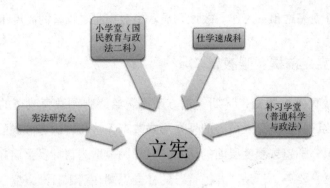

具体来说分为以下几个视角。

（一）造就国民之基础

提高人民文化程度是立宪之基础，强教育是提高人民文化程度的基础，亦可知强教育乃立宪基础。《东方杂志》认为强教育主要通过普及教育与注重道德教育两条路径。

1. "教育普及以期养成国民资格"[①]

立宪政体之所以好，在于国会操有立法权，君主在法律之外并无特权。而国会议员又多自人民中选出，也就是说人民有参政之权。而人民若要参政，必不能不知政治为何事、不解人权为何物。所以，要建立立宪政体，必先养成多数完全无缺之立宪国民，使全体人民智识之程度相仿、自制之能力相仿，具备参政的能力。这是立宪需要预备者之一。

首先是普及教育的重要性。普及教育是指政府对于适龄学童进行某种程度的普遍教育，这相较于高深教育来说更为急迫，因为普遍提高国民素质比培养高端人才更有利于宪法的建立与实行。具体来说，第一，普及教育可培养爱国之士。"普及教育科于五六年内养成数百兆热诚爱国之民，使外人无能亡我"[②]。第二，普及教育可防御外人侵略。当时社会科举制度已废，民间的子弟争相进入学堂学习，若政府未普及学堂，而外人所建教会学堂林立，中国子弟入教会学堂学习者必将日益增多。"不数年间，必养成千万媚外奴教之民。其结果何堪。设想唯我先使全国人民尽受我自己之普及教育，则先入为主。"[③]即使随后再入外人所设

① 舜修：《论立宪当有预备》，《东方杂志》，第三卷（1906）第三期。

② 《普及教育议》，《东方杂志》，第三卷（1906）第三期。

③ 《普及教育议》，《东方杂志》，第三卷（1906）第三期。

学堂，也不会轻易改变初衷沦为外人奴隶。其次，普及教育的困境。"兴普及教育当先去学堂之弊"①，可见，教育之所以普及困难，主要原因是学堂的弊端不能除却。《东方杂志》详细列举了当前学堂存在的弊端。一是经费支出，入不敷出。二是学科安排不合理。此外，不注重精神教育，忽视爱国精神的培养，以及不教授本国事，未让学生充分了解国情国事。这些都是普及教育之前所亟待解决的问题。

该刊也针对教育普及问题提出一些方法建议。"新政"时期，清统治者集团内部的一些开明官员逐渐认识到教育普及的重要作用，认为应该从初等教育入手，以培养人才。张之洞在1902年所上《筹定学堂规模次第兴办折》中即提出："小学为培养人才之源""故此时各处兴学，首以小学为急"，应该对国民义务教育加以重视。②普及教育的办法之一就是兴办学堂，当时存在的问题有，对于中小学堂来说，一无经费，二无教员。对于高等学堂来说，往往注重形式，而不注重实际功效。理化算学诸科，往往用数月速成之教习。严复指出所谓"普及"，"其程度不得不取其极低，经费亦必为其极廉，而教员必用其最易得者"。普及中小学堂，在于多而非精，与之相反，高等师范各学堂，则在精而不在多。普及教育的办法之二在于兴办师范学堂。普及教育中的教育指的是德、智、体三育。这三种教育有分开教学法和合并教学法。合并教学就是要广设小学堂。分开教学就是随时演讲，劝勉教育百姓公私之道德。就像西人讲教中国乡约一样，这属于德育。而设立体育会，锻炼身体，操练士兵，属体育。设半日学堂或者夜间学堂，教授国文书算，便于一些白天忙于工作的子弟，属智育。重点在于无论是分教还是合教，其入手之处都在于普及师范教育。如果仅仅派一些学生留学日本，或者只在省会等大城市建师范学堂，必不能达到目的。所以，《东方杂志》指出应"每一州县至少立一速成蒙学师范学堂，以造就小学教习，为教育普及之根本"③。

2.道德教育

自入关以后，清朝统治者即非常注重利用封建伦理道德观念维系和巩固其统治。道德教育实质是统治阶级的道德教化与道德控制。精神教科分为明耻、雪

---

① 《普及教育议》，《东方杂志》，第三卷（1906）第三期。

② ［清］张之洞：《张文襄公全集》第1册，北京：中国书店，1990年，979、983页。

③ 《普及教育议》，《东方杂志》，第三卷（1906年）第三期。

耻、地方事宜。精神教科被定义为"为中国之救亡之教育"①，明耻就是直面国家受到的侮辱，将近百年来外人侵略中国土地、虐待中国人民、夺取路矿权利等事宜，以官话编成小学教科书。雪耻是指讲授学生强国御侮之道不在仇洋闹教，需要的是文明御外的方法，并结合德意自立编为教科书。地方事宜，将所在县镇乡之风俗生计等事，以及改良的大概办法，都应该编入教科书。

《东方杂志》认为社会之所以为社会，就是因为有天理人伦，如果天理亡、人伦堕，社会终将散。因为这种道与德是绵延数千年留存下来的阅历。"为国家者，与之同道，则治而昌；与之背驰，则乱而灭。"②当时西学传入，日渐兴盛，有人对先祖之思心怀鄙薄，急于废其旧，但又未立新。适得其反，还不如一切守旧。

（二）存立国家之命脉

从古至今，教育都是社会生存与发展应予以重视的关键。晚清社会国力衰微，政府已不足以庇护百姓。若百姓再继续懵懂无知，亡国灭种之时只会来得更快。政治革新的首要一步就是提高国民文化程度，可见，"普及教育即关系一国存亡"③。

1.教育救国论

严复认为所有国民无论在朝在野，逢此世运转变之时，应人人思考如何救国。"处物竞剧烈之世，必宜于存者而后终存。考五洲之历史，凡国种之灭绝，抑为他种所羁縻者，不出三事。必其种之寡弱，而不能强立者也。必有种之闇昧，不明物理者也。终之必其种之劣恶，而四维不张者也。"④教育可改变这些问题。教育分为三大类，分别为体育、智育和德育。根据当时中国的情况来看，应是智育重于体育、德育重于智育。"教育之宗旨，养成国民之资格，发达御外之能力，足与他国竞争，而自立于不败之地。普及教育之宗旨，少数之国民不能振兴其国家，是以贵普及教育，使人人读书识字，明白事理，完全人格，忠爱其

---

① 《普及教育议》，《东方杂志》，第三卷（1906）第三期。

② 严复：《论教育与国家之关系》，《东方杂志》，第三卷（1906）第三期。

③ 《普及教育议》，《东方杂志》，第三卷（1906）第三期。

④ 严复：《论教育与国家之关系》，《东方杂志》，第三卷（1906）第三期。

国。"①教育的宗旨在于养成国民资格，增强抵御外辱的能力，使得我国足以与别国竞争而立于不败之地。普及教育的宗旨，就是让所有国民人人读书识字\明白事理，完善其人格，使其忠君爱国。和严复一样，多数教育救国论者认为我国领土面积广阔、人民众多，按理说应可独立屹立于世界之林，而如今却萎靡不振，日渐衰弱。究其原因，就是国民无公德。晚清以前，我国的富庶程度也不是远远落后于欧美等国。我国国民的智慧和毅力，亦不是远落后于白种人。为何现在任凭外人侵略鞭挞，像奴隶一样听之任之？还是因为国民无公德。一味强调教育对于抵御外患，富国强兵的决定性作用，不免有些牵强，而把教育与立宪结合在一起谈救国，则更为符合现实状况。"故比年以来，政府亦尝言维新，言立宪，乃徒有形式而无精神，终不能达改革之目的，收自强之效，此何故哉，曰国民无公德故。"②

立宪徒有形式，达不到改革的目的。因为国民素质低下，政府官员，多只图其一人的俸禄职位，而对政治公益不闻不问。守边疆吏只为其一人升官谋划，懈怠地方政务。而平民百姓更是只知道其一人，不知道有同胞。只为一人求幸福不知为同胞求幸福。这种自私自利，必定导致家弱国衰。强迫教育、普及教育成为当务之急。但须认识到的是，教育普及，人民素质普遍提高，并非一朝一夕所能完成之事，而改革政治、救亡图存迫在眉睫。如何选择是摆在当时政府与立宪派面前的一大难题。

2.教育与立宪孰先

表23　《东方杂志》讨论教育与立宪关系的刊文一览表

主要观点	作者	标题	期刊号
教育宜先于立宪	长尾雨山	对客问	第一卷二期
教育宜先于立宪	匀士	论中国近日权利思想之发达	第一卷五期
教育宜先于立宪	毂生	利用中国之政教论	第二卷四期
教育宜先于立宪	李息霜	学堂用经传宜以何时诵读何法教授始能获益	第二卷四期
教育宜先于立宪	新华	论中国无国权	第二卷五期
教育宜先于立宪	胡炳熊	论中国种族	第二卷八期

① 《普及教育议》，《东方杂志》，第三卷（1906）第三期。

② 《论救中国必先培养国民之公德》，《东方杂志》，第三卷（1906）第七期。

（续表）

主要观点	作者	标题	期刊号
教育宜先于立宪	严复	论立宪与教育之关系	第二卷十二期
教育宜先于立宪	林永宣	论20世纪国际竞争胜败之总原因及中国于世界上之位置	第四卷八期
立宪宜先于教育	蛤笑	论中国立宪之难	第四卷五期
立宪宜先于教育		今日救亡之决论	第四卷十期
立宪宜先于教育	蛤笑	论变法之当从事根本	第四卷十二期
立宪宜先于教育		论开国会当先于地方自治	第四卷十二期
立宪宜先于教育	宣樊	筹备宪政问题	第七卷十一期

由上表可见《东方杂志》对于教育与立宪关系的立场转变。可以1907年为分界线，1907年之前，该杂志的主要观点是教育为立宪的基础，应先强教育。到1907年以后，《东方杂志》开始意识到由于清廷的拖沓迟缓，宪政要素尚不具备，而普及教育又非一朝一夕即可完成之事，只有先明法律、开国会、设内阁，才能更快地促进人民文化程度的提高。以上表来看，认为教育应先于立宪的一派，其中大多数在中日对比中得出此结论。当时大多数国民冥顽不灵，茫然无知，即使确立宪政，国民亦不懂宪政为何物。在清廷宣布预备立宪之后，《东方杂志》对时局的态度表现出更多期望。其开始认为及时出台宪法至关重要。"然则虑人民文化程度不及而欲延迟立宪者，何以悟矣。况夫国民资格乃由法律认许以生，若宪法不立，而以向日怙势藉权之，道陵之，国民何有，资格何有，民方惶惑于恐怖之中，必无程度可言矣。"①该刊认为有些人指出人民文化程度不够，尚不能颁行宪法。《东方杂志》认为国民的资格和权利都是由法律规定的，若宪法不立，国民没有身份、没有权利，终日惶惶不安，又如何提高人民文化程度。

二、立宪之途径：兴实业

立宪、教育、实业为早期《东方杂志》最为关注的三大问题。其中实业是经济基础，若经济基础薄弱，无论是立宪还是教育皆将无从下手。鸦片战争以后，随着外国资本主义的入侵，中国的民族资本主义逐渐萌生壮大。民族资本主义的

---

① 《人民文化程度之解释》《东方杂志》，第三卷（1906）《临时增刊》。

发展与清政府放宽民间办厂的政策密切相关。但清政府此行为的真实目的并非竭力促进民族资本主义发展，而是在面对帝国主义赔款要求入不敷出的情况下，积极寻求开辟财源、充实国库。1901年以后，清政府完全沦为帝国主义的侵略工具，他们更加肆无忌惮地加深对中国的经济侵略。外商投资设厂数量之巨、争夺矿权路权事件发生之频，使一部分有志之士觉悟，经营企业是收回权利的最好手段，关系国家命运的兴衰。在"抵制外商""挽回权利"的口号下，大批地主官僚分子也开始投资设厂。

表24 《东方杂志》关于实业重要性的刊文一览表

年份	卷号	期号	标题	主题
1904	1	8	论士人不讲求实业之非	解决民生，稳定社会
1904	1	8	论实业所以救亡	促进立宪，挽救危亡
1904	1	9	论中国宜保护商业	增强国际竞争力
1904	1	10	论中国工业之前途	增强国际竞争力
1905	2	3	论宜自造机器	增强国际竞争力
1905	2	7	论振兴商务当先兴农业工业	增强国际竞争力
1906	3	7	论各国经济竞争之大势	增强国际竞争力
1906	3	9	论中国亟宜推广储蓄以厚母财	解决民生，稳定社会
1906	3	10	论中国宜求为工业国	挽救危亡
1910	7	6	实业救国悬谈	解决民生，稳定社会，挽救危亡
1910	7	10	各处宜亟兴工厂以救民穷议	解决民生，稳定社会

《东方杂志》对实业相当关注，自创刊期直到1908年（第五卷）第六期，其间的每一期均有实业专栏，在版块设置上显示出对实业发展的重视。同时，该杂志通过刊文，强调振兴实业的重要意义。如上表可见，对实业重要性的论说集中于1904—1906年，这一时期通过论证振兴实业可解决民生，维持社会稳定，进而增强国立，促进立宪，救亡图存，来阐释发展实业的重要意义。1906年9月清廷宣布预备立宪之后，《东方杂志》把目光集中于立宪的具体准备事宜上，认为实业的发展需要一个过程，而立宪机构的设立才是使宪政得以真正确立的标准。至1910年，该刊再次强调实业的重要性为解决民生、稳定社会，可见这一

时期，《东方杂志》已察觉清廷立宪的真实目的，并对立宪的前途开始有了清晰的认识，转而关注实业等长久之计，以期从其他途径挽救危局。上表亦可见，实业包含的范围甚广，严复曾说："实业之利于国，其大者如矿如路如舟车，如冶如织如兵器，所共见者也。乃即言其小，小至于缄线锥刀，琉璃瓷纸。"①包括工业、农业、商业等。无论实业所涵盖的范围有多广泛，其重要意义主要体现在两个方面，一对于国家，一对于人民。

（一）国家向荣之望

《东方杂志》第一卷第八期实业专栏刊《论实业所以救亡》，指出日军占领高丽以后，日本要求在韩国垦荒。韩国不允，但日本的意图并未泯灭。倘若韩国在日本要求垦荒之前，就先于自行办理稳妥，现在也不会难拒日本之意。可见，"实业之兴衰关于国势之存亡"②。中国应该吸取韩国的教训，"使一国之民，皆能振兴实业，举所谓农工商矿诸事者，开拓经营，不致货弃于地，则彼外人者，虽有攘取之心，更无着手之处，亦只可为临渊之羡耳"③。并指出"吾国今日所急需为救亡之人才者。莫不曰军人与实业家"。④

1.实业与政治、法律之比较

当时中国的实业家人数并不多，究其原因，是当时国人更热衷于学习政治与法律。当时中国人留学海外，多重视对政治法律的学习。因为学习政治法律更有利于封官晋爵，学习起来也更容易。农工实业则不然，需要致力于理化，需要实践，收效并不及仕官，而且国家也不鼓励。但就当时中国的情况分析，"目前兴学之要，普通重于专门，实业亟于明哲"⑤。"政治为组织内务之机关，法律为办理外交之钤辖。"但国人未能意识到，政治与法律对于国家来说，是组织内务的机关，是处理外交的依据，而实业是一国富强的根本。《东方杂志》《论实业之效大于法政》一文中指出"盖实业为万事之根本。学此者，苟占多数，则财力自日形发达，中外古今，几见有财力雄厚，而政治法律犹难整顿乎？故知法政之

① 《实业教育》，《东方杂志》，第三卷（1906）第七期。

② 《论实业所以救亡》，《东方杂志》，第一卷（1904）第八期。

③ 《论实业所以救亡》，《东方杂志》，第一卷（1904）第八期。

④ 《实业励志谈》，《东方杂志》，第三卷（1906）第四期。

⑤ 《论实业之效大于法政》，《东方杂志》，第一卷（1904）第十二期。

效，不过为朝廷增一二吏才，而实业之效，在一家则生活之途宽，在一邑则游堕之人希。在一省则岁入之款饶，在天下国家则并可以转弱为强，化贫为富"。①实业兴则国家富，一个国家拥有雄厚的财力，更易整顿政治法律。法律政治的收效，不过是朝廷增加几个德才兼备的官吏。而实业的收效，是一家生活的宽裕、一省收入的富裕。长此以往，国家才能转贫弱为富强。

2.重视商业

兴实业，主要包括农工商业？铁路矿产。《东方杂志》对商业尤为重视。该杂志的主办人属于资产阶级，主办方商务印书馆属于营利性商业机构。资产阶级的商业特性一定程度上影响了《东方杂志》对于中国发展商业的态度。自首刊始，商务并未并入实业，而单独成栏，对于商业论说、商部政策、地方商务等莫不详尽。

国家为何应该重视商业，因为当时的世界各国为生计竞争，各个国家都在积极发展商业，进行商战，在商战中能够取胜为立国第一要务。我国经商传统已久，但数千年来商业一直未兴，并非国人不善于经商，自古以来的贱商主义是原因之一。除此以外，商业不兴与国家政法、社会习惯均有关系。通过东西方的对比，可发现中国问题之所在。"一、西方谓商业为和平战争，商业不盛，即国无自致富强之理。东方则谓商业过盛，即习为奢侈，不复能保持久远之和平。二、西方以兵力增进商力。凡兵力所到之处，即为置设通商法律。东方之用兵常与商务为反比例。非徒无益而又害之。三、西方以商能兴利，有殖民之功。凡所以增长商业之进步者。无不奖励之。助成之。东方则谓商人专思利己。无异于群，乃抑勒之不使过度。"②兴商为强国之本，当今中国若要图强，必须富裕。"商务者，古今中外强国之一大关键也。上古之强在牧业，中古之强在农业，至近世则强在商业。商业之盈虚消长，国家之安危系之。故致强之道，务在兴商。"③要兴商业，首先要改变以往重本抑末的传统思想，扭转商人的低贱地位。为什么我国商业与西人相较不兴，原因有"无合群之思想，无坚持之能力，无奋往之精神，无开通之智识"④。若商部保护，有商律维持，只要奋发毅然，定能兴

① 《论实业之效大于法政》，《东方杂志》，第一卷（1904）第十二期。

② 《论中国宜保护商务》，《东方杂志》，第一卷（1904）第九期。

③ 《兴商为强国之本》，《东方杂志》，第一卷（1904）第三期。

④ 《兴商为强国之本》，《东方杂志》，第一卷（1904）第三期。

商业。"当知商兴则民富，民富则国强，富强之基础，我商人宜肩其责。盖商业无论巨细，皆与国家有密切之关系。"①商业之兴衰与国之命运息息相关。而商业之所以不兴与国家政策更是紧密相连。中国是东方大国，商业也理应发达。但历代以来，政策莫不以搜刮、货税为主，从未有过奖励之说。连放任都没有，又谈何保护。不放任、不保护，唯有抑制。而这种抑制在对待国人与外人上又是有别的。对国人乃为抑制，通过通商条约可见，政策对外人倾斜。现在国家行改良之策，立商部、建商会、研商律，但始终与西方不同，西方对商业的保护是由放任政策发展而来，我国是由抑制政策转变而至。所以，要想发展商业最好具备"一为和平，由商人有进取之能力。二为兵争，由国家有确实之后援。三为殖民，由国家及商人有共同之资产。三者有其一，则足以自存；有其二，则足以排外界之竞争；有其三，则可以卫行于生计竞争之时代，而永保其人民自由生存之幸福"②。

（二）人民苏息之机

一个国家以人民为根本，人民又以生计为首先。"故民生之一息一耗，即为国家治乱之所在，而人民之勤怠智愚兴，其艺能之良楛，又即民生息耗之所在。"③《东方杂志》指出"今日救亡之术，固当以振兴实业为唯一之先务。实业不兴，国家无向荣之望，人民无苏息之机"④。实业对人民与国家来说有多重要，实业的兴衰对人民与国家的影响有多深远，《东方杂志》这样描述："夫实业者，国民资格赖以生之物，而国家之血液营养也。实业之兴衰，原为国民生计之舒惨所系。亦为国政隆污之所系。且即国命延促之所系。"⑤

1. 兴实业的方法

当时实业存在的问题主要是"夫吾国实业之闭塞，论其大归，不过二病而已。不知机器之用，与不明物理与化学也"⑥。该刊指出当前实业存在的两大

---

① 《兴商为强国之本》，《东方杂志》，第一卷（1904）第三期。

② 《兴商为强国之本》，《东方杂志》，第一卷（1904）第三期。

③ 《实业救国之悬谈》，《东方杂志》，第七卷（1910）第六期。

④ 《实业救国之悬谈》，《东方杂志》，第七卷（1910）第六期。

⑤ 《实业救国之悬谈》，《东方杂志》，第七卷（1910）第六期。

⑥ 《实业教育》《东方杂志》，第三卷（1906）第七期。

问题为不知机器的用法和不了解物理、化学等原理，即是理论与实践两方面皆欠缺。

首先，国家重视。关于商业机构的设立，是保障商业活动稳步进行的根基。朝廷为了振兴商务，设立商部，各省也争相建立商会。由此以来，振兴商业之行为由中央发起，到省会再逐步推行至府州厅县。"谋兴实业，建公司，开工厂，合群力以赴之，如水奔壑，然后各出其财力，以兴一切地方自治之事业，吾国民生计之前途，庶其有矛乎。"[①]具体来说，新政施行以来，成效不显著，民穷财尽，上下交乏。国家虽早年已开始重视振兴实业，但始终未能维新，明验效果不显。因国家未寻得振兴实业之要道。《东方杂志》在《论实业》一文中指出国家振兴实业的五种方法：

"盖国家者，握有一国最高之全权，尊无二上，其性质与个人绝异。欲兴事业，国家初不必自身率先，但能改良各种行政之机关，使国民之身家财产，得有巩固之保障，斯亦可矣。复次，则整齐度量货币，使民人于受授之顷，得有确定不欺之率。以杜奸伪之萌生。复次，则当破幽隐。通废滞物，使百物皆不陈腐于其乡，吐纳循环。皆有至捷至便之途径。不贰不息，相资相引，以鼓荡于无垠。复次，则驱才智之民，纳诸同轨之中，而大涤其前此以官为家之陋习，并尽产除束人才于一孔偏制，又其次则定特别保护奖劝法，使民乐于从事，鼓张兴会，萃精力于此途。凡斯五端皆为国家振兴实业之要道。"

由此观之，《东方杂志》强调国家在振兴实业中的重要作用。

此外，《东方杂志》在转载《论实业之效大于法政》一文中提及，兴实业必须"两术并用"，一为在各省各属各中小高等学堂皆应效仿京师实业学校之规则，编辑专门学说为实业教学所用，"又复阐明其义而提挈之。以浅显易知者引其端，以目验可凭者竟其用，庶教习学生，皆知起困救穷，舍此别无善策。不耗散精神于无益之地矣"[②]。二为在选派学生出洋之初，由学务处颁布新条例，无论是官费还是自费，均于备文请咨时，将农工商各业认定一门，限以学年，以观其成。"倘认而不学，学而不肯卒业，废于半途者，官费则勒令赔缴，自费则从严议罚。"[③]国家还应效仿日本在京津沪宁汉湘各处召开商品博览会，以唤起国

① 《论实业》，《东方杂志》，第一卷（1904）第十期。

② 《论实业之效大于法政》，《东方杂志》，第二卷（1905）第十二期。

③ 《论实业之效大于法政》，《东方杂志》，第二卷（1905）第十二期。

民竞争之心。

其次，"振兴华货"。自鸦片战争以来，传统自然经济遭到破坏，外来商品大量涌入，洋货的物美价廉促使本土商品滞销。振兴实业不得不考量的问题之一即是振兴华货。《东方杂志》提出振兴华货须注意两点，一"改良本国固有工业推广销场"，如茶叶、丝绸、棉花等。二"仿造本国所无工业减少来路，分需要品、奢侈品"①。这可谓是从出口与进口两方面入手，扩大本土商品销路和减少进口商品种类数量。

此外，《东方杂志》还提到振兴实业的关键在于"经济流通""商团坚定""商力雄厚"②。"所谓经济流通者，全赖银行。今我国欲设立种种之银行，则宜先确定对内对外之两大方针，对内者，宜以清厘财政，开拓实业为旨；对外者，宜以挽回利权，杜塞漏厄为旨。"银行须有实业银行、抵当银行、储蓄银行三种。"所谓商团坚定者，则在商会。今各省商界多有已设商会之处，就其表面观之，不可谓不见发达也。""所谓商力雄厚者，则在公司。"③简言之，即银行、商会、公司是振兴实业的关键要素。

2. 商业教育与实业教育

《东方杂志》刊登了上海高等实业学堂的美国教习薛来西的投稿《商业教育》，他指出欧洲在前些年便设商业学校，并把商业学校所学习的课程、所特有的目的、所用的教育方法、所守的宗旨一一分析。其中课程包括商业地理学、商业历史、商律、会计学等，并指出对于当时的中国来说，正值变法时期，重心于行政法制之上。而所谓行政法制，指的是"政府管理人民之切实责任，以不宽纵，不压制为善。人民之利益与其直接扶助之，弊或流于干涉，毋宁听其自为之。官吏犹能尽其职。如是则中国政体之缺点可免矣"。外国文一科很有必要。提倡商业教育的目的在于"专制政府官吏之选，陈义似觉太狭。盖人才以培养而益盛，或有愿为国家效力者，国家固可用之。而有时国家需才，亦无可才难之叹也"④。高等商业学校的特殊目的就是"养成能自治商业之人才，夫营业之法，非专求之于学业，必辅之以阅历。"主要采取的教育方法是"商业学所取以为教

---

① 《振兴华货议》，《东方杂志》，第四卷（1907）第四期。

② 《论振兴实业之三要策》，《东方杂志》，第四卷（1907）第十二期。

③ 《论振兴实业之三要策》，《东方杂志》，第四卷（1907）第十二期。

④ 《商业教育》，《东方杂志》，第四卷（1907）第七期。

授之资料者，当首推海关报告册""其次为设立商业博物院"①。宗旨是"熟悉商情、创兴有益之事业，开辟地利以厚民生而裕国计，世界交通一国之所利，是则协和万邦"②。

此外，《东方杂志》转载了《中外日报》刊登的严复在上海商部高等实业学校关于实业教育的演说。该文指出实业教育与其他教育有所不同，实业教育"以其人毕生所从事，皆在切实可见功程，如矿如路如一切制造，大抵耳目手足之烈。与治悬理者迥殊。故教育之要，必使学子精神筋力常存朝气，以为他日服务干事之资，一言蔽之，不欲其仅成读书人而已"③。实业教育与往日教育也不同，"实业之教育法今，往日之教育求逸；实业之教育习劳，往日之教育成分利之人才；实业之教育充生利之民力。第须知实业教育其扼要不在学堂，而在出堂后办事之阅历"④。对于进入实业学堂学习的学生，"一当早就实行之阅历，勿但向书籍中求增智识；二当知此学为中国现今最急之务，果使四百兆实业进步，将优胜富强，可以操券，而风俗民行，亦可望日进于文明；三当知一己所操，内之有以赡家，外之有以利国，实生人最贵之业，更无所慕于为官作吏，钟鸣鼎食，大纛高轩；四宜念此业，将必有救国利民之效。"⑤其实，我国是具有振兴实业的有利条件的。一是从地理位置和气候条件上来说，我国位于东亚大陆，有高山平原，川谷逶迤。由于幅员辽阔，兼具五带气候，宜为农业大国。二是我国物产丰饶，实业经验丰富。将群力与资本结合起来，实业兴国富家指日可待。

《东方杂志》指出，筹备宪政的过程中，若期望宪政之成效突出，必然还是应该把提高人民品德素养、裨补人民智慧为先务，但若期望人民有礼义廉耻之心，必定先满足人民生活的基本要求，使其丰衣足食。若期望人民忠君爱国奉公守法，必定要先给予人民直接、间接的权利。人民可以行使其权利，自然要履行对于国家的义务。若期望人民知国之可爱，必定要先让人民知身家之可恋。也就是说，立宪的前提基础为人民素养程度的提高，而若是人民食不果腹衣不蔽体，怎有学习公德知识之心思。"欲民有劝学向方喻义之心，又亦必先使不忧饥饿冻

---

① 《商业教育》，《东方杂志》，第四卷（1907）第七期。

② 《商业教育》，《东方杂志》，第四卷（1907）第七期。

③ 《商业教育》，《东方杂志》，第四卷（1907）第七期。

④ 《商业教育》，《东方杂志》，第四卷（1907）第七期。

⑤ 《实业教育》，《东方杂志》，第三卷（1906）第七期。

馁，而后能忧游渐渍。争自磨砻。充其良知良能。以启发其智力。凡此者皆为立宪之所深资英、美之民。所以程度独优者，其根原实萌蘖，于是而实业则其肇造之基。此实业之兴替，关于宪政隆污之说。尤吾上下所宜汲汲注意者也。余若国家一切庶政，举凡文物军备，所以发挥声明捍卫国土者，均非资待民力，莫由兴举。即假外力勉强办之。亦终不可持久。或且阴折其柄，以操持于外人，而累卵之势，转益加甚。苟欲图之不可不知其本。此尤实业兴替关于一切之兴替。"① 可见，只有实业兴，国人富，才能使教育普及作用更甚。国人富则国家富，到时，国家富庶，人民文化程度高，宪政的优势方得以真正发挥。

三、立宪之阶梯：重法制

对于君主立宪制度来说，以宪法为中心的法律制度是其核心。法律是诸多社会因素综合作用的结果。在孟德斯鸠看来，一国的自然状况、气候、土壤、人民的生活方式、政权性质、自由度、宗教、人口、贸易、风俗习惯等奠定了法律内生的事物基础。②法律的理性与强制性，是其作为社会变迁工具的依据。以此而论，法律不过是现实社会存在的镜像，回应和折射着上述所有事物与关联的重大变化。

（一）立宪之阶梯

立宪政体的核心即是宪法，可见宪法对于立宪政体的重要性。《东方杂志》关于宪法的报道大约11篇。具体如下表：

表25　《东方杂志》关于宪法的刊文一览表

标题	来源	期数	卷号	年份
奏请立宪之风说	本社撰稿	1	5	1904
立宪法议	时敏报	1	12	1904
论立宪与教育之关系	本社撰稿	2	12	1905
论今日亟设宪法研究会	时报	3	2	1906
论立宪当有预备	本社撰稿	3	3	1906
论国民对于宪法之义务	北洋学报	3	4	1906

---

① 《论实业所以救亡》，《东方杂志》，第一卷（1904）第八期。

② [法]孟德斯鸠著，许明龙译：《论法的精神》，北京：商务印书馆，2012年，13页。

（续表）

标题	来源	期数	卷号	年份
论中国于实行立宪之前宜速行预决算	南方报	3	13	1906
述宪法界说第一	本社撰稿	3	临时增刊	1906
述宪法种类第二	本社撰稿	3	临时增刊	1906
述君权第五	本社撰稿	3	临时增刊	1906
述臣民之权利义务第七	本社撰稿	3	临时增刊	1906

《东方杂志》关于宪法的刊文主要分布于1906年，在清廷宣布预备立宪之后达五篇，其中四篇均为本社撰稿。本社撰稿的《述宪法界说第一》《述宪法种类第二》清楚地解释了宪法的概念与分类，并提出对中国确立宪法的构想。《东方杂志》指出"宪法者，所以定一国之组织，及国权运用之法律也"[①]。进而指出，就宪法的性质而言，宪法是一国法律的根源。对于该如何定义宪法，《东方杂志》给出多种概念进行分析，第一，"宪法者，所以定国家组织之法律"[②]。该杂志认为这种概念过于狭隘，因为宪法不仅能厘定国家组织，还涉及国权运用问题。第二，"宪法者，所以定国家直接机关之权限者也"[③]。《东方杂志》认为这一说法不免片面，并非适用于所有国家。第三，"宪法者，所以厘定国家之要件及统治者亲裁之政务也"[④]。此种说法亦不够全面。《东方杂志》综合各家所言，认为宪法应该被定义成"明统治权之主体客体，及统治权之运用，且藉以厘定国家最高统治机关之权限者也"[⑤]。统治权是统治天下臣民之权，统治权的主体即指的是掌有此统治权者，如国家或君主。客体指被此统治权所节制者，如臣民或领土。国家统治之机关，指分别行使国家统治权的官府，如国务大臣、议会、裁判所等。

1. 对中国确立宪法的构想

《东方杂志》刊《述宪法种类第二》详细介绍了宪法的种类。第一，宪法可分为成文宪法和不成文宪法。成文宪法是明文定制之宪法，明文可以是一典章

---

① 《述宪法界说第一》，《东方杂志》，第三卷（1906）临时增刊。

② 《述宪法界说第一》，《东方杂志》，第三卷（1906）临时增刊。

③ 《述宪法界说第一》，《东方杂志》，第三卷（1906）临时增刊。

④ 《述宪法界说第一》，《东方杂志》，第三卷（1906）临时增刊。

⑤ 《述宪法界说第一》，《东方杂志》，第三卷（1906）临时增刊。

或者数典章组成；不成文宪法无明文制定，是由习惯条例判决例组成。日本的宪法为成文宪法，英国宪法为不成文宪法。第二，钦定宪法与民定宪法。钦定宪法是君主制定的宪法，由君主独断以制定或者由君主制定经议会协赞者都为钦定宪法；民定宪法是直接或间接由国民制定。日本属于钦定宪法，法国则是民定宪法。第三，合意宪法与单独宪法。由关系人民或关系国家共同制定的宪法是合意宪法，由一人或数人制定的宪法为单独宪法。但凡为民定宪法则是关系到人民之合意。第四，固定宪法与可动宪法。固定宪法不易轻易变更，成文宪法便属于固定宪法，无论何时何人皆不许稍微变更，日本宪法属此类别。第五，形式宪法与实质宪法。形式宪法是以成文法典颁布的宪法。《东方杂志》详尽列出宪法类别，并加以解释。进一步指出各国宪法不同，是因为"历史之结果"①，或者"自他之轮入"②，或者"习惯之踵行"③。根据不同的国情，各国所设立的宪法亦不同。中国应设立何种宪法，《东方杂志》在分析别人的基础上对适合中国的宪法做出考量。该刊认为各国的立宪中，"自下而上者，经事难而收效迟，自上而下者，经事易而收效速"④，综合比较，《东方杂志》认为中国的宪法还是以日本为先例最妥。

宪法的重要意义在于以成文法典的形式明确规定了君主权力的同时，也规定了人民所拥有的权利与应尽的义务。《东方杂志》通过《立宪纲要·述君权第五》《立宪纲要·述臣民之权利义务第七》《论国民对于宪法之义务》详尽解释了宪法的主要内容。首先，探讨了宪法所规定的君权问题。君主立宪政体的突出特点之一为三权分立。三权分立之说最早源于孟德斯鸠，《东方杂志》认为各国可根据国情不同有所变通。在中国三权分立也并非代表君权削弱，"立法权之所以属于议会，行政权之所以属于国务大臣，司法权之所以属于裁判所，非一国之元首移其权于议会、国务大臣、裁判所，委任之而使实行之而已。故议会者，立法之机关也，国务大臣者，行政之机关也，裁判所者，司法之机关也。揽此三权者，犹是元首也"⑤。

---

① 《述宪法种类第二》，《东方杂志》，第三卷（1906）临时增刊。

② 《述宪法种类第二》，《东方杂志》，第三卷（1906）临时增刊。

③ 《述宪法种类第二》，《东方杂志》，第三卷（1906）临时增刊。

④ 《述宪法种类第二》，《东方杂志》，第三卷（1906）临时增刊。

⑤ 《述君权第五》，《东方杂志》，第三卷（1906）《临时增刊》。

2. 宪法的作用

宪法为一邦之本，是君国权威和人民义务的象征者。立法与司法的权限、行政财政的机关部门，都受制于宪法，可以说宪法是一个国家的精神所在。鸦片战争以来，时人只看过了泰西之国的富强，却不知富强的根源出于宪法。因为有了宪法，"君民上下之伦亿兆京垓之众，户工兵刑之政典制度之文，胥服从于其下，范围不过，曲成不遗，君民之气以通朝野之情以惬，驯至政无不举事无不成于戏，宪法之功伟矣哉"[①]。

宪法的益处良多。其中最受重视的就是宪法确立以后，皇权何去何从。《东方杂志》一再指出，宪法，是全国的法典，是全国利益的代表，君民上下均可享其益。我国要转变成为的是君主立宪制国家，而非民主共和国，故不必担忧宪法一味偏重民权。时人观察西人爱国尊君，同心同德，实际都是由宪法鼓励所致。国家明定宪法，宪法保护人民利益，人民因为利益得到保障，而对国家尽无尽之忠诚，行报效国家之义务。君主仍是一国之君，诚如《立宪释疑》一问所解，"立宪国之君主，有权利而无责任者也。虽曰权有所限，然其在内国，非犹是神圣不可侵犯者乎"[②]。对于中国的立宪，是自上而下的政治改革，可以说是帝室所赐之宪法，与欧洲多出于民意的宪法实属不同，可与日本同例。所以，皇帝所享的权利与日本天皇相似。

其次，除皇权之外，涉及官吏的利益，《东方杂志》认为"对于官吏之利益。官吏若必以威福自恃得计……若其犹以循分尽职为心者。则试思一旦立宪之后，其俸入如故，其尊荣如故"。[③]官吏的俸禄与尊荣一如既往。此外，就是宪法的确定对于人民的益处。立宪之国，人民称之为国民，全国上下为一家，利害荣辱与共，蒙蔽贿赂之风自然可日渐消弭。以往专制政体下，君主责官臣，官臣取之其民，人民被抢掠搜刮。横征暴敛、中饱私囊，皆在专制政体之下孕育。人民生活困苦，则国家亦不可富强。立宪之国相异，立宪政体之下，君主不得怨责官臣，官员自不会搜刮百姓，而以往的横征暴敛、中饱私囊也有所监督。人民安居乐业，自然愿意对国尽忠，自愿服兵役与纳税。在竞争激烈的世界之林中，众所周知，军备的重要性。兵，乃卫国者也。一个国家不能没有士兵。以往人民躲

---

① 《立宪释疑》，《东方杂志》，第三卷（1906）《临时增刊》。

② 《立宪释疑》，《东方杂志》，第三卷（1906）《临时增刊》。

③ 《立宪浅说》，《东方杂志》，第二卷（1905）第九期。

避兵役。但若宪法明定服兵义务，人民视从军为本分，均以冲锋陷阵为荣。"如德国现行宪法第五十七条云，德国臣民均有服兵之义务，此义务不得以他人代之。普鲁士宪法第三十五条云，兵者总括常备后备诸部。国王于战时，可依法律募集国民为军，他国宪法皆略同。"[①]这样一来，保家卫国是国民应尽之责任。国民同仇敌忾，先国事而后家事。视国敌为天下之公敌，视主忧为天下之共忧。这些都是宪法颁行影响所致。皇权与官吏之权均得以限制，可改变以往君主独裁、官吏鱼肉百姓的局面，"能使上下相通也"[②]，自古以来中国民情壅蔽，下情难上达，君王难知民之疾苦。立宪法以规范皇权、官吏之权与民权，更有利于上下相通，维持社会稳定。

总之，宪法是一国上下均受益之法。国家遵守宪法以保护人民，尽国家之责任。人民遵守宪法以捍卫国家，尽人民之义务。故有宪法维持于上下之间，则朝野一心、遐迩一体。而国与民之关系，遂有联络如一之势，而成团结不解之形，这便是立宪之国的强大之所在。

（二）社会进化之基础

竞争是社会进化的催化剂，在世界之势的竞争环境下，弱肉强食，适者生存。公平合理的竞争无形中推动社会发展与进步。完善法制对于公平合理的竞争至关重要。

1. 法制与竞争

《东方杂志》在《论主张竞争者当知法制》一文中认为，团体和民气虽是当时中国立国的要素，但使用须谨慎。对内而言，倘若政府使用专横手段，不顾及人民之利害，或者轻易放弃权利，使国家居于日渐危险的境地，则需要利用团体与民气进行反抗。对外在处理国际关系时，倘若遇到法理上极难解释的问题，或者是两国对于国际关系不平等，有所抵抗，又无第三国出任调停之责任，两国间产生冲突，导致须取决于战斗力强弱的局面之时，团体与民气就相当于夏葛冬裘。又如，甲国对乙国要求救济，而乙国在国际上并无绝对帮助之义务，但出于感情上不方便坚硬谢绝，这时候可多借助在野的团体与民气解围，这就是团体与

---

① 《立宪浅说》，《东方杂志》，第二卷（1905）第九期。

② 《立宪法议》，《东方杂志》，第一卷（1904）第十二期。

民气在当时最大的价值了，而这种模式已不能满足当时世界的竞争需要了。当时的世界已经是法制世界。法治社会的组成，不仅仅是由个人遵守法律，对于全球来说亦是如此。不仅仅是要在国内遵守法制，在国际上亦是如此。不仅仅平时应当遵守，战时亦是如此。在法律范围内，事事皆有证据。"人生以竞争为天职。竞争以是非为判断。使人生而无竞争也，则安能驱除虎豹犀象。"①竞争无所不在，"如欲竞争权利，必当为法律上之争"。②

2.法制教育的重要性

晚清立宪呼声高涨，改变政体迫在眉睫，但中国的专制主义已经流行数千年，大部分人民已经习惯于生活在政府的压制下。当时除了通商口岸受外界影响极大，各种政论学说风起云涌，其他商界、工界及内陆腹地，人民的思想尚且停留在数十年以前。所以当时的普遍现象是"官府者商业之阻力，胥役者人民之蟊贼"③。人民理应团结以抗，但因人民教育程度不高，尤其是法律意识方面更是薄弱，懦弱无知的人不敢面对强敌。所以现状不改变，无法立宪。换言之，立宪之前，普及人民浅近之法律很有必要。我国的法律虽可追溯久远，但诟病突出，"为其压制社会之意多，而监督官府之意少"④究其原因有二：一为"巨绅之有势力者，皆思借官力以欺压小民"⑤；二为"士人之聪明有志者，以法律为胥吏之事，不屑措意于其间科举方盛之时"⑥。加之专制流毒浸淫中国数千年，人民受压制无自由无权利，不知国家概念，不懂自治精神。虽然通商口岸及都会之地，有一些思想先进、了解宪法为何物、政法为何事的人，但多数人依旧民智未开。所以应在"各省会及各商埠分设宪法研究会，由学望兼优者，招集同志，组织团体。凡各国立宪之历史，及现行之法规，靡不精研而别择之"。同时加强法律知识的普及，"设政法一科，采节法制，编为教科，故其国人民，法律思想最

① 《论主张竞争者当知法制》，《东方杂志》第三卷（1906）第五期。

② 《论主张竞争者当知法制》，《东方杂志》第三卷（1906）第五期。

③ 《中国未立宪以前当以法律遍教国民论》，第二卷（1905）第十一期。

④ 《中国未立宪以前当以法律遍教国民论》，第二卷（1905）第十一期。

⑤ 《中国未立宪以前当以法律遍教国民论》，第二卷（1905）第十一期。

⑥ 《中国未立宪以前当以法律遍教国民论》，第二卷（1905）第十一期。

强。自治能力亦最长"。①

3.改变国民漠视政法的现状

立宪之机已动，而多数国民漠视政法。《东方杂志》中《论国人宜知政法之大要》一文详尽描述了国民漠视政法的现状。"当此宪法未颁，急须预备之日，问有即法律之学理，而涉其藩篱者乎，未有也。即权义之要旨，而识其限界者乎，未有也。即号为政客学士者，亦尝搜民约论，识卢梭像，而心醉于民权自由之风，读自治制，观政法书，而嚣然于地方自治之善，然而政法之学，缜密精细，问有去其所谓耳食，以求心得者乎，未有也。去其所谓皮毛，以求其骨髓者乎，未有也。"②天下之事未有毫无准备，就可以一帆风顺的，尤其是政治改革这样的大事，更需要人民的理解与支持。若人民对于法律常识一无所知，改革则无从谈起。针对这种现状，《东方杂志》总结出以下几点，"一对于自己不可不知法律""二对于私人交际不可不知法律""三对于国家不可不知法律"。国人懂法，方可保障自己的权利不被侵犯，避免与人交往时发生不必要的纠纷，遵守国家的法律法规，保障国家利益安全。尤其是与国家之关系。每个国人是国家的一分子，对于国家，是永久的附属关系，如何尽义务，如何得权利，都是在法律的基础上求得的。《论国人宜知政法之大要》一文指出"虽然国民之权利，有必待个人之请求，国家始从而予之者，至于应尽之义务，则国家得以强制力迫行之，而有不使吾人之任意者。然则吾人而强抑其意思之自由，勉为国家尽义务，犹可言也。若夫权利所在，明明为吾人所应有，而以不知法律故，或请求不如法，或抛弃不知恤，或被司法官若行政官之蹂躏，而不知所以挽救之道。则权利之丧失已多，而吾人所以图立宪之益者果安在"③。所以，不改变人民漠视政法的现状，却急于制定宪法，可谓是未分清楚轻重缓急。"吾人而不能离国家以存立也，则以与国家有关系，故尤不可不知法律。"④

而最早付诸行动的是在日本法政大学为清廷留学生创设的法政速成科。1904年5月7日，法政速成科第一班正式成立。《东方杂志》在1904年第一卷第五期就及时刊出《日本法政速成科规则》其中分为主旨、教授及通译、学科、课目时

① 《论立宪与教育之关系》，《东方杂志》，第二卷（1905）第十二期。

② 《论国人宜知政法之大要》，《东方杂志》，第三卷（1906）第五期。

③ 《论国人宜知政法之大要》，《东方杂志》，第三卷（1906）第五期。

④ 《论国人宜知政法之大要》，《东方杂志》，第三卷（1906）第五期。

间表、实地教授、卒业期、授业费、入学期入学资格退学、试验、校章及校服、讲舍及寄宿舍，共十一条。其中办学主旨"以教授清国现代应用必要之学科速成法律、行政、理财、外交之有用人才为目的"，所教授的学科有"法学通论及民法、商法、国法学、行政法、刑法、国际公法、国际私法、裁判所构成法、民刑诉讼法、经济学、财政、监狱学"①。

4.宪法研究会的成立

立宪呼声日高，但国无实力而只有空言，莫不让人担忧。但是朝廷既然立宪之心已定，能够免革命流血之难，和平改良挽救危局，已实属幸事。"朝廷肯鉴于世界各国之趋势，一旦宣布宪法以议政选举之权分于我民之后，其现象当为如何乎斯，不可不先为研究之一问题也。"②对于立宪速度当时有二说，一说主张速行立宪，理由为中国开明士大夫日渐增多，能胜任议员的不乏其人，实行民选议院制度，也不用担心缺乏可治理的人才。一说主张缓行立宪，认为民智未开、教育未普，骤行立宪，一定是百害无一利。虽说这两种说法都不无道理，但究其当下，开明之士虽日渐增多，但有真实阅历者甚少，所持政论也不免失之偏颇，而教育普及短期内又不可催促。所以，"今日欲速得立宪之利而免其害，莫若使已受教育之人，于宪法上加以讨论之功。准备二三年后，即可实行立宪"。对于受到旧式封建教育的人，其旧日的学说、民俗也可起到参酌融合的作用。对于接触过新学的人，结合实地研究，更加可以坐而言起而行。所谓立宪政体，就是国民中的一部分要承担一定的治理国家的责任。而中国专制政体沿袭已久，人民堪比奴隶，即使有些出众之士，也因为专制政体下禁止干预外事、议论时政而缺乏政治思想和阅历。因此，要立宪，"必先使国民中之一部分，有政治之思想，有政治之阅历，有政治之能力"③。这里的政治阅历与思想，并不是指有高深的学识，只不过是"明于宪法之权利，与其所自任之义务而已"④。而如何学习宪法知识，设宪法研究会为最妥最不可缓之办法。原因有三：一、"今诚以立宪问题之重要，而各省志士，设立专会以研究之，是可使政治之思想，普及于士

---

① 《日本法政速成科规则》，《东方杂志》，第一卷（1904）第五期。

② 《论今日宜亟设宪法研究会》，《东方杂志》，第三卷（1906）第二期。

③ 《论今日宜亟设宪法研究会》，《东方杂志》，第三卷（1906）第二期。

④ 《论今日宜亟设宪法研究会》，《东方杂志》，第三卷（1906）第二期。

人"[1]，可防止小人阻止立宪，又或立宪有名无实。二、"中国各省山川阻隔、风气异宜，施政之方，因之不能一律"[2]，骤然行宪法之实，恐难奏效。设立宪法研究院可根据各地不同的民族性质、各省不同的条例章法，因地制宜。三、地方自治是立宪国家的重要元素，国民若要担起地方自治的责任，"必洞知宪法之理由，与其所以施行之方法"[3]。简而言之，就是说宪法的知识内容，是当时官员士大夫所学习的普通知识中不可或缺的一部分，这些法律知识较之其他各种学科而言更为急迫。因为其他科学知识的缺失，最多关乎一个人的素养。而宪法知识的缺失关乎的是一个国家的前途。

5.各类法律法规的出台

近代以来，外人不仅侵占中国领土，而且攫取中国权利。尤其是法治方面。晚清教案频发即能充分证明此点。中国治外法权的丧失，使得国权不能行于教民，亦不能行于非教民。"司法之权失，则行法之权亡；行法之权亡，则立法之权亦无所附丽。三权去而国随之矣。"[4]我国治外法权的丧失，又加之专制政体下法律法规本未完善，各行各业的法律出台迫在眉睫。1906年清政府改刑部为法部，掌管全国行政法律事务。同年《东方杂志》增《法令》专栏，公开中央地方颁行的各种法律法规，以及修订法律大臣和宪政编察馆的奏折等。

《商律》是清末仿照西法制定的第一部新法。"先将各国商律择要译录以被参考之资"[5]。其对于中国商业发展来说意义非凡。1906年，由商务部、巡警部、学部会同签署，又出台了中国历史上第一部调整新闻、出版案件的法律《大清印刷物专律》。这部法律规定成立专门管理新闻、出版业的执法机构——印刷注册总局，并且以专门法的形式事实上终止了谋反、谋大逆等罪名，取消了生命刑，代之以自由刑、财产刑。《大清印刷物专律》对出版言论的惩治方式轻微化。还有各类法学报刊的创办。1908年《各省报界汇志》载："吉林地方自治会曾刊行报告书分内外篇，内篇研究自治范围以内之事，外篇记载法律之言。山东留日法政毕业诸人公议组织法政杂志。湖北咨询局创办宪法学报，广东法政学堂

① 《论今日宜亟设宪法研究会》，《东方杂志》，第三卷（1906）第二期。

② 《论今日宜亟设宪法研究会》，《东方杂志》，第三卷（1906）第二期。

③ 《论今日宜亟设宪法研究会》，《东方杂志》，第三卷（1906）第二期。

④ 《论中国亟宜教育律师》，《东方杂志》，第一卷（1904）第六期。

⑤ 《商部拟定商律摺》，《东方杂志》，第一卷（1904年）第一期。

的教员监督组织法学月报。"①

鄙视逼仄的环境下，宪政和法制是中国救亡图存的唯一途径。对此，《东方杂志》亦有清晰的认知：当时的世界已经是法制的世界。人民幸福之所以能保全，社会危害之所以能防治，皆因为有法制。强国之所以能使弱国屈服，文明民族之所以能战胜野蛮民族，皆因为有法制。各国之所以互相遵守条约，国与国之间各行其权利义务，也是因为有法制。政府之所以不能专制，战胜国之所以不能有无理之要求，国家之所以不能苛虐压制百姓，通通因为有法制的存在。

四、立宪之助力：行地方自治

《东方杂志》曾在探讨中央集权制时即分析过地方分权的重要性。当时虽尚未明确提出地方自治这一概念，但详尽描述了庚子事变之时地方无权所造成的惨局。地方自治制度是资产阶级民主政治的表现形式之一。由于地方事务关系到人民的切身利害，人民群众只有真正地参与其中，才能更好地体现人民的权利。人民的权利得以切实体现，方可更好地履行对国家的义务。结合我国国情来看，幅员辽阔，中央鞭长莫及，在官僚政治制度下，地方行政官员根本无法将地方事务管理好。实行地方自治，人民可以根据多数的意志和实际情况自由处理本地事务，也才能促使地方的繁荣与发展。故地方自治是政治走向民主不可或缺的一部分，《东方杂志》充分认识到地方自治的重要性。

表26 《东方杂志》关于地方自治刊文一览表

标题	来源	期数	卷数	年份
改良地方董事议	时报	1	6	1904
地方自治政论	时报	1	9	1904
论个人生计与地方自治之关系	时报	1	12	1904
论立宪当以地方自治为基础	南方报	2	12	1905
顾亭林日知录之地方自治说		3	5	1906
论地方自治宜先行于都市	南方报	3	9	1906
个人说	南方报	3	10	1906
论地方自治有专制立宪之别	南方报	3	11	1906

---

① 参见《各省报界彚志》，《东方杂志》，第五卷（1908）第六期。

（续表）

标题	来源	期数	卷数	年份
地方自治汇志		3	12	1906
论地方自治为预备立宪之根本	北洋官报	4	1	1907
地方自治		4	1	1907
论今日宜征地方税以为实行地方自治	本社撰稿	4	2	1907
直隶天津县地方自治公决草案		4	5	1907
地方自治汇志		4	5	1907
中国地方自治制考		4	10	1907
各国地方自治制考		4	10	1907
论地方自治之意义及分类	中外日报	4	12	1907
地方自治总志	本社撰稿	5	2	1908
地方自治汇志		5	2	1908
论地方自治之亟	本社撰稿	5	3	1908
地方自治汇志		5	3	1908
地方自治汇志		5	4	1908
地方自治汇志		5	5	1908

1906年清政府宣布实行预备立宪后，东方杂志先后刊载多篇文章宣传地方自治，认为在国人"民智幼稚，政才靡薄"[1]的情况下，只有先行地方自治，才能"养人民之政才，植宪政之基础"[2]。刊文主要集中于1904—1908年，以选报为主，自1906年12期始，陆续刊《地方自治汇志》，及时更新地方自治的实施进展。此外，由上表标题可见，这一时期的地方自治主要围绕地方自治的概念，地方自治与个人、国家的关系，地方自治如何实行三个方面进行报道。《东方杂志》从三个方面概括了地方自治的中心意思。其一，地方自治是一定区域内的自治，其官吏并不能各自为政，而是要遵从国法，受政府监督。其二，地方自治须在各地建立自己的地方管理机构，在当地选拔人才。其三，地方自治要按照规章由地方公选绅民，专门辅助官吏处理地方事务，受地方官吏监督。由此观之，地方自治并不是指地方各自为政，更不是由一些团体组织对地方事务任意进行自由

---

① 《论地方自治为预备立宪之根本》，《东方杂志》，第四卷（1907）第一期。

② 《论地方自治为预备立宪之根本》，《东方杂志》，第四卷（1907）第一期。

处置，而要受到中央统治阶层和国家法律的制约。这种解释满足了当时统治阶级实行中央集权的需要。

（一）实施地方自治的必要性

因为地方自治是民主政治的体现，清末政治变革正是试图朝着这一方向前进，所以就地方自治与立宪政治之间的关系而言，实施地方自治可谓是立宪政治的基础。

1. 地方自治为立宪政治基础

《东方杂志》指出"今之策中国者，莫不曰救亡，救亡莫堕于立宪，立宪莫先于地方自治"①。中国要救亡，须立宪，要立宪，须先实行地方自治。地方自治为何要先于立宪？

首先，地方自治可以唤起人民的公德意识。中国封建专制数千年，人民长期蜷伏于这种高压政治下，又加之自给自足的自然经济长期未被打破，人民的思维眼界相对狭隘。可谓只知有个人不知有国家，更注重自身利益的保护。《东方杂志》指出若欲使国强"必非藉少数豪杰英武强毅之威力，而必恃有多数团体整齐严肃之精神"②。国家强大要依靠多数人。每一个个人都可以成为这多数的一分子，从而能增强个人责任心和公德意识。通过此种方法，使人民知晓国家"非君主一家之私物，而凡具个人之资格者，皆含有国家之一分子者也"③，从而唤醒人民的国家意识和爱国心。

其次，地方自治可以令人民的权利，尤其是政治权利落于实处。《东方杂志》在《论立宪当以地方自治为基础》一文指出地方建立的集民会议"有公益于该地方之事"，执掌本地"办事之权"，并公享"民间公出"的"办事之款"。④地方人民成为地方管理机构的一员，就拥有在本地区的办事之权。不仅享受权利，还有民间公出的经费支撑，使其权利得以更好地发挥。这样一来，人民不会因为贪图蝇头小利懈怠关乎切身利益的地方事务，改变了以往官民等级界限清楚的传统政治局面。因为地方事务直接关系到地方百姓的生存发展，他们自然对参

---

① 《论地方自治宜先行之于都市》，《东方杂志》，第三卷（1906）第九期。

② 《地方自治政论》，《东方杂志》，第一卷（1904）第九期。

③ 《论地方自治宜先行之于都市》，《东方杂志》，第三卷（1906）第九期。

④ 《论立宪当以地方自治为基础》，《东方杂志》，第二卷（1905）第十二期。

与政治事务充满积极性，也自然会将一府县、一村乡的事务当成自家事务。这样民间自然舍私利而图公益，由此观之，待宪政确立之时，就可以"由近及远，田卑达高，其势亦易行，而其效亦易著矣"。[①]

2. 地方自治是立国强国之要

地方自治制度不仅是资本主义民主政治的一个表现，也是近代文明国家的一个标志。首先，人民的权利得以在地方施展，在这一过程中，培养了人民的政治参与能力，提高了人民参政议政的积极性，增加了人民对于政治、立宪等概念的认知，地方人民文化程度提高，为全体国民文化程度的提高打下基础。其次，人民文化程度的提高促使地方富强，地方强则国家强。《东方杂志》指出"未有分子的涣散而总体独存者，亦未有分子巩固而总体不强者"[②]。国家是由地方组成，换言之，地方自治制度有利于壮大国家力量。

地方自治除了培养人民公德心，增强人民参与政治的能力和积极性以外，还包括：第一，利用当地人治理当地，因为当地人民对当地情况最为了解，尤其是有才识的人，对地方贡献更大。第二，地方治理好以后，就不必担心中央政府的昏庸无能会祸及地方。第三，地方自集资金在财政上节省了政府政治支出的费用，更有利于国家的富强。第四，官民关系得到调节。治理者与被治者为一家，有利于改变以往官吏肆意欺压搜刮百姓的恶习。

（二）实施地方自治的政策措施

《东方杂志》对于地方自治制度的重视，表现在其不仅清晰地阐释了什么是地方自治，更详尽地分析了地方自治的优点，还列举出了一系列实行地方自治的政策措施。其中包括以下几点。

第一，地方在机构设置上须完备。建立一个健全的地方自治机构是顺利推行地方自治的前提。《东方杂志》在《改良地方董事议》一文中指出首先应该"创设地方公议所"[③]，这是改良地方的第一个问题。近代以来，地方各业，无会馆公所，产生是非也无地方集体讨论，参与讨论解决的只是少数士绅官吏，并未经过地方大多数人的同意。"为今之计，莫若择地方之中心创设一地方公议所，地

---

① 《论立宪当以地方自治为基础》，《东方杂志》，第二卷（1905）第十二期。

② 《述预备立宪第八》，《东方杂志》，第三卷（1906）《临时增刊》。

③ 《改良地方董事议》，《东方杂志》，第一卷（1904）第六期。

方大事则入而议之。"①一开始可以参加工议所的人主要分为两类，"认捐之商人及富户"和"地方之绅士"。②等到国民文化程度有所提高之后，再允许农公阶层进入，但对于无行游民，为了避免滋事，是不允许进入的。地方公议所的建立有两大益处，"成事易"和"集捐易"③。虽说公议所为人民集体参与地方事务构建了一个平台，但从其入所资格及董事选举来看，无不以财富或官阶作为衡量标准，也在另一方面透露出清廷整改地方时难以摆脱固有的社会阶层意识。

第二，地方在财政上须丰裕。"地方欲自治，必有财以为自治为支费，而后可收效，否则犹海市蜃楼，终归乌有。"④一个地方若要改良实行自治，必定需要一定的开支，才能有成效。地方治理的费用从何而来？《东方杂志》指出，可以通过增收地方税获得。增收地方税用之于地方，相当于取之于民用之于民，缓解传统社会中收税难的窘境。征收地方税可分为特立税制和附加税制两种。附加税制的意思就是把地方税纳入国家税中一并征收，但当时国家落败，财政入不敷出，地方自治刚萌新芽，若受国家财政牵连，则地方并不能兴盛。此外，"征收国税之官吏，横暴侵吞，至今已极。以钱粮等项尚有一定之完纳法，而民受其害其苦，犹有所底"⑤。所以若征地方税，应以特立税制为宜。将地方税务与国家税务分开，专门征收，可避以往欺民压民之官吏从中渔利，更好地保障地方经费的充足。

第三，地方自治在实施上须渐进。结合当时中国国情来看，人民素养程度普遍不高，目不识丁的百姓大有人在，懂得政治思想有政治能力的更是凤毛麟角。贸然普遍建立县会、乡会，并不能推进地方自治的实行，相反可能出现反作用。所以，《东方杂志》指出，我国可以从都市先开始实行地方自治，待教育普及，人民素养程度有所提高之后，再逐步推行至全国。都市具备了推行地方自治的条件，如经济文化水平相对较高，教育普及的范围相对较广，市政的制度与乡村又有所不同。故地方自治"益先行之于都市，其事顺而易行，其成效已著名。政才

---

① 《改良地方董事议》，《东方杂志》，第一卷（1904）第六期。

② 《改良地方董事议》，《东方杂志》，第一卷（1904）第六期。

③ 《改良地方董事议》，《东方杂志》，第一卷（1904）第六期。

④ 孙梦兰：《论今日宜征地方税以为实行自治之用》，《东方杂志》，第四卷（1907）第二期。

⑤ 孙梦兰：《论今日宜征地方税以为实行自治之用》，《东方杂志》，第四卷（1907）第二期。

日裕推而行之于乡邑，自如流水之源"①。

第三节　聚焦君主立宪重要事件

《东方杂志》对立宪的关注，主要通过强调立宪的必要性、重视立宪之基础、对立宪各要素提出构想等方面表现，但对于立宪过程中的重要节点，该杂志以媒介的敏锐不仅能迅速捕捉予以报道，更能对这些重要事件做出评论，展示自身态度立场，进一步推动立宪进程。

一、五大臣出洋考察

《东方杂志》认为"今时局艰难，百端待理，朝廷屡下明诏，力图变法，锐意振兴。数年以来，规模虽具，而实效未彰，总由承办人员，向昧讲求，未能洞达原委，似此因循敷衍，何由起衰弱而救颠危"②。彼时的时局虽已改革，但实效未彰，而派五大臣出洋考察的举动是"洵改革政治之先务"③。《东方杂志》对五大臣出洋考察表示赞同与支持，其认为当时变法有三大创举，"一饬停刑讯，二赐留学生出身，三派载泽等出洋考察，此三者不得不谓为旷古之虑"。④并在1906年《临时增刊》开篇刊出洋考察政治五大臣照片，"奏议"中刊《出使各国大臣奏请宣布立宪折》《镇国公载奏请宣布立宪密折》。《东方杂志》对五大臣出洋考察做出了评价，该杂志认为这一举动"一可以定变法维新之国是"⑤，我国地理位置、历史背景皆与日本相似，而日本改革变政三十年国势勃兴，我国变法三十年政治弛败日甚一日。究其原因便是日本已定国是，而我国国是未定，如今派大臣出洋考察政治，"观彼之所以盛，知吾之所以衰；观彼之

---

① 《论地方自治制宜先行之都市》，《东方杂志》，第三卷（1906）第九期。

② 《读十四日上谕书后》，《东方杂志》，第二卷（1905）第九期。

③ 《读十四日上谕书后》，《东方杂志》，第二卷（1905）第九期。

④ 别士：《论变法必以历史为根本》，《东方杂志》，第二卷（1905）第八期。

⑤ 《读十四日上谕书后》，《东方杂志》，第二卷（1905）第九期。

所以强，知吾之所以弱"①，才能坚定我国尽快定国是而不动摇。"一可以养大臣政治之常识"②，变法日新是中国两千年来未有过的，政治上的新知识也是之前所未有的。我国大臣多是习惯于闭关自大，"行将渐启新智，人人皆备政治之常识，则革一弊政与一新法，自可令下流水，无复捍阻之忧"③，大臣政治素养的提高更有利于政治改革的顺利推行。"一可振臣民望治之精神"，新政推行以来，与戊戌变法无以大异，政府只是新政途饰天下之耳目，并无非常之举动振奋士气，长此以往，人民逐渐体会政府敷衍之意，人心颓然。"今以考求政治之故，特命重臣出洋，人人意中，皆若有大希望之在前，以为年月日之间，必有大改革，以随其后，人心思奋，则气象一新。"④同时《东方杂志》对五大臣出洋归国的收获成果给予了关注，并对他们要求立宪的态度表示支持。"现载泽等回国奏陈，皆以国势不振实由于上下相蒙、内外相隔，官不知所以保民，民不知所以卫国。而各国之所以富强者，实由于行宪法，取决公论，军民一体、呼吸相通。"⑤媒介期望通过传播的信息号召民众支持立宪。然而这并不表明《东方杂志》对清廷立宪盲目乐观。该刊认为立宪兹事体大，而且清廷又故意拖沓。"载泽诸人之奉命，有谓即用日本明治十五年伊藤博文之故事者。虽然非常之原黎民惧焉，苟卿氏有言，在昔舟车之兴也，犹三世而后利之矣。夫创始岂易言哉。"⑥并且对考察政治大臣的真实态度有所怀疑。"考察政治大臣戴鸿慈、端方，所译普国宪法，独有注语而不甚详。当时考察各国政治，普宪不过一端，又为时甚促，故未能尽备。"⑦

1907年9月清廷又派出第二批大臣，赴日、德、英国考察宪政。《东方杂志》依旧给予了关注。这表明该刊对于大臣出洋考察尚且寄予厚望，从而看出其期望尽快实行宪政的态度立场，但并未盲目相信，又显示出《东方杂志》对于缓行立宪的不满。

① 《读十四日上谕书后》，《东方杂志》，第二卷（1905）第九期。

② 《读十四日上谕书后》，《东方杂志》，第二卷（1905）第九期。

③ 《读十四日上谕书后》，《东方杂志》，第二卷（1905）第九期。

④ 《读十四日上谕书后》，《东方杂志》，第二卷（1905）第九期。

⑤ 蘸照：《人民文化程度之解释》，《东方杂志》，第三卷（1906）《临时增刊》。

⑥ 《论立宪为万事根本》，《东方杂志》，第二卷（1905）第八期。

⑦ 孟森：《宪政篇》，《东方杂志》，第六卷（1909）第四期。

二、国会请愿运动

从1908年8月，清政府颁布《钦定宪法大纲》起，中国正式进入了预备立宪阶段。按照《筹备事宜清单》，宪政的设计者们将预备立宪期限定为9年，并详细开列了这9年的筹办大事和时间表。清政府设计好了改革的过程与结果，但这种过程与结果并非符合立宪派期望，民众以自身的力量期望推进立宪进程，如国会请愿运动。《东方杂志》对国会请愿运动给予了相当高的关注。

表27　《东方杂志》关于国会请愿运动的刊文一览表

标题	期刊号
国会预备议	第五年第七期（1908）
宪政篇	第五年第七期（1908）
宪政篇	第六年第十三期（1909）
宪政篇	第七年第一期（1910）
记国会请愿代表进行之状况	第七年第二期（1910）
再记国会请愿代表进行之状况	第七年第三期（1910）
国会请愿之近状	第七年第七期（1910）
国会请愿之近状	第七年第八期（1910）
各省督抚会商要政电	第七年第十期（1910）
各省督抚合词请设内阁国会奏稿	第七年第十一期（1910）
宣统二年十月中国大事记	第七年第十一期（1910）

关于国会请愿运动的刊文自1908年始，1910年为最甚。这一时期在各类新闻纸传播效果的影响下，民众的力量被发动起来，"预备立宪"的进程和结果便不是改革的设计者所能控制和预料的了。自1908年起，陆续有请愿国会书迭请代奏。《东方杂志》在1908年（第五卷）第七期的《宪政篇》对于国会请愿的态度表现出支持与钦佩。首先孟森认为立宪为大事，自1906年9月1日，清政府颁布《仿行立宪上谕》，到1908年，两年间在立宪准备方面效果并不显著。究其原因，与清廷立宪的态度不无关系。"然以鄙夫褊浅，测我两宫故为迟且难之说，甚或悍然立于反对之地，以身冒天下之大不韪。而窥测上意，冀逢君之恶而食其报者，亦所在多有。"[①]"国会请愿，首为国民发未申之意者。"上达的请

① 孟森：《宪政篇》，《东方杂志》，第五卷（1908）第七期。

开国会的专折以翰林院学士朱福诜为始，巡警厅丞王善荃、度支部郎中刘次源分别呈书请求三年之内召开国会，在野最负清望士夫中，以预备立宪公会郑孝胥、张謇等为最切挚，其余各省以地方团体名字签字属稿，推举代表呈送的"无日无此事"，以抵首都为计，以遍及江苏、安徽、河南等地。孟森对国会请愿抱有很大期望，"舆论益哗，然自兹以往入都之代表，上奏之请愿书，泚笔待记者必日多，而于式枚高种之流，以名氏浼我楮墨者必日少，此则所谓国民之程度焉矣"[1]。

虽说从1907年开始，关于国会请愿的声音就一直此起彼伏，但真正形成有规模的请愿运动是从1910年1月开始，到1910年底结束，其间共发起四次请愿活动。1910年（第7卷）第2期《记国会请愿代表进行之状况》，1910年（第7卷）第3期《再记国会请愿代表进行之状况》，1910年（第7卷）第7期《国会请愿之近状》，1910年（第7卷）第8期《国会请愿之近状》。《东方杂志》在"中国时事汇录"首篇即及时呈现请愿运动的进展及出台的各种决议。对于国会请愿运动，许是因为《东方杂志》"不正面谈政治"的立场，其对此运动并无直接评价。但仔细揣摩，不难推敲出其表面中立，实则要求速开国会的态度倾向。早在1907年（第4卷）第12期就转载过《神州日报》的一篇论说，题为《论开国会当先于地方自治》。"国会者，为立宪国国体之总命脉，为第一级发生之原生物，为自专制政体进入于宪法政体之转捩机键。""不先有国会，则资政院仍为专制政体之政务局，都察院与立宪绝不相符，即地方自治之美名，亦永远立于预备之地位而无见于实施之时日。"[2]可见《东方杂志》试图推动立宪的旨意。

《东方杂志》第七卷第十一期《中国大事记》刊《宣统二年十月初三日谕令改于宣统五年实行开设议院并预行组织内阁》《同日谕令民政部及各省督抚解散请开国会之代表》《国会请愿代表通问各省同志书》表达了对国会请愿运动未达目的的惋惜和对清政府的失望。经过请愿者发动各界力量不断上书请愿，清廷宣布于宣统五年（1913）开设议院，较之前期限缩短三年，请愿者"心长力短，言之痛心"[3]。宣统五年距离彼时还有三年，立宪派表现出深深的担忧，"不审此三年中，列强环视，外交上有无变更与否，财政竭蹶，内部分事有无嚣暴与否，

---

① 孟森：《宪政篇》，《东方杂志》，第五卷（1908）第七期。

② 《论开国会当先于地方自治》，《东方杂志》，第四卷（1907）第十二期。

③ 问天：《中国大事记》，《东方杂志》，第七卷（1910）第十一期。

公廷揽权，私室倖进，中央政府有无内讧与否，国会未开而先设内阁，监督无人，有无滥用与否，新旧过渡，必防官邪，政治改革，宽以岁月，大臣把持，肆其奸谋与否，国本未定，而人心惶惶，我谋不用，有无灰绝与否，中央集权而无人民为之赞助，治不统一，各省督抚有无不能行政与否，宪法先颁而不经国会通过，有无权限失当与否"①，三年遥遥，夜长梦多。这些担忧都反映了立宪派对于请愿结果的不满。《东方杂志》继而表示朝廷的昏庸不是少数人奔走呼吁就能改变的。

1908年11月14—15日，光绪皇帝与慈禧太后先后离世，对当时风雨飘摇的晚清社会，亦有可能引发更大程度的消极与动荡。1908年（第5卷）第11期，"文苑"刊《预备立宪公会举哀辞》，1908年（第5卷）第12期，"文苑"专刊《大行皇帝哀辞》《大行太皇太后哀辞》，1909年（第六卷）第1期，"文苑"刊《国丧哀哭》（四首）。从报道篇幅、所属版块可见，《东方杂志》对光绪与慈禧的离世并未过多关注，其关注的重点依旧在新政的实施与立宪的筹备程度上，甚至借清廷两位负责人的离世表达缩短预备立宪时间，尽快立宪的政治意愿。1908年（第5卷）第11期《宪政篇》提及因为立宪的时间有九年之久，在第一年时皇帝和太皇太后就相继离世。光绪皇帝的遗诏除了立嗣问题以外，主要就是立宪问题。光绪帝遗诏曰："恪遵前次谕旨，各按逐年筹备事宜，切实办理。庶几九年以后，克终朕未竟之志，在天之灵，藉稍慰焉……"《东方杂志》表示："诚以冀筹办各事宜不待九年而集事，立宪早颁一日，在天之灵即早慰一日。"②又借慈禧太后遗诰鼓动"……吾士民于号恸擗踊之余，思所以效涓埃之报者，不竭力于筹备事宜以自尽，其又奚道之从耶"。由此可见，媒介向来是表达编辑群体立场的舆论阵地，《东方杂志》在关注改革主要节点时，始终坚定立宪的政治立场。

三、皇族内阁的出台

在舆论与人民的催促中，立宪三要素之一的责任内阁于1911年5月8日成立。内阁成员共13人，而这13名国务大臣之中，汉族4人，满族9人，而皇族竟占5人，故被称为"皇族内阁"。"皇族内阁"的出台令立宪派彻底看清楚政府

---

① 问天：《中国大事记》，《东方杂志》，第七卷（1910）第十一期。

② 《宪政篇》，《东方杂志》，第五卷（1908）第十一期。

面目和立宪无望的现实。《东方杂志》在1911年第八卷第五期刊《论对于责任内阁制人民与政府两方面之误解》发表对"皇族内阁"的看法。此文刊第八卷第五期首篇，可见该杂志对"皇族内阁"出台以后的及时反应。

刊文指出责任内阁制，是世界各立宪国通行之惯例，也是世界各立宪国所以能猛进文明之辅佐。它是宪政成立时不可或缺的一部分。我国效仿日本立宪，日本发布之时，责任内阁已成立，而中国的责任内阁迟迟未立，究其原因，《东方杂志》认为是人民与政府对于责任内阁均有所误解。"人民一方面视此若强大臣以难能可贵之希事，而政府一方面视此又若置已身于天荆地棘之畏途。"①刊文针对此问题，进一步提出国务大臣应具备哪些条件。

针对"皇族内阁"中内阁大臣的身份地位问题，《东方杂志》提出自身见解。宪政国通例，以大臣副署为辅弼君主负责任的标志之一。专制国亦有副署先例。但不同的是，专制国的副署君主可以任意撤除，宪政国则是在法律上有所订立，君主不可肆意撤除。所以在宪政国，大臣副署应当致身授命，不必以忌讳为嫌。如此的责任内阁才并非形式上的责任内阁。责任大臣除了以副署辅佐君主以外，还应保持独立。宪政国内阁对君主的行为负责。有人认为此意思就是君主有过，君主不负责，由大臣代为负责。《东方杂志》认为大臣所负的责任是其自己的责任，并非代替君主负责。因为大臣为副署，参与君主决策，自当有责任之义务，当然，大臣也有不副署以求自保之权利。而当国务大臣有不法行为时，作为宪政国应可将其罢免。但《东方杂志》指出"我国宪政未行前，制裁说固毫无根据，即宪政已行后，制裁说亦不过具文"②。二内阁组织形式。《东方杂志》认为宪政所说的选举之制、察言之法我国古代已有，而从古至今，暴君酷吏也并不多见件，虽是专制制度下却也与宪政程度有相符之处，对于大臣的权利虽然无成文宪法以规范，却有道德上的约束。而"皇族内阁"的出台完全摒弃了这些，为此《东方杂志》直面批评"皇族内阁"的设立，表达对清廷不满，"今政府对于责任二字，务为谦让不遑，是不啻自放弃其历史上所已进化之人格，并自放弃其道德上所早推许之人格"③。我国专制政体下，亲贵在法律上有特权可依。而在立宪政体下，亲贵若有不法行为一并应受法律制裁。言外之意，政府任命亲贵出

---

① 《论对于责任内阁制人民与政府两方面之误解》，《东方杂志》，第八卷（1911）第五期。

② 《论对于责任内阁制人民与政府两方面之误解》，《东方杂志》，第八卷（1911）第五期。

③ 《论对于责任内阁制人民与政府两方面之误解》，《东方杂志》，第八卷（1911）第五期。

任国务大臣实乃不明智之举。宪政国国务大臣须对议会负责，"受议会之批评，应议会之诘问，负议会之弹劾"①。议会在此作用甚大而非君主。《东方杂志》还强调了国务大臣的身份问题，指出国务大臣"身份上非与政治上为缘，即与法律上为缘"②，该杂志认为宪政国历来没有皇族任内阁大臣者，因为责任不宜加诸皇族，继而提出"亲贵执政为我国责任内阁制之特别关系，其在法律上政治上当如何处理"③。《东方杂志》给出了建议，若以皇族出任内阁大臣，根据宪法上学理解释，皇族也属臣民，君主虽神圣，但限于君主一人。刑法中，不敬皇族者有特定之罪，也保存习惯上对阶级的尊严，但唯独宪法除外。我国宪法及皇室典范虽未颁行，而向例皇族有罪皆由宗人府奏请钦裁，而皇族出任国务大臣，"不能以身份之关系，而不加责任"④，如违法犯罪亦不可豁免。

　　早期《东方杂志》旨在推动立宪。在此基础上，该刊对彼时的立宪、教育、实业、法制、地方自治等相关情况进行了介绍和传播，强调立宪重要意义的同时，及时跟进立宪预备的进程，将发展教育、实业，设立宪法，实行地方自治，筹办国会与责任内阁，均纳入为立宪做准备的范畴之内予以传播。其中所反映的社会转型时期媒介与政治、媒介与社会关系值得深思。

---

① 《论对于责任内阁制人民与政府两方面之误解》，《东方杂志》，第八卷（1911）第五期。

② 《论对于责任内阁制人民与政府两方面之误解》，《东方杂志》，第八卷（1911）第五期。

③ 《论对于责任内阁制人民与政府两方面之误解》，《东方杂志》，第八卷（1911）第五期。

④ 《论对于责任内阁制人民与政府两方面之误解》，《东方杂志》，第八卷（1911）第五期。

第四章 从《东方杂志》看媒介
与社会的互动

现代社会，区别于纸质印刷品的电子媒介的出现，被人们称为"新媒介时代"。"新媒介"逐渐成为一种代指广播、电视、网络等电子媒介的专有名词。本文所谓的"新型媒介"，指的是晚清时期兴起的引进了西方印刷技术、以英美和日本的传播方式为蓝本的定期出版物。其中与旧式官报不同的"期刊"，在晚清社会"新型媒介"中很具代表性。

麦克卢汉曾经提出过一个观点"媒介即信息"，他认为站在宏观的角度去观察漫长的社会发展进程，每个时代的媒介本身也就是传播工具，其具体传播的信息更能突出这个时代的特征。可见，每一种新式媒介的出现都延续了媒介自身推动社会发展的功能，因为每一种新的媒介都会给社会带来一定的变化，小到人类交往方式，大到社会结构行为。社会转型时期是国家与社会关系变化的重构时期，这一时期充满了不稳定性与矛盾性，这种不稳定性与矛盾性首先体现在政治领域。媒介所发挥的社会作用与其置身的政治结构密切相关。它在专制制度下与民主制度下所扮演的角色是不同的，在社会转型的特殊历史时期，又带有其特点。

第一节 新政时期的媒介与政治

大众传媒自诞生之日起，就与政治有着密切的联系。到了近代社会，随着传播技术的发展、国民素质的提高，媒介更是卷入政治过程中的各个环节。对于政治发展的各个方面有着深刻的影响。对于政治与媒介这种特殊的亲缘关系，可以这样概括：媒介进行传播的过程与政治过程相辅相成。大众传播影响着政治进程，政治力量也影响着媒介传播的方向。《东方杂志》对清末新政的呈现恰好折射出媒介与政治的互动关系。

一、《东方杂志》对清末新政的影响

（一）通过互动式表达扩大新政影响

社会对媒介的控制主要通过依靠政府集团、法律规范等，而作为社会控制手段的媒介自身，对社会也逐渐形成所谓的舆论控制。《东方杂志》创刊初期，选报性质明显，其曾标榜"材料最富、价格最廉"。其选报范围也极其广泛，这种搜罗材料的表达方式致力于对政府信息的全面公开。

表31　《东方杂志》选报内容分析表

报刊名	社说	内政	军事	外交	教育	财政	实业	交通	商务	宗教	总计
时报	37	18	15	7	10	16	5	6	2	2	118
中外日报	34	16	13	10	11	7	4	8	2	5	110
南方报	13	7	2	4	4	5	1	3		2	41
外交报	10		2	19				3	2	5	41
警钟报	12	1	1	3	3	2		1		3	27
商务报	1					1	11	1	12		26
新闻报	2	1	5	3	3	3	2	2	1	3	25
天津日日新闻	6	6	2		2		2				19
岭东日报	8	1		2	2	1	1			1	16
大众报	3	1	1	4	4				1		15
汉口日报	2				4	1	4			1	14
神州日报	8	2		1							11
申报	6				3					1	11
北洋学报	1	2			2	2	1		1	1	11

（《东方杂志》从创刊号到五卷6号征引的前14种报刊情况统计）

这种媒介输出，第一，广纳言论。这一时期的信息输出主要围绕新政各个方面的实施情况。选报的范围甚广，从官报到民报均有所摘选，最大限度地传播完整的新政信息。第二，重点突出。在《东方杂志》选报统计中位居一、二的是《时报》与《中外日报》，此二报都与维新派有紧密联系。可见，《东方杂志》

在信息输出过程中的政治立场。媒介表达也就是媒介的告知功能，尚为单方面的信息传播，受众接收到信息以后，可呈现出不同的反应。《东方杂志》特殊的选报性质，使得信息在传达之前已经由主持群做出辨别与选择，这一过程本身就是一个受众接收信息做出反应的过程。《东方杂志》的编辑群体在选报的过程中本身已作为信息的被接受对象，完成了一次信息传播过程，其通过对得到信息的筛选摘录，进行二次表达，这种二次表达深刻地带有杂志态度立场的烙印。所以，选报时期的《东方杂志》所进行的媒介输出更体现了其真实意向。

公众通过媒介参与政治和社会生活的探讨基本可以归结到公众的知晓权和接近权上。媒介的告知功能，应对的是受众的知晓权，这一部分的最终义务承担者是政府。政府通过控制媒介，让公众了解真实而全面的信息，企图为政策的实施奠定群众基础。而公众获取信息以后，由于个人素质、知识水平等不同，做出不同的反应。一部分具有一定思想觉悟的知识分子发挥了受众的接近权，他们通过报刊舆论平台，表达带有个人政治倾向的新闻信息，期望通过二次表达能够使受众实现政治参与和社会参与。

媒介利用互动式表达，使读者与报人得以沟通与互动，形成舆论空间。《东方杂志》即借助这一方式，将变革思想作为一种社会意识形态灌输给读者。同时采取征稿、刊登读者来稿的方式吸引读者参与话题讨论，继而动员他们支持参与社会变革。报刊利用有限且反复的版式，构建了一个虚拟的文字的政治空间。报与刊的区别在于，杂志是指装订成册的定期或不定期发行的出版物。与杂志相比，报纸多选择一般性材料，且更加及时，信息量也较大，而杂志以特殊材料为主，周期较长，"主要关心的不是当日事件的信息，而侧重在更加广阔的背景下阐释和分析问题""故能对问题和局势做更细微的观察"，因而更具指导性和持续性的影响力①。《东方杂志》呈现的新政面貌是真实全面的。在聚焦宪政的同时，也关注实业、法制、教育等与政治相辅相成的关系。在宣传新政的同时通过选报性质、"本社撰稿"等方面透露出自身的政治立场，这种政治立场在温和的路线下得以稳定长久地存在，在潜移默化中有助于形成一种与统治阶级意识形态对立的新型的社会意识形态。意识形态观念会对人们的信仰和行为产生影响，在一个新旧社会转型之际，观念的影响力更为显著、更具冲击力。

---

① ［美］梅尔文·L·德弗勒等著，颜建军译：《大众传播通论》，北京：华夏出版社，1989年，140页。

（二）对教育和立宪的推动

首先，《东方杂志》通过大量刊文传播教育改革与立宪的相关信息，扩大教育与立宪在人民生活中的影响。

以《东方杂志》的"论说"栏内容为例看其对立宪的宣传情况：

表31　《东方杂志》"论说"栏目新政所占比例一览表

年份	论说篇数	新政篇数	所占比例
1904	97	61	62%
1905	78	39	50%
1906	61	42	68%
1907	56	30	53%
1908	35	13	37%
1909	10	5	50%
1910	27	8	29%

一报一刊的"论说"栏基本代表了该报该刊的政治观点。因此，以"论说"栏分析《东方杂志》的宣传情况，较能反映该报的宣传旨趣。

《东方杂志》对教育改革的宣传可谓非常全面。从教育对象观察，包括小学教育、师范教育、女子教育等；这一类别划分体现了《东方杂志》对普及教育的提倡。张之洞在1902年所上《筹定学堂规模次第兴办折》中即提出："小学为培养人才之源""故此时各处兴学，首以小学为急"，应该对国民义务教育加以重视。[1]普及教育的办法之一就是兴办蒙养学堂和中小学堂，从幼儿开始提高人民知识水平。而女子教育是自古被忽视的一块，既为普及教育，即是不分男女老幼皆应接受教育，女子教育更应该被重视。《东方杂志》刊《日本东亚女学校附属中国女子留学生速成师范学堂章程》《日本实践女学校附属中国女子留学生师范工艺速成科规则》《论女学宜注重德育》《学部奏详议女子师范学堂及女子小学堂章程折》等文，凸显了女学、女子教习、女子留学的重要意义。《东方杂志》在普及教育之方法中提及培养教习的重要性。《东方杂志》指出应"每一州县至少立一速成蒙学师范学堂，以造就小学教习，为教育普及之根本"[2]。从教

① ［清］张之洞：《张文襄公全集》第1册，北京：中国书店，1990年，979、983页。

② 《普及教育议》，《东方杂志》，第三卷（1906年）第三期。

育范围观察，包括法制教育、实业教育、军事教育等。这一类别的划分可见《东方杂志》重视专业教育。各个领域的发展皆离不开人才培养，各个领域的人才培养与专业教育密切相关。《东方杂志》刊数篇关于兴办专业学堂的奏折公文，及时跟进专业教育的实施进展。从教育目标观察，包括知识教育与道德教育。《东方杂志》认为道德教育有利于培养人们的爱国思想，有利于激发人们团结一致抵御外辱。

《东方杂志》对立宪和教育的报道可谓翔实完备，无论深度广度皆达到新的层面。该杂志的编辑群体皆为接触过西学的资产阶级立宪派，其中大部分又为预备立宪公会成员，且有出洋留学经历，他们对君主立宪制度和教育改革的认识可谓更为全面深刻，所以其以《东方杂志》为平台提出的构想与规划更具说服力。在此基础上，该杂志对立宪进展也相当关注，倡导支持推动立宪行为，如国会请愿运动、普及教育、振兴实业等。在此情形下，逐渐形成一个以《东方杂志》为中心的政治舆论空间。

早在1902年，梁启超就曾提出报刊应以"监督政府、向导国民"为两大天职，《东方杂志》在对清末新政的传播过程中亦以这二者为目标。在媒介视角下，清末新政为新闻事件。拉斯韦尔认为，一个新闻事件的传播过程包括五大要素：谁、说什么、通过什么渠道、对谁说、产生什么效果。这是著名的5W模式。随后，拉斯韦尔又提出与之相对应的传播研究，分别为控制分析、内容分析、媒介分析、受众分析和效果分析。其中内容分析就是针对"说什么"，也就是对传播内容的研究。《东方杂志》对立宪与教育的传播不只停留在告知层面，而是对信息加以分析研究，对政府提出建议，提出自身对改革的规划与构想，无形中形成的是一个动员民众监督政府的舆论空间。诚如，《东方杂志》不仅全面关注教育改革的内容，还指出教育之所以不能普及的原因包括经费开支大和课程安排不合理两方面，并针对此问题提出解决构想。《东方杂志》认为普及教育的办法之一是兴办学堂，当时存在的问题有，对于中小学堂来说，一无经费，二无教员。对于高等学堂来说，往往注重形式，而不注重实际功效。理化算学诸科，往往用数月速成之教习。严复指出所谓"普及"，"其程度不得不取其极低，经费亦必为其极廉，而教员必用其最易得者"[①]。普及中小学堂，在于多而非精，与之相反，高等师范各学堂，则在精而不在多。普及教育的办法之二在于兴办师

---

① 《普及教育议》，《东方杂志》，第三卷（1906）第三期。

范学堂。师范学堂聘请的教习应具备三个条件：曾入中国学堂受过本国教育、有出洋留学经历、博览新书。如果仅仅派一些学生留学日本，或者只在省会等大城市建师范学堂，必不能达到目的。在对立宪的宣传上亦是如此。提出对责任内阁、国会、宪法、地方自治等立宪构想与规划。通过对自身立场的表达达成媒介所预想的传播目的，使其在社会变革中起到调控作用。

《东方杂志》通过媒介的告知功能，扩大新政在民众中的影响；再通过提出超前于新政实施进展的构想规划，动员民众、监督政府。"数年以来，朝野上下，鉴于时局之陆危，谓救亡之方只在立宪，上则奏牍之敷陈，下则报章之所论列，莫不以此为请。"[1]长期以来，"论列"以立宪为请的报章，指的不是为清廷所通缉的康、梁主持的报刊，也不是此时尚未创办的官报，而正是指的这些非政论报刊。由此可以看出，《东方杂志》这类非政论报刊所构筑舆论方面的力量。这类报刊因较大的影响，传播的地域非常广泛，在社会上有较大的受众群。根据1910年统计，《东方杂志》每期销售数达15,000份。[2]若是以销量与影响成正比的一般情况下考量，则可体现《东方杂志》在社会动员、监督政府方面所起的作用。

二、媒介在政治改革中的作用

（一）媒介的政治功能

任何政治形态都有与之相适应的媒介形态。集权高压政治下，媒介作为统治者传播思想意识的工具存在，受到严格的制约，而民主政治形态下，媒介的自由程度相对更高。所以在清末特殊的社会政治环境下，媒介的政治功能也处于变化之中。

1.媒介的政治性

阿特休尔把大众媒介称为"权力的媒介"，他认为无论是在马克思主义国家和进步中国家还是市场经济国家，新闻媒介都无法超脱政治。甚至定义说"新闻媒介就是一个政治机构"[3]。虽说媒介的属性之一是寻求事实和反映事实，

---

① 《清末筹备立宪档案史料》上册，北京：中华书局,1979 年,25 页。

② 杨扬：《商务印书馆：民间出版业的兴衰》,上海：上海教育出版社,2000 年,52 页。

③ 张国良：《20 世纪传播学经典文本》,上海：复旦大学出版社, 2006 年，495 页。

但"客观报道只是确保社会现状的手段，是保证维护社会秩序和社会制度的工具。……实际上，公正不偏这一情况本身就是在维护制度。在这种模式下，新闻媒介对社会秩序具有潜在的挑战性这一说法意味着它对掌权人物是一种威胁。只要新闻媒介没有实行这种挑战性，那么它就是在发挥符合掌权者意愿的政治作用。进一步说，即便新闻界同意新闻媒介超脱政治这种观点，它仍然是满足权力需要的工具"[1]。1901年，清政府宣布实行"新政"，近代报刊在经历了戊戌政变后的查禁风潮以后，开始了新的发展。据相关统计，截止到辛亥革命前夕，新开办的各类报刊数量基本呈逐年递增态势。民办报刊的兴盛，使政府开始利用法律的形式进行舆论控制。清廷分别在1906年、1907年、1910年出台《大清印刷物件专律》《大清报律》《钦定报律》。在专门针对报刊的律例出台之前，在《大清律例》中就有对新闻出版行业的相关规定。但因为当时法律与政治的紧密结合，这些律法从根本上是服从于统治阶级的工具。所以涉及言论、出版方面的条文并不多见，而是更倾向于对言论出版的控制与警示。如"造妖书妖言条"[2]规定如下：凡造谶纬、妖书、谣言，及传用惑众者，皆斩。若私有妖书，隐藏不送官者，杖一百，徒三年。……《大清律例》多承于明律，多符合封建传统社会环境。随着社会的进步、商品经济的发展，新思想传入，尤其是苏报案的发生，旧律与社会实际生活严重脱节，使其无力维系封建国家机器的正常运转。1906年，由商务部、巡警部、学部会同签署，中国历史上第一部调整新闻、出版案件的法律——《大清印刷物专律》正式颁布。这部法律规定成立专门管理新闻、出版业的执法机构——印刷注册总局。并且以专门法的形式事实上终止了谋反、谋大逆等罪名，取消了生命刑，代之以自由刑、财产刑。《大清印刷物专律》对出版言论的惩治方式轻微化。但另一方面，清廷的任何法律法规的出台始终以巩固统治为出发点与归宿。同年，清廷还出台《报章应守规则》规定"一、不得诋毁宫廷。二、不得妄议朝政。三、不得妨碍治安。四、不得败坏风俗。五、凡关外交、内政之件，如经监管衙门传输报馆秘密者，该报馆不得揭载。六、凡关涉词讼之案，于未定案以前，该报馆不得妄下断语，并不得有庇护犯人之语。七、不得摘发人之隐私，诽谤人之名誉。八、记载有错误失实，经本人或有关系人申请更正者，即须速为更正。九、除已开报馆之外，凡欲开设者，皆须来所呈报批准

---

[1] 张国良：《20世纪传播学经典文本》，上海：复旦大学出版社，2006年，495页。

[2] 张荣铮、刘勇强、金懋功点校：《大清律例·刑律》，天津：天津古籍出版社，1993年，368页。

后，再行开设"①。1908年1月至2月间，《大清报律》颁发。1911年1月29日，《钦定报律》制定。这两部法律再次强化了处理新闻、出版案件中处罚方式轻微化、多元化的趋势，如设立报馆条件进一步宽松，采用注册登记制。但报律的条款内容并非详细清晰，对于诋毁宫廷、妄议朝政、败坏风俗等概念并未明确说明界限，条款过于简单，使得执法弹性极大，新闻自由实施起来依旧存在难度。因为民间报刊业的繁荣，进一步冲破"言禁"，与政府意向相悖的观念思想得以发声，政府只好利用法律作为其管理手段对媒介施以监管。所以，大众媒介具有明显的工具性质和政治属性。

2.媒介的自主性

政治形态和政治发展过程对媒介影响甚大，但在晚清社会转型的特殊时期，社会各要素交错复杂，经济、文教等各领域均出现一系列隐性或显性的变化。民间报刊业的发展繁荣已形成了民间舆论网络，读者群体和销售范围的扩大是已焦头烂额的清廷无法阻止的。这种态势已经打破了封建正统文化的垄断，各类思潮并立互竞，民间大众媒介为民众发声提供了舆论场所。也就是说，媒介的自主性日益凸显，开始倡导新闻自由，表达自身的政治态度与倾向。立宪派主张立宪的立场鲜明。但立什么样的宪、怎样立宪，立宪派与清廷大相径庭。清廷立宪侧重的是立宪的成效，要保住统治地位。立宪派侧重的是立宪本身，他们同意清廷继续统治，但必须实行真正的宪政，有立宪派参与政权的新型制度，而不是再继续以往清廷独揽大权的统治。这种一味保权和要求让权的矛盾导致立宪派与清廷的意见分歧。《东方杂志》非立宪政论性质报刊，但因其主持群中多是立宪派知识分子，其立场虽不至激进，也在字里行间透露出试图监督政府，引导社会变革的意图。

清廷立宪的目的主要是巩固统治，并无心思建立一个真正意义上的君主立宪制国家。而立宪派不仅要求尽快建立责任内阁，亦期望责任内阁向国会负责。《东方杂志》上《宪政初纲·述国务大臣责任第六》一文明确提出国务大臣对议会有答辩之责任和临席之责任。其中议会所负答辩之责任体现在两个方面：一是对议会质问之事(除外交应守秘密外)，大臣皆有答辩之义务。二是国务大臣在施行政务时，应将其利益得失之所以然对议会予以解释，得其信任不致起反对后得以施行。至于临席之责任是指议会开会时，国务大臣有赴会之义务，以备议员询

① 刘哲民：《近现代出版新闻法规汇编》，上海：学林出版社，1992年，30页。

问。可见，其主张责任内阁，至少是内阁大臣理应对国会负责。此外，立宪派要求国会有立法权，并要求议院参与制定宪法。《东方杂志》在《论中国立宪之要义》一文中指出国会应有立法权。"议院者，实立法之机关也，宪法之立以国民公认为准，故必有代表国民者会议决定之，乃可以颁行中国。"①在该刊看来，国会乃"宪法之母"，有了国会，就有了宪法，然后民刑各法方可推行。总而言之，对于中国立宪之事，立宪派实质主张的是英国模式而非日本模式。《东方杂志》在对立宪的媒介宣传上也呈现出这一特点。表面看来，《东方杂志》在刊文中曾明确说明，西方制度民权甚大，而日本为君主立宪制，皇权稳固，我国效仿的是日本模式。也一再阐述，适当分权无损君权，相反能够建立稳固的统治秩序。实际上，该刊在关注立宪的过程中，一系列刊文可见其立场，更期望建立英国立宪模式。其对宪政的阐释，包括君权，人民的权利与义务，机构设置，宪法颁行等模式更接近于英国。由此观之，媒介毕竟是表达思想的舆论工具，具有政治性的同时，也被赋予媒介实际经营操纵者的思维立场。

（二）媒介是政治改革中的协商平台

有学者从大众传媒社会效力的视角出发，认为媒介的功能分为显性功能和隐性功能。显性功能指的是对社会显著而直接的作用，而隐性功能指的是对社会隐藏的、间接性质的功能。晚清社会转型时期，媒介尤其是民办报刊的传播内容逐渐多元，价值衡量标准也不再局限于政治。随着媒介的政治性、阶级性的弱化，其传播的信息日趋多样化。信息公开的多样化，满足了民众对信息日益增强的需求。而民众接触到更多的新闻资讯以后，改变了以往愚钝麻木的受压精神状态和简化单一的思维方式，通过对信息的获取，衍生出更高一级的社会需求——参与和表达。

在社会转型时期的变革大潮中，面对日益分化的社会阶层，媒体作为社会公器应承担协调社会矛盾与冲突、为公共事务的讨论提供公共论坛的公共角色。②从19世纪70年代开始，我国民间办报人便提出报刊的重要作用之一就是传播新知识，其中以维新派尤为突出。1902年，梁启超在《敬告我同业诸君》一文中即首次提出报馆的两大天职：监督政府与向导国民。换言之，报刊是联系政府与民

① 《论中国立宪之要义》，《东方杂志》，第一卷（1904）第五期。

② 刘劲松：《嬗变与重构：转型期都市类报纸发展路径研究》，北京：中国传媒大学出版社，2014年，122页。

众、联系与协调社会的桥梁与纽带。在政治变革时期，中国传统的政治模式受到巨大挑战，政治民主意识开始觉醒。著名新闻学家李普曼认为，"媒介做得最好的也就是提供简单、清晰的标记，为没有见识的人做出合理的行为进行指导"。而杜威认为"传播是民主的中心，它不仅扮演着连接公民的角色，而且扮演着解答个人与社会利益的矛盾的角色"①。

1.政治沟通与参与的意愿增强

封建专制制度在我国绵延两千多年。众所周知，其最显著的特征就是中央集权，或是称为君主独揽大权。对百姓多方面控制，言论自由亦不例外。但任何社会政治变革都是最先反映在思想观念领域的。中国历史上的多次变革与思想观念领域的变化如影随形。在媒介尚不发达的年代，人民尚且提出过上情下达的政治思想。随着政治、经济水平的进步，大众媒介的产生与逐渐自由发展，为上情下达、下情上传提供了重要渠道。尤其是在晚清变革时期。晚清虽然内忧外患、社会动荡，但仍维系着君主专政的大一统体制。政府的政治权力虽相对集中，但这种体制的社会动员能力却又非常之低，当面对救亡图存的关键时刻，它不能发动全体社会成员来应付。媒介的政治沟通功能之一就是对统治阶级或精英阶层的政策价值进行传播，有效的传播能够获得民众认同，并得到他们的支持。而对于民众来说，政治参与的前提就是充分知情，媒介发挥其告知功能，使政治公开化、透明化，民众在知情的情况下，通过媒介表达自身意识观点，有利于其实现政治参与，所以可以说媒介是作为民众政治参与沟通的舆论平台和工具。

《东方杂志》在对清末新政的传播过程中，体现了政治沟通与参与，一方面，《东方杂志》作为媒介，在传播信息的同时，期望发挥政治引导、社会动员等作用，是媒介试图进行政治参与；另一方面，媒介作为大众交流工具，起到沟通上下的作用，又动员民众进行政治参与。《东方杂志》在其刊文中大量阐述关于立宪相关问题的构想，内容详尽。其中包括对责任内阁、国会、宪法等问题的具体构想，体现出其试图引导政府决策，进行政治参与的意图。《东方杂志》在阐释地方自治问题的时候，认为政治不应再如君主政体下那般只掌握于朝廷之手，人民尚可参与地方政务，只有与政务亲密接触才知道政治究竟为何物，人民文化程度才能在普及教育的基础之上进一步提升，由此个人之发达，才能带动社

---

① 单波、黄泰岩：《新闻传媒如何扮演民主参与的角色——评杜威和李普曼在新闻与民主关系问题上的分歧》，《国外社会科学》，2003 年第 3 期。

会的进步。《东方杂志》通过传播内容表达赞成民众参与政治的意愿，并通过传播过程进行亲身实践。该杂志大量公开政府公文奏折、章程法典，使政府信息公开化、透明化，使更多民众知晓改革内容。政治再也不是民众遥不可及的东西，使民众逐渐意识到政治其实是贴近民众生活、关系民众贴身利益的东西。人人可谈论政治，从而动员民众进行政治参与。

2. 政治监督与约束的功能日显

政治监督与约束比起媒介基本的政治功能来说，属更高级的功能。媒介的政治功能与政治体制、政治环境密切相关。清末新政时期，实行预备立宪，尝试改变政治制度。媒介进行政治监督的前提是对现实充分公开地报道。《东方杂志》作为期刊的新形式，不同于报纸。期刊的连贯性和篇幅范围更有利于对现实更加充分公开地报道。诚如对于国会请愿运动一事。从1907年开始，关于国会请愿的声音就一直此起彼伏，但真正形成有规模的请愿运动是从1910年1月开始，到1910年底结束，共发起四次请愿活动。1910年第七卷第二期刊《记国会请愿代表进行之状况》，1910年第七卷第三期刊《再记国会请愿代表进行之状况》，1910年第七卷第七期刊《国会请愿之近状》，1910年第七卷第八期刊《国会请愿之近状》。此外，《东方杂志》还在"中国时事汇录"首篇即及时呈现请愿运动的进展及出台的各种决议，追踪报道国会请愿运动的实况。

在西方学界，大众传媒被称为"第四权力"，意思就是它与行政、立法、司法之间的互相制衡。政治监督指的不仅是媒介通过报道试图监督约束政府，还延伸至媒介通过舆论形成的意识形态，动员受众对政府形成的一种可理解为"监督"的无形压力。《东方杂志》自创刊之日始，把"社说"作为开篇第一栏，意在看重其自身立场的舆论表达。在清廷迟迟未落实立宪之事时，该刊一再刊载要求尽快立宪的相关文章，多次表达应该尽快设立国会、确立宪法。这种舆论监督从对政府的不满初衷来看，并不仅仅是从媒介本身的特性或作用考量，也未掺杂过多民情民意的反映，而是对政府现状的忧虑，是试图纠正政府的一种手段，这恰与作为政府喉舌工具的传统媒介形成鲜明对比。

3. 媒介的政治整合

普遍意义来说，异质性是"整合"的逻辑来源。从政治视角观察，异质性的存在不利于政治稳定。社会转型时期伴随着政治制度的变革，打破传统固有的政治模式，在新建政治模式的过程中排除异质性更有利于政治制度转变的稳定进行。所以，政治整合是指占优势地位的政治主体，将不同的社会和政治力量，有机纳入一个统一的中心框架的过程。①可见，政治整合主要的推行者应该是政府。尤其在传统社会，政府充当一切国家大事的决策者，政治整合的对象范围广泛。本文所指的"政治整合"即媒介在协调政治系统内部各要素、政治与社会关系、政治与民众互动等方面所发挥的作用。

传统中国的政治整合，权力高度集中，统治阶层决定国家大政方针，控制国家经济命脉，利用律例规范民众行为、控制言论自由。政治整合的有效性与社会历史条件关系密切。晚清社会在内忧外患的作用下动荡不安，传统社会政治整合的有效性减弱。政府为了维持统治被迫变革。从政治整合的视角透视，清末新政亦是政府进行政治整合的方式，以期实现政治稳定的目的。可见，社会大环境的变化，社会本身的特质不同，对政治整合的方式需求也有所不同。

政治整合的方式一般可分为硬性显性和软性隐性两大类。硬性显性的整合指政府利用强制手段规范社会行为，如军队、警察、监狱等暴力武装力量。而另一种则是依靠教育、文化、宣传系统进行整合。政治整合方式与社会历史条件紧密相关。传统社会以政府、军队至上，政府独断专行，采取暴力专制手段维护统治。在政治整合的方式上以硬性显性手段为重。转型时期不可避免的社会问题和矛盾冲突使人们产生惶恐焦躁等负面情绪，对硬性的政治整合容易产生排斥和反抗心态。这一时期，软性的整合方式更利于人们接受。

媒介在人类社会生活中发挥着重要作用。新式媒介的出现更是会改变人们生产生活的方式。一方面，中国社会的转型推动了新媒介环境的形成与发展；另一方面，在新媒介的作用下，整个社会的转型又在不断地加深加快。媒介对于政治整合的作用来说，不外乎输入和输出两种。

第一，媒介的政治输入。

媒介在拓宽政府收集信息渠道的同时，也丰富了民众表达诉求的途径。《东方杂志》创刊初期为选报型期刊，倾向于信息输出。随着民众表达需求的增加，杂志逐渐由选报型期刊向独立评论型期刊过渡。（选报时期《东方杂志》研究1904—1908）欢迎读者来稿，民众参与表达。《东方杂志》第二十二卷第1号《三大征求》：

"一照相。本杂志从本年起拟擬改良插图，用三色版及影写凹版印制，力求

---

① 吴晓林：《从改造式整合到总体性整合：新中国政治整合60年》，《中国社会科学报》，2009年11月5日。

精美。如蒙以照片及图画见寄，俾得制版印刷，甚所欢迎。照片以名人肖像、时事照片、奇异风俗及风景古迹古物摄影（以希见者为限）为最合用。珍贵之照片制版后仍可寄还，唯以附寄邮票者为限。零星照片登出后以本杂志为酬，其张数较多或较为珍贵者，当酌酬现金。二讽刺画。关于时事及社会生活之讽刺画，如蒙投寄，极所欢迎。登出后概酬现金，唯版权为本杂志所有，无论登与不登，原稿概不寄还。三趣味文。游记感想录、小品文、讽刺文，以及一切饶有风趣足供解颐之文字，均欢迎投稿，篇幅最好在五六千字以内，登出后从优酬赠现金。无论登否，原稿概不寄还。"①

第二，媒介的政治输出。

媒介的政治输出即政府通过媒介输出其传播的信息，以达到政治整合的目的。

首先，媒介参与权威信息的发布。权威信息包括政府公共政策、法律法规的颁布及对相关问题的说明。媒介对于政府的动态发布及时，有利于民众获取信息，民众获取的信息越多，越有助于他们形成意见与原则，甚至导致采用适当的行动。对于清末新政的实施动向，《东方杂志》给予了高度及时的关注报道。较之报纸，期刊在表述方面更完整清晰，有利于民众更好地接受理解。《东方杂志》一度表示立宪制度是改变以往君主独裁的政治模式，让人民得到更多权利，并参与国家治理，而需要参与国家治理的民众若始终处于一无所知的状态，要治理好国家是不可能的。媒介用最直接的方式期望民众获取更多的公开信息。

其次，媒介参与政治事件的讨论。媒介的政治输出不是单一的信息传达。它既然能够为公众提供信息，也就能够建立一个舆论讨论平台。这种讨论突出了社会的多元性。在社会中不同政治派别的价值观与利益有所差异，为了建立一个更好的政府，他们需要通过合适的表达渠道去传播各自不同的政治思想。所以，媒介的政治输出也是带有其自身立场的政治表达。

媒介的政治社会化功能、政治整合功能等，都是帮助政府与民众沟通的桥梁。传统意义上，在整个社会政治发展过程中，政府是主体，民众是客体，媒介是工具。随着社会经济的发展、社会条件的变化，媒介成为社会中一个非常重要的组成部分，甚至有学者提出"媒介中心论"，认为媒介可以对国家和社会进行全面控制。当媒介的意义被人民日渐重视时，媒介的社会动员功能也日渐突出。

---

① 《三大征求》，《东方杂志》，第二十二卷（1925）第 1 期。

媒介通过动员民众支持、反对甚至反抗政府，打破了传统固定的工具模式。在晚清社会转型时期，媒介的动员功能主要表现在两个方面：第一，通过政治输出动员民众推进政治变革；第二，动员民众进行政治参与。《中国大百科全书》把"政治参与"界定为"公民自愿地通过各种合法方式参与政治生活的行为"[①]。普通民众一般不会直接经历政治事件，因此对政治的关心程度不及自身生活需求。要做到公民自愿地参与政治生活，离不开媒介发挥其社会动员作用，通过宣传鼓吹政治主张，解释政治局势，公开政策信息让民众做到充分知情的同时，感受到政治变化关系到自身的切身利益，与个人生活紧密相关。所以，不管什么范围、什么内容的政治参与，都离不开作为交流沟通手段的大众媒介。同时，政治参与的具体形式又涉及意见的表达，而作为交流工具，媒介理应是大众发表意见和充分讨论的平台。

第二节　媒介在社会转型中的作用

美国思想家杰弗逊提出"第四权力"的概念。媒介是"第四权力"之说在西方学界被普遍认可，媒介的地位与作用上升至可以与行政、立法、司法三种社会权力相抗衡。而结合中国国情来看，媒介对晚清传统国家权力确实起到了一定的监督与制约作用，但这种监督与制约始终受制于传统权力。在晚清特殊的社会转型时期，传统国家权力遭遇挑战，民主意识崛起。宪法中的言论新闻自由是媒介得以发挥作用的基础。社会转型时期社会结构、社会意识的重构，使得这一时期不稳定性与矛盾性特征突出。媒介作为导向性意识平台，在这一特殊时期所发挥的作用首先体现在公共领域的构建。

一、晚清上海"公共领域"的形成

媒介在政治改革中充当了协商平台，这个平台的延展纬度逐渐扩大以后，形成了"公共领域"。甲午战争以后，维新思想渐起，宣传维新思想的报刊逐渐脱离了传统报刊的轨道，开始成为具有公共性与互动性的交往媒介。维新派人士为

---

① 中国大百科全书出版社编辑部：《中国大百科全书（政治学卷）》，北京：中国大百科全书出版社，1992年，485页。

代表的新型知识分子逐渐成为一个独立的社会阶层，这为公共舆论空间的形成提供了主体角色。上海是近代报刊的兴起之地，本身就孕育了公共领域形成的舆论空间。

自20世纪以来，报刊日趋民间化。上海成为报刊业最为发达的城市。这种报刊民间化主要表现为：第一，办报宗旨立足于民。与官报和外报不同，民办报纸更多地注重传输西方新学、开化风气、关注时事政治与民众生活。媒介开始由"政府喉舌"向"民众向导"转变。第二，办报资本主要来自民间。民办报馆、出版社开始崛起。尽管其筹备资金的形式多种多样，但一改传统官方垄断和外人专断的报刊业局面。第三，报馆行政、人事、财政权相对独立。官报听命于官府，外报由外人把持，民办报馆、出版社基本由总经理负责。这些民办报刊在独立的基础上，秉承"公开报道"的原则，构建了一个相对独立的舆论领域。

清末上海社会的公众舆论，按照参与讨论的公众规模以及舆论的主要话题、社会影响面等，可分为不同的层次和类型。比如，同样是对政治变革的吁求，保皇立宪人士通过立宪报刊所表达出来的是立宪舆论，而革命党人通过革命报刊所形成的是革命舆论。同样是立宪派舆论，初期主要表现为就立宪和地方自治问题做学理上的探讨，而1908年以后则发展为吁求速开国会。受内外形势的制约，不同主题的舆论在不同历史时段的社会政治文化生活中所处的地位及所产生的社会影响并不相同。

二、媒介对群体身份行为的影响

晚清上海公共领域的形成媒介对群体身份行为的感知与认同导向提供了空间环境。从社会学角度看，群体的划分标准众多，种族、宗教、职业、性别等都是群体划分的重要特征依据。在不同的时代背景与社会环境中，媒介对于不同标准划分的群体身份行为均有所影响。在晚清社会转型的独特情境中，媒介对于群体身份行为的影响主要表现在对于不同社会阶层的影响。

（一）媒介促进群体融合

《东方杂志》作为一本连续性综合刊物，从其《售例》可见其销售范围广大，影响力较同时期期刊更大。《东方杂志》对于立宪理论知识的阐述与传播，扩大了政治制度变革在知识分子群体中的影响。

《东方杂志》对普及教育的积极倡导，提高了民众的文化水平。《东方杂志》对清末新政的大力宣传，尽管对于清廷顽固派与激进革命派的思维意识转变未能一蹴而就，但就《东方杂志》不断扩大的读者群与支持人数上看，立宪派思想成为社会主流思想。原本分化的社会精英阶层呈现逐渐趋于融合的态势。普通民众的思想觉悟逐渐向知识分子群体靠拢。媒介信息传播减弱了"群体"本身所带有的排他性，促使群体之间的人员流动，使不同群体的人参与其他群体，成为稳定成员的可能性增大。梅罗维茨曾指出由媒介或其他因素的变化造成的情境结构的变化，改变了"我们"对"他们"的感觉。媒介的信息传播，形成的公共舆论与领域，同化了群体身份，模糊了群体之间的界限。媒介传播的意识促进群体同质化，尤其是在晚清转型时期，媒介传播了一种传统意识之外的新的标准与价值，使人们的思想意识从传统封建体系中逐渐分化解放，从而促进社会价值观的扭转。每一个社会转型时期都伴随社会价值观的重构，而媒介恰好充当的是社会价值观的倡导和传播平台。

（二）媒介改变了群体行为规则

晚清社会进入转型以前，大多数群体受到权威政府的压制。这种压制不仅包括行为上不自由，还包括思想上的禁锢。言论不自由，常常受到政府的压迫与钳制，报纸等媒介鲜少能独立经营，加之缺乏新闻人才，导致"国人平时视报纸，一若泰越之肥瘠，漠焉不加于其心。世界潮流，国家大事，每视为痛痒无关，迫政局有大变动，始稍稍加以注意"[①]。媒介通过传播内容、传播方式与途径，逐渐扭转了社会转型前的民众意识与行为。以《东方杂志》为例，积极倡导教育普及，减少文盲数量，提高国民素质；在内容编排与选择上积极迎合市场与读者需要，抓紧时政的同时内容多样化，堪称杂志类中的"百科全书"；售价方面尽量低廉及定期推出特价促销活动，媒介自身的趋利性使其积极吸纳不同群体读者。读者群的扩大显然对于其本身的群体行为改变有所影响。传统社会下，群体之间的"排他性"特征突出，一些少数群体的行为不被接受，甚至被视为"异端"。媒介的发展壮大，为群体之间的互相了解与沟通提供了渠道，打破了不同群体的既定思维模式。这种刺激群体融合的行为逐渐使群体之间活动领域的界限模糊。

---

① 周孝庵：《中国最近之新闻事业》，《东方杂志》，第二十二卷（1925）第九期。

就"国会请愿运动"而言，此运动的倡导者多依靠媒介进行宣传鼓动，媒介以意识形态的方式传播扩散，影响人们的思想继而影响人们的行为。因此，人民的行为也开始由传统的隐藏式转为表达式。

三、媒介对社会结构变化的影响

传统社会的突出特征是等级，即是由社会地位的差别形成的不同的社会阶层。媒介通过影响等级群体身份行为，上升至对传统权威产生影响，继而引起促进社会结构变化的连锁反应。

（一）媒介对传统权威的影响

传统社会权威一般掌握在统治阶级手中。梅络维茨认为，等级秩序与特定情境的传播模式有很大关系。任何时期，政治统治者都期望通过媒介对大众的认知管理达到控制大众舆论的目的。在传统封建社会中表现尤为直接与明显，大多数媒介作为统治阶级的统治工具而存在，主要作用是为统治阶级发声，维持现有的等级秩序以巩固统治。可见，控制信息传播途径与方式的权威是高地位等级。因为传统社会媒介传播依赖以文字为主的印刷制品，理所当然，拥有文化知识的等级才有机会进入管理层。这就造成了等级分化明显，传统权威通过掌控话语权达到营造所需公共舆论的局面。

传统社会进入转型时期，既定的社会结构、等级秩序、价值体系逐渐被打破，社会进入一种没有统一参照的多元形态。媒介处于政治制度转换的夹缝中，也是政治控制的松动与媒介的自由张力并进的时期。伴随这一时期的各种社会要素的多元性、矛盾性与不稳定性，政治主张的派别日益增多，媒介开始成为各政治派别传播与交流思想意识的平台。这种局面的出现打破了媒介与传统权威之间构建的稳固模式，使传统权威处于一种不利的态势。公众对多元信息的获取缩小了等级之间的认知差距，公众对权利的要求危害了传统权威的稳定。看似被打破的媒介环境，其实正试图依靠媒介建立一种新的政治平衡。

清末新政时期的这种政治平衡，可以理解为是对民主与自由的渴求。媒介首先通过发挥告知功能使公众获取更多的信息。一般公众不直接参与政治，那么了解政治状况的途径主要依赖媒介。《东方杂志》对于晚清政治关注密切，对于宪政的进展及时更新呈现。媒介在发挥"告知"功能方面，并非简单地复述事件，而是努力将所须传播的信息，整合编排成有利于公众理解接纳的形式。1908年在孟森任《东方杂志》主笔期间，预备立宪进入筹办咨议局和国会请愿阶段，孟森大大增加了各栏目中有关立宪的内容，同时还亲撰《宪政篇》，引用原始资料，并以其亲身参与的经历、谙习宪政的学识，对立宪综合叙述点评，全面、深刻而中肯。既方便了民众对于朝廷动向的直观了解，又加深了民众对于宪政的认知。传统权威的专制高压手段与媒介所追求的新闻自由南辕北辙。相较之下，民主政治环境更有利于媒介发展。所以，这一时期媒介对于传统权威的挑战可看作媒介自身的政治诉求。

（二）媒介对社会结构变化的影响

社会转型，指社会结构的变化，国家与社会关系的重构。一般意义上说，国家主要指政府，社会是全体人民组成的整体。其实国家、集体、家庭和个人都是社会的一部分。我国自秦汉以来高度集中的政治体制下，无限放大国家的作用，这一模式被称为"强国家—弱社会"模式。哈贝马斯认为资本主义市场经济的发展导致了国家与社会的分离。自1840年鸦片战争开始，西方资本主义力量入侵，中国开始了艰难的现代化进程。从那时开始，"强国家—弱社会"的国家与社会关系开始受到挑战。我国受到外部力量的刺激，开始思变，从洋务运动到维新变法，从器物到制度。维新变法失败以后，清政府迫于内外压力，实施新政，期望通过改变国家制度与统治方法，重建权威，继续维持"强国家"的模式。但资本主义市场经济的冲击下这种模式已一去不返。商品经济的发展、城市和公共设施的完善、社会阶层的多样化等自主性的繁荣，使得一部分社会阶层开始发挥作用，构建社会空间，推动社会变革。与国家的体制变革相对应，社会的自主化发展也出现新的变化，民间社会办报刊、立学会、设书局、开学堂、发起地方自治，以多种形式积极寻求发展，不断累积新的资源，拓展新的活动空间，掀起了各种自强活动。客观地说，这一时期国家与社会的关系在实质上并未发生根本性转变，但市场经济的产生与逐渐发展或多或少地影响着国家与社会的互动。晚清中国正是处于这一变化之中，国家对于社会来说，无论在控制范围还是控制力度上，都在逐渐缩小。传统权威阶级受到挑战，社会成员的自主性逐渐强化。

当然，晚清幅员辽阔，各地自然条件不同，政治、经济、文化的发展也不均衡，因此在不同地区所体现出的社会与国家之间的强弱对比关系并不完全一致，而是呈现出某种非一体化的地域性特征。其中，上海作为一个新兴大都市，因是中国最大的"洋场""商场"和"都市文化场"，社会的自主化发展程度相对较高，对国家政治权力的回应力度也最强。换言之，作为一种关系类型，在上海所体现出的社会与国家关系，在清末转型时期最具典型意义和代表性。同时，上海又是晚清新闻事业最为繁荣的城市之一，"公共领域"的形成影响着上海所体现的社会与国家关系。《东方杂志》诞生于这个最具典型性和代表性的地区。拉斯韦尔曾把媒介的社会功能概括为三大类：监视环境、联系社会和传递遗产。监视环境通常通过报道的形式体现。《东方杂志》对新政的大肆报道，准确客观地反映现实的真实情景，呈现社会的发展原貌。任何传播行为都包含有来自客观事务的信息，因此也就或多或少地起着监视环境的作用。而通过这种形式，媒介可以达到为公众安排讨论话题的效果。《东方杂志》对于新政的宣传并不能左右受众以什么态度看待新政，但其通过大肆报道和频繁传播可以使新政的各个方面成为人民讨论的主要话题。也就是说以《东方杂志》为例，可以看出媒介通过宣传报道构建了一个相对独立的舆论平台，人民不自觉地进入"公共领域"之中，对于媒介引导的话题进行讨论。

媒介通过监视环境使受众把注意力集中在某个话题上之后，发挥其联系社会的功能。如果监视环境主要指的是媒介的事实报道，那联系社会就体现在媒介对社会环境的评析上。晚清社会，内忧外患动荡不安，所有人都渴望救亡图存，但面对不同阶层的不同救亡提议，人们陷入纷繁复杂的现实选择中无所适从。所以，媒介仅凭客观的报道并不能解决问题，同时还需要合情合理地评论、分析和解释。《东方杂志》在对新政真实呈现的同时，表达出资产阶级立宪派的主张，以引导社会舆论，对民众进行社会动员为目的。民众不仅开始讨论立宪问题，在媒介的不断灌输和宣传下，受众会产生顺从舆论、支持舆论的趋势。这说明以《东方杂志》为代表的晚清媒介，在清末新政时期发挥的作用不局限于宣传新政，更重要的是，在改变"强国家—弱社会"模式中，媒介所引导的各种社会关系在逐渐增强和发挥作用，并试图增加社会在"国家—社会"模式中的作用。

结　语

报刊媒介作为近代意义上的新媒体，具有超越地理与空间的内在特征，在呈现新闻报道、消息资讯的同时，更涉及对彼时中国政治图景、社会舆论的描绘与书写。两者关系值得深究。特别是在近代中国社会转型过程中，面临列强侵略的处境，中国报刊媒介主动或被动与政治产生互动，关联到整个社会秩序与政治格局嬗变，报刊媒介无疑在其中扮演了举足轻重的角色。

近代中国处于由农耕社会向工业社会转型的历史阶段，社会变迁和城市发展催生了报刊业的繁荣。社会结构的变化，使得衍生出相较之下更为复杂的社会阶层。各种社会阶层所诉求的利益不尽相同，了媒介作为舆论表达平台这一作用的发展。经济的发展，又使得媒介在作为表达平台的同时，具有商业属性。这点从晚清创办的民办报刊中亦可察觉。《东方杂志》就是一个由商业盈利型机构创办的报刊，其在《售例》中多次采取包邮、订购优惠等方式促进销量提高。这种商业性质，影响了《东方杂志》在政治表达方面避免过于激进，坚持"温和路线"。可见，媒介的出现、生存与发展皆与其所处的媒介环境紧密相关。《东方杂志》的创办正值世界资本主义强国扩张势力之时，中国社会新旧交替之际，日俄战争被看作专制与立宪之争，国家处于矛盾动荡、新旧碰撞的时期。这一时期的上海更具代表性。上海的经济文化地位表明其是中西方文化交流碰撞的前沿，是民办报刊的中心，是舆论发声的阵地。媒介环境孕育了新型媒介，《东方杂志》开始以杂志期刊的形式更详尽、更连贯地传播信息。

媒介环境在相当程度上影响了媒介的定位及属性。《东方杂志》在创刊之日起，就对自身有清晰的定位，以扶持教育为己任，提高国民的知识水平，其办刊宗旨总结为"启导国民、联络东亚"。由此观之，在当时的媒介环境下，政治改革的前提在于提高国民素养，改革的目的是通过效仿日本建立一个君主立宪制国家。尽管《东方杂志》在报道鼓吹新政时不遗余力，但统治阶层亦不可能放任媒介自由发展，且出台新闻事业相关法律法规对媒介监管调控。

《东方杂志》对于清末新政做了充分的呈现与展示。就报刊媒介自身而言，媒介的基本功能之一就是告知功能，即传播信息。社会转型时期多伴有社会变革，社会变革也是社会转型的直接反映。任何的媒介形式都是与所处的社会形态相适应的，可以说新型媒介——期刊的出现更完整清晰地呈现了社会变革的真实动态。把《东方杂志》对清末新政的关注进行多维度的观察可知，从报道篇幅数量分析，1904—1911年，伴随着清廷宣布立宪，公布立宪年限，缩短立宪年限等改革节点的发生，可见这一时期该刊对新政关注点的侧重与关注度的走势。从报道内容上分析，可分为选摘政府公文草案、奏章谕旨；转载其他报刊文章；选译外国论著；本社撰稿。由此观之，媒介的告知功能不仅指真实展现新闻事件本身，也涵盖了自身立场的表达灌输。《东方杂志》在政治方面的"温和路线"不代表其政治立场不明确，传播者的政治立场通过传播过程表现出来。《东方杂志》的编辑群体大多为立宪派知识分子，由此决定了该刊对新政尤其是立宪的高度关注，以及在对新政的呈现过程中表现出的传播者的政治倾向与政治诉求。《东方杂志》的政治倾向与诉求主要是支持推行君主立宪。政治改革是清末改革的重中之重，《东方杂志》不仅在宣传立宪的必要性方面不遗余力，更详尽地介绍了筹办君主立宪的各要素，地方自治、国会、宪法、责任内阁，就这些构建要素的概念、内容、作用等方面详细阐释，期望通过媒介这个工具让更多国人了解政治，支持政治改革。社会转型时期媒介与政治的互动关系更为纷繁复杂。媒介虽始终作为政治统治的工具，但其试图推进政治改革的意愿显而易见。这就是说，在晚清社会转型过程中，新型媒介试图发挥更大的社会作用。为了实现这种意愿，媒介甚至试图充当社会变革中的引导者，由于清廷拖沓，政治变革推行缓慢。《东方杂志》同时关注教育改革、经济改革、法律改革等其他改革进展，并清晰地认识到强教育、兴实业、重法制皆为确立君主立宪做铺垫，所以在呈现改革措施、改革进程、改革影响的同时，强调了教育与立宪、实业与立宪、法制与立宪的紧密联系。这种舆论输出是一种社会整合行为，而政治整合的主体一般是政府。可见，考察近代报刊媒介与社会转型，势必离不开对媒介自身立场及其运动规律的探析。

一般来说，媒介从社会当中搜集素材，为社会提供信息。一方面，媒介作为信息再现的制造者，能够同时构建多个不同立场的舆论空间；另一方面，社会当中的各种力量也在塑造媒体自身。对于媒体与社会的关系可以概括为，"媒体能够对人们产生影响"和"人们能够用媒体产生影响"。连接媒体与社会的纽带是人。这里的"人"可划分为两大类："传播者"和"受众"。从《东方杂志》对清末新政的报道来看，传播者把自身的政治倾向嵌入文本当中，试图通过文本传播代表媒体人政治立场的偏好式信息。而在受众视角观察，受众接收到这些信息以后，并不完全处于传播者的主控范围内，有一部分受众从文本中获取的意义恰好符合传播者嵌入文本的主导意义。而另一部分受众，解读出来的意义可能并不符合传播者生产出来的本义。更有一些具有一定程度思想自主权的受众，会对文本所传达的主导意义构成严峻的挑战。而西尔弗斯敦认为虽然观众具有一定的批判性，但他们仍然接受由文本所提供的基本的、主导的或结构性的意义。[①]也就是说，在媒介传播过程中，形成舆论空间，无论受众接受信息以后的反应是批判、反感还是支持，其都被置于了媒介构建的舆论空间之中。因此，剥去这些受众接受的表现反应，本质上看，他们已经接收到了媒介传播的基本信息。

总之，考察近代中国社会转型与报刊媒介之关系，既要考虑彼时中国政治格局变动，区分历史变迁与社会转向，立足时代环境加以刻画，也应重视作为舆论平台的媒介自身，包括刊物定位、报业经营、报人群体等。社会转型时期多伴随社会变革，各派别利用媒介作为其政见表达的平台。《东方杂志》就抓住了舆论勃发这一契机，在对新政的关注报道过程中，发挥了真实告知、舆论监督、社会动员等作用，通过对君主立宪的宣传报道，试图推动政治改革，一定程度上推动了政治民主与社会进步。

---

① ［英］格雷姆·伯顿（著），史安斌（主译），媒体与社会——批判的视角，北京：清华大学出版社，2007年版，93 页。

参考文献

一、报刊

[1]东方杂志

[2]时报

[3]时务报

[4]中外日报

[5]南方报

[6]申报

[7]大公报

[8]外交报

[9]政治官报

[10]警钟日报

二、资料汇编

[1]故宫博物院明清档案部.清末筹备立宪档案史料[G].北京：中华书局，1979.

[2]三联书店编辑部.《东方杂志》总目[Z].北京：生活·读书·新知三联书店,1957.

[3]中国史学会主编.辛亥革命[Z].上海：上海人民出版社，1981.

[4]上海书店出版社.清代档案史料选编[Z].上海：上海书店出版社,2010.

[5][清]朱寿朋.光绪朝东华录[M].北京：中华书局,1958.

[6][清]张元济.张元济日记[M].北京：商务印书馆,1981.

[7][清]张元济.张元济书札[M].北京：商务印书馆,1981.

[8]张树年.张元济年谱[M].北京：商务印书馆,1991.

[9][清]孟森.孟森政论文集刊(上中下)[M].北京：中华书局，2008.

[10][清]孟森.孟森政著译辑刊(上中下)[M].北京：中华书局，2008.

[11]张枬,王忍之.辛亥革命前十年间时论选集[M].北京：生活·读书·新知三联书店,1960.

[12]徐载平,徐瑞芳.清末四十年申报史料[M].北京：新华出版社,1988.

[13]章锡琛.漫谈商务印书馆.中国人民政治协商会议全国委员会文史资料研究委员会编.文史资料选辑[C]第43辑.

[14]张静庐辑注.中国近代出版史料[C].上海：群联出版社,1954.

三、著作

[1]韦庆远,高放,刘文源.清末宪政史[M].北京：中国人民大学出版社,1993.

[2]殷啸虎.近代中国宪政史[M].上海：上海人民出版社，1997.

[3]吴春梅.一次失控的近代化改革——关于清末新政的理性思考[M].合肥：安徽大学出版社,1998.

[4]关晓红.晚清学部研究[M].广州：广东教育出版社,2000.

[5]李细珠.张之洞与清末新政研究[M].上海：上海书店出版社,2003.

[6]卞修全.立宪思潮与清末法制改革[M].北京：中国社会科学出版社,2003.

[7]张朋园.立宪派与辛亥革命[M].长春：吉林出版集团有限责任公司,2007.

[8]张玉法.清季的立宪团体[M].北京：北京大学出版社,2011.

[9]侯宜杰.20世纪初中国政治改革风潮——清末立宪运动史[M].北京：中国人民大学出版社,2011.

[10]侯宜杰.逝去的风流——清末立宪精英传稿[M].北京：北京师范大学出版社,2013.

[11]黄良吉.《东方杂志》之刊行及其影响之研究[M].台北：台湾商务印书馆,1969.

[12]洪九来.宽容与理性：《东方杂志》的公共舆论研究[M].上海：上海人民出版社,2006.

[13]丁文.选报时期《东方杂志》(1904—1908)[M].北京：商务印书馆,2010.

[14]陈世敏.大众传播与社会变迁[M].台北：三民书局,1983.

[15][美]奥格尔斯等著，关世杰等译.大众传播学：影响研究范式[M].北京：中国社会科学出版社，2000.

[16][德]哈贝马斯著，曹卫东等译.公共领域的结构转型[M].上海：学林出版社，1999.

[17][美]约翰·费斯克等著，李彬译.关键概念——传播与文化研究辞典（第二版）[M]，新华出版社，2004.

[18][美]斯坦利·J·巴伦著，刘鸿英译.大众传媒概论——媒介认知与文化（第三版）[M].北京：中国人民大学出版社，2005.

[19][美]伊莱休·卡茨等编，常江译.媒介研究经典文本解读[M].北京：北京大学出版社，2011.

[20][美]詹宁斯·布莱恩特，苏珊·汤普森著，陆剑南等译.传媒效果概论[M].北京：中国传媒大学出版社，2006.

[21][美]阿特休尔著，黄煜、裘志康译.权力的媒介[M].北京：华夏出版社，1989.

[22][英]约翰·斯道雷著，杨竹山等译.文化理论与通俗文化导论(第二版) [M].南京：南京大学出版社，2001.

[23][英]雷蒙·威廉斯著，刘建基译.关键词——文化与社会的词汇[M].北京：三联书店，2005.

[24]张隆栋.大众传播学总论[M].北京：中国人民大学出版社，1993.

[25]张国良主编.20世纪传播学经典文本[M].上海：复旦大学出版社，2003.

[26]闾小波.中国早期现代化中的传播媒介[M].上海：上海三联书店,1995.

[27]张昆.大众媒介的政治社会化功能[M].武汉：武汉大学出版社,2003.

[28]唐海江.清末政论报刊与民众动员——一种政治文化的视角[M].北京：清华大学出版社,2007.

[29]王天根.清末民初报刊与革命舆论的媒介建构[M].合肥：合肥工业大学出版社,2010.

[30]方汉奇.中国近代报刊史[M].太原：山西教育出版社,1981.

[31] 徐荣松.维新派与近代报刊[M].太原：山西古籍出版社,1998.

[32] 陈玉申.晚清报业史[M].济南：山东画报出版社,2003.

[33] 王劲等.清末社会思潮[M].福州：福建人民出版社,1990.

[34] 吴剑杰.中国近代思潮及其演进[M].武汉：武汉大学出版社,1989.

[35] 杨扬.商务印书馆：民间出版业的兴衰[M].上海：上海教育出版社,2000.

[36] 久宣.商务印书馆：求新应变的轨迹[M].成都：西南财经大学出版社,2002.

[37] 李家驹.商务印书馆与近代知识文化的传播[M].北京：商务印书馆,2005.

[38] 史春风.商务印书馆与中国近代文化[M].北京：北京大学出版社,2006.

[39] 赖光临.中国近代报人与报业[M].台北：台湾商务印书馆,1980.

[40] 汪家溶.大变动时代的建设者：张元济传[M].成都：四川人民出版社,1985.

[41] 曹冰严.张元济与商务印书馆.商务印书馆九十年[M].北京：商务印书馆,1987.

[42] 柳和城.张元济传[M].南京：南京大学出版社,1996.

[43] 张荣华.张元济评传[M].南昌：百花洲文艺出版社,1997.

[43] 高力克.调适的智慧：杜亚泉思想研究[M].杭州：浙江人民出版社,1998.

[44] 王建辉.文化的商务：王云五专题研究[M].北京：商务印书馆,2000.

[45] 侯杰著.《大公报》与近代中国社会[M].天津：南开大学出版社, 2006.

[46] 贾晓慧.《大公报》新论：20世纪30 年代《大公报》与中国现代化[M].天津：天津人民出版社,2002.

[47] 马学新.曹均伟等编.上海文化源流词典[M].上海：上海社会科学院出版社,1992.

[48] 秦绍德.上海近代报刊史论[M].上海：复旦大学出版社, 1993.

[49] 朱联保.近现代上海出版业印象记[M].上海：学林出版社,1993.

[50] 马光仁.上海新闻史(1850—1949)[M.]上海：复旦大学出版社,1996.

[51] 上海新闻志编纂委员会.上海新闻志[M].上海：上海社会科学院出版社,2000.

[52] 王洪祥.中国新闻史[M].北京：中央民族学院出版社,1988.

[53] 方汉奇.中国新闻事业通史[M].北京：中国人民大学出版社,1996.

[54] 黄瑚.中国新闻事业发展史[M].上海：复旦大学出版社,2001.

[55] 李白坚. 中国出版文化概观[M]. 南宁：广西教育出版社，1999.

[56] 郑逸梅. 报刊话旧[M]. 上海：学林出版社，1983.

[57] 王凤超. 中国的报刊[M]. 北京：北京人民出版社，1988.

[58] 戈公振. 中国报学史[M]. 上海：上海古籍出版社，2003.

[59] 吴雁南，苏中立. 清末社会思潮[M]. 福州：福建人民出版社，1990.

[60] 郭汉民. 晚清社会思潮研究[M]. 北京：中国社会科学出版社，2003.

[61] 孙燕京. 晚清社会风尚研究[M]. 北京：中国人民大学出版社，2002.

[62] 张朋园. 知识分子与近代中国的现代化[M]. 南昌：百花洲文艺出版社，2002.

[63] 李孝悌. 清末下层社会启蒙运动：1901—1911[M]. 台北："中央研究院"近代史研究所，1992.

[64] 王尔敏. 清季知识分子的自觉[M]. 北京：社会科学文献出版社，2003.

[65] 叶赋桂. 新制度与大革命：以近代知识分子和教育为中心[M]. 北京：教育科学出版社，2010.

[66] 汪家溶. 大变动时代的建设者[M]. 成都：四川人民出版社，1985.

[67] 周积明，郭莹. 震荡与冲突——中国早期现代化进程中的思潮与社会[M]. 北京：商务印书馆，2003.

[68] 孙立平. 现代化与社会转型[M]. 北京：北京大学出版社，2005.

四、论文

（一）期刊论文

[1] 石雅洁，李志强.《东方杂志》办刊宗旨的演变[J]. 新闻爱好者，2010,(16)：78-80.

[2] 洪九来. 集权与分权——略论《东方杂志》在清末民初政争中的折衷观点[J]. 山西师大学报（社科版），2000(5)：105-110.

[3] 谢霞飞 等. 宣统朝督抚奏请阁会评议[J]. 河北师院学报(社会科学版),1997(4)：123-126.

[4] 周兴樑. 中国报刊资料与近现代史研究[J]. 中山大学学报，2005(1)：29-35.

[5]冯剑侠.辛亥前后报人的政治动员与政治参与——以《时报》为中心[J].成都
　　大学学报,2012(4)：1-5.

[6]范继忠.早期《申报》与近代大众阅报风习浅说[J].新闻与传播研究,2004(3)：
　　29-35.

[7]王开玺.清统治集团君主立宪论析评[J].清史研究,1995(4)：74-83.

[8]卞修全.清末立宪思潮的发展轨迹[J].天津师大学报,1999(2)：41-44.

[9]春杨.清末报律与言论、出版自由[J].法学,2003(3)：16-19.

[10]丁文.体例设置中的自我定位——《东方杂志》（1904—1908）舆论理念考
　　辨[J].学术探索,2008(5)：114-120.

[11]马自毅.辛亥前十年的学堂、学生与学潮[J].史林2002(1)：43-50.

[12]史春风.商务印书馆与近代立宪思潮[J].北京电子科技学院学报.2003(2)：
　　57-61.

[13]侯宜杰.论清末立宪运动的进步作用[J].近代史研究,1991(1)：88-106.

[14]雷俊.官僚立宪派与清末政争[J].华中师范大学学报,1992(4)：99-104.

[15]洪九来.张元济与东方杂志[J].文景,2007(12)：269-278.

[16]李静.杜亚泉与东方杂志[J].青海社会科学,2007(4)：40-42.

[17]潘晓婷.从传播立宪开始的上下求索——试论1904—1911年的《东方杂志》
　　所作出的西学传播努力[J].新闻传播,2009(10)：68-72.

[18]丁文.营造一时之"国论"——《东方杂志》的舆论理想[J].云梦学
　　刊,2009(1)：29-32.

[19]李良玉.制度文化、激进改革与政治合法性[J].探索与争鸣,2008(10).

[20]王洪明.《新民丛报》创办初期的启蒙作用及历史意义[J].江苏社会科
　　学,1989(2)：25-31.

[21]吴嘉勋.《清议报》简论[J].浙江学刊,1982(3)：58-63.

[22]李良玉.报刊史研究与报刊资料的史学利用[J].江苏大学学报（社会科学
　　版）,2008(3)：19-33.

[23]周新顺.《东方杂志》早期编辑者考辨[J].中国现代文学研究丛刊,2011(12)：
　　188-199.

[24]桑兵.清末民初传播业的民间化与社会变迁[J].近代史研究,1991(6)：53-76.

[25]赵曼.《东方杂志》研究综述[J].乐山师范学院学报,2009,24(10)：109-112.

[26]罗娟.孟森与《东方杂志》[J].聊城师范学院学报（哲学社会科学版）,1999(1)：73-76.

[27]张凤英.谈《东方杂志》的文献价值[J].湘潭大学社会科学学报,2001(3)：67-69.

[28]卞修全.清末国会请愿运动平息以后立宪思潮的继续高涨[J].天津社会科学,2001(6)：107-110.

[29]丁文."搜罗宏富"背后的"选择精审"——1904—1908年《东方杂志》"选报"体例初探[J].首都师范大学学报社会科学版,2007(1)：64-67.

[30]李卫华.清末报刊立宪动员与政治变迁[J].南京社会学,2010(8)：101-107.

[31]李卫华.简论官报与清末立宪思想的传播[J].信阳师范学院学报,2011(5)：118-136.

[32]李云豪,王艳萍.《东方杂志》风格的变化探析[J].中国出版,2011(5)：67-70.

[33]穆中杰.晚清新闻法制的诞生及其社会影响[J].新闻爱好者,2011(1)：78-79.

[34]张昆.大众媒介的政治属性和政治功能[J].武汉大学学报(人文科学版),2006(1)：96-100.

[35]迟云飞.清季主张立宪的官员对宪政的体认[J].清史研究,2001(1)：14-22.

[36]吴春梅.预备立宪和清末政局演变[J].安徽史学,1996(1)：115-119.

[37]吴春梅.张之洞与清末立宪[J].江苏社会科学,1999(6)：53-56.

（二）学位论文

[1]吴晶.清末地方自治运动中的《大公报》舆论[D].南昌：江西师范大学学位论文,2010.

[2]白杨.浅析清末资政院——以《申报》的视角为中心[D].太原：山西大学学位论文,2011.

[3]翟砚辉.《北洋官报》与直隶新政[D].石家庄：河北师范大学学位论文,2011.

[4]石烈娟.《新民丛报》的立宪宣传[D].长沙：湖南师范大学硕士学位论文,2003.

[5]闫小会.《申报》视野下的清末立宪[D].吉林：吉林大学学位论文,2014.

[6]王征.《东方杂志》在清末(1904—1911)的历史文化身份[D].上海：上海外国语大学学位论文,2007.

[7]赵淑菊.从政治传播的视角看《东方杂志》的清末立宪宣传（1905.9—1911.5)[D].合肥：安徽大学学位论文,2012.

[8]白文刚.清末新政时期的意识形态控制[D].北京：中国人民大学学位论文,2005.

[9]唐富满.《东方杂志》与清末立宪宣传[D].长沙：湖南师范大学学位论文,2003.

[10]李卫华.报刊传媒与清末立宪思潮[D].厦门：厦门大学学位论文,2009.

[11]石雅洁.《东方杂志》办刊特色研究[D].上海：上海社会科学院学位论文,2007.

[12]王运灵.《东方杂志》（1904—1911）出版研究[D].保定：河北大学学位论文,2013.

[13]杨兆敏.清末改革与报刊舆论——以《东方杂志》为中心[D].北京：北京大学学位论文，1995.

[14]宋荣超.世纪初政论报刊与现代民族国家的初期建构[D].北京：中央民族大学学位论文,2010.

[15]鲁法芹.《东方杂志》与社会主义思潮在中国的传播[D].济南：山东大学学位论文，2011.

[16]文吉.从商业理性和社会责任看清末民初的《东方杂志》[D].上海：华东师范大学硕士论文，2010.

[17]刘也良.从传播学角度看《东方杂志》与《新青年》之论战[D].吉林：吉林大学学位论文，2007.

附　录

一、关于晚清时局的相关论说

期刊号	标题	版块	来源	作者	主题
第一卷一期（1904）	论中国必革新始能维新	社说	录《中外日报》		改革的必要性
第一卷四期（1904）	论中国改革之难	社说	录四月初五日《中外日报》		社会现状
第一卷四期（1904）	论中国内政	内务	录三月二十七日《中外日报》		社会现状
第一卷六期（1904）	论士民宜自尽其责任	社说	录五月十八日《中外日报》		民权
第一卷六期（1904）	论近政	内务	录五月《中外日报》		社会现状
第一卷七期（1904）	论变法之精神	社说	录六月二十日《时报》		改革的必要性
第一卷七期（1904）	论朝廷欲图存必先定国是		录六月二十日《时报》		改革的必要性
第一卷七期（1904）	论中央集权之流弊		录七月初二《外日报》		社会现状
第一卷七期（1904）	再论中央集权		录七月二十三日《中外日报》		社会现状
第一卷八期（1904）	政府之病状	时评			社会现状
第一卷九期（1904）	论中国前途之无望	社说	录七月二十六日《警钟报》		社会现状
第一卷十期（1904）	论中国必成一奇异之国体	社说	录八月初二日《中外日报》		社会现状

（续表）

期刊号	标题	版块	来源	作者	主题
第一卷十一期（1904）	中央集权之预言	社说	录八月二十七日《中外日报》		社会现状
第一卷十一期（1904）	论朝局将有变动	社说	录九月十三日《时报》		社会现状
第一卷十二期（1904）	论中国社会之现象及其振兴之要旨	社说	本社选稿	培卿	社会现状及改革的必要性
第二卷一期（1905）	论改良政俗自上自下之难易	社说	本社选稿	孟晋	社会现状
第二卷五期（1905）	重民权论	社说	本社撰稿	宗素	民权
第二卷八期（1905）	论变法必以历史根本	社说	本社撰稿	别士	改革的必要性
第二卷十期（1905）	论中国内政外交失败之原因	社说	录乙巳八月初四日《时报》		社会现状
第二卷十一期（1905）	论今日新政之缺点	社说	录乙巳八月二十八《日岭东报》		社会现状
第三卷八期（1906）	论社会改革	社说	录丙午六月十七日《时报》		社会现状
第四卷二期（1907）	论政府中央集权之误上	社说	本社撰稿	蛤笑	社会现状
第四卷二期（1907）	论政府中央集权之误下	社说	本社撰稿	蛤笑	社会现状
第四卷六期（1907）	论国家之竞争力	社说	录丁未四月二十六《日时报》		社会现状
第四卷八期（1907）	论中央集权	社说	本社撰稿	蛤笑	社会现状
第四卷八期（1907）	论中国社会之缺点	社说	录丁未七月十八日《津报》		改革的必要性

二、关于政治改革的相关报道

期刊号	标题	版块	来源	作者	主题
第一卷五期（1904）	奏请立宪之风说	时评			立宪的必要性
第一卷五期（1904）	论中国立宪之要义	内务	录五月初五日《大公报》		如何立宪
第一卷六期（1904）	论满洲当为立宪独立国	社说	录五月二十日《时报》		满洲立宪的必要性
第一卷九期（1904）	地方自治政论	内务	录八月二十一日《时报》		地方自治
第一卷十期（1904）	论东三省自治	社说	录八月初三日《中外日报》		地方自治
第一卷十二期（1904）	论个人生计与地方自治之关系	社说	录十月初六日《时报》		地方自治
第一卷十二期（1904）	立宪法议	内务	录十月初六日《时敏报》		宪法
第二卷六期（1904）	论日胜为宪政之兆	社说	录乙巳四月十八日《中外日报》		效仿日本
第二卷九期（1904）	立宪浅说	内务	录乙巳六月初九日《中外日报》		如何立宪
第二卷十期（1904）	立宪私议	内务	录乙巳七月十六日《晋报》	陆宗舆	如何立宪
第二卷十期（1904）	论立宪为万事根本	内务	录乙巳七月二十三日《南方报》		立宪的必要性
第二卷十一期（1905）	立宪私议	社说	本社撰稿	獯照	如何立宪
第二卷十一期（1905）	中国未立宪以前当以法律遍教国民论	社说	本社撰稿	闽闇	立宪与法制
第二卷十二期（1905）	论立宪与教育之关系	社说	本社撰稿	觉民	立宪与教育
第二卷十二期（1905）	论国家于未立宪以前有可以行必宜行之要政	内务	录乙巳八月二十二日《中外日报》		立宪的基础

（续表）

期刊号	标题	版块	来源	作者	主题
第二卷十二期（1905）	论立宪当以地方自治为基础	内务	录乙巳八月二十三日《南方报》		地方自治
第三卷三期（1906）	论立宪当有预备	社说	本社撰稿	舜修	预备立宪
第三卷四期（1906）	国民义务辨	社说	录丙午二月初四日《南洋日日官报》		国民义务
第三卷四期（1906）	说权利	社说	录丙午三月十三日《申报》		国民权利
第三卷四期（1906）	论君主立宪政体之性质	内务	录丙午第一期《北洋学报》		立宪政体的性质
第三卷四期（1906）	论国民对于宪法之义务	内务	录丙午第一期《北洋学报》		国民义务
第三卷七期（1906）	出使各国大臣会奏请宣布立宪折	内务	奏折		立宪的必要性
第三卷八期（1906）	出洋考察政治大臣泽公等奏陈在英考察大概情形折	内务	奏折		效仿英国
第三卷八期（1906）	出洋考察政治大臣泽公等奏陈在法考察大概情形折	内务	奏折		效仿法国
第三卷九期（1906）	论立宪预备之最要	社说	本社撰稿	蛤笑	如何立宪
第三卷九期（1906）	论地方自治制宜先行之都市	内务	录丙午六月二十四日《南方报》		地方自治
第三卷十一期（1906）	论地方自治有专制立宪之别	内务	录丙午九月初十日《南方报》		地方自治
第三卷十二期（1906）	地方自治汇志	内务	汇志		地方自治
第三卷十三期（1906）	论中国于实行立宪之前宜速行预算法	财政	录丙午九月二十日《南方报》		立宪与财政

（续表）

期刊号	标题	版块	来源	作者	主题
第三卷临时增刊（1906）	刊印宪政初纲缘起	刊印宪政初纲缘起		别士	
第三卷临时增刊（1906）	立宪释疑	社说	本社撰稿	振民	何为立宪
第三卷临时增刊（1906）	人民文化程度之解释	社说	本社撰稿	蒩照	如何立宪
第三卷临时增刊（1906）	出使各国大臣奏请宣布立宪折	奏议	奏折		立宪的必要性
第三卷临时增刊（1906）	镇国公载奏请宣布立宪密折	奏议	奏折		立宪的必要性
第三卷临时增刊（1906）	述宪法界说第一	立宪纲要			宪法定义
第三卷临时增刊（1906）	述宪法种类第二	立宪纲要			宪法种类
第三卷临时增刊（1906）	述立宪利益第三	立宪纲要			宪法利益
第三卷临时增刊（1906）	述政体第四	立宪纲要			政体
第三卷临时增刊（1906）	述君权第五	立宪纲要			君权
第三卷临时增刊（1906）	述国务大臣之责任第六	立宪纲要			国务大臣职责
第三卷临时增刊（1906）	述臣民之权利义务第七	立宪纲要			臣民权利
第三卷临时增刊（1906）	述立宪预备第八	立宪纲要			预备立宪
第三卷临时增刊（1906）	述养成议员资格第九	立宪纲要			议员资格
第三卷临时增刊（1906）	述选举法第十	立宪纲要			选育法

（续表）

期刊号	标题	版块	来源	作者	主题
第三卷临时增刊（1906）	舆论一斑	舆论一斑			媒介对立宪的看法
第三卷临时增刊（1906）	外论选译	外论选译			媒介对立宪的看法
第三卷临时增刊（1906）	中国立宪之起原	立宪纪闻			为何立宪
第三卷临时增刊（1906）	考政大臣之陈奏及廷臣会议立宪情形	立宪纪闻			立宪构想
第三卷临时增刊（1906）	更革京朝官制大概情形	立宪纪闻			中央官制
第三卷临时增刊（1906）	君主立宪国宪法摘要	君主立宪国			宪法摘要
第四卷一期（1907）	论地方自治为预备立宪之根本	内务	录丙午十月十四日《北洋官报》		地方自治与预备立宪
第四卷一期（1907）	出洋考察政治大臣今法部尚书戴两江总督端会奏各国导民善法请次第举办折	内务	奏折		立宪与法治
第四卷一期（1907）	地方自治	内务			地方自治
第四卷二期（1907）	论今日宜征地方税以为实行自治之用	社说	来稿	孙梦兰	地方自治
第四卷五期（1907）	论中国立宪之难	社说	本社撰稿	蛤笑	立宪的困难
第四卷五期（1907）	论近日国权统一之趋势	内务	录丁未三月十一日《时报》		国权
第四卷五期（1907）	直隶天津县地方自治公决草案	内务	草案		地方自治
第四卷五期（1907）	地方自治汇志	内务	汇至		地方自治

（续表）

期刊号	标题	版块	来源	作者	主题
第四卷七期（1907）	中国将来议院制度之问题	内务	录丁未五月十五日《时报》		如何立宪
第四卷九期（1907）	本治篇	社说	本社撰稿	蛤笑	何为立宪
第四卷十期（1907）	今日救亡之决论	社说	录丁未九月初一日《中外日报》		立宪的必要性
第四卷十期（1907）	中国地方自治制考	内务	录丁未七月二十六日《津报》		地方自治
第四卷十期（1907）	各国地方自治制考	内务	录丁未七月二十二日《天津日日新闻》		地方自治
第四卷十期（1907）	地方自治汇志	内务	汇至		地方自治
第四卷十二期（1907）	论变法之当从事根本	社说	本社撰稿	蛤笑	立宪的重要性
第四卷十二期（1907）	论开国会当先于地方自治	内务			地方自治
第四卷十二期（1907）	解释地方自治之意义及分类	内务			地方自治
第五卷一期（1908）	礼部奏议覆举人陈焯呈请合订礼法以立宪政折	内务	奏折		如何立宪
第五卷一期（1908）	论组织议院之计划	内务	录丁未八月二十九日《津报》		如何立宪
第五卷一期（1908）	会议政务处奏议覆升任直隶总督袁奏陈预备立宪折	内务	奏折		预备立宪
第五卷一期（1908）	会议政务处奏议覆御史赵炳麟奏组织内阁宜确定责任制度折	内务	奏折		如何立宪

（续表）

期刊号	标题	版块	来源	作者	主题
第五卷一期（1908）	会议政务处议奏覆编修袁励准奏预备立宪折	内务	奏折		预备立宪
第五卷二期（1908）	国会预备议	内务	录丁未十二月二十日《津报》		如何立宪
第五卷二期（1908）	会议政务处奏议覆都御史陆等请改都察院为国议会折	内务	奏折		如何立宪
第五卷二期（1908）	地方自治汇志	内务	奏折		地方自治
第五卷三期（1908）	论地方自治之亟	社说	本社撰稿	蛤笑	地方自治
第五卷三期（1908）	会议政务处奏议覆甘肃举人王继志条陈宪政片	内务	奏折		如何立宪
第五卷三期（1908）	地方自治汇志	内务	汇至		地方自治
第五卷四期（1908）	地方自治汇志	内务	汇至		地方自治
第五卷五期（1908）	地方自治汇志	内务	汇至		地方自治
第五卷七期（1908）	宪政篇	记载		孟森	立宪进程
第五卷七期（1908）	立宪国民所必读	法令			国民权利义务
第五卷七期（1908）	资政院等奏拟订资政院院章折	法令	奏折		宪政机构
第五卷七期（1908）	宪政编查馆等奏拟订各省咨议局章程并议员选举章程折	法令	奏折		宪政机构
第五卷八期（1908）	宪政篇	记载			立宪进程

（续表）

期刊号	标题	版块	来源	作者	主题
第五卷八期（1908）	宪政编查馆等奏议覆侍郎沈等奏请编定现行刑律折	法令二	奏折		预备立宪
第五卷八期（1908）	宪政编查馆通咨各省设咨议局筹办处文	法令二			立宪机构
第五卷九期（1908）	宪政篇	记载		孟森	立宪进程
第五卷九期（1908）	宪政编查馆等奏遵拟宪法大纲暨议院选举各法并逐年应行筹备事宜折	法令二	奏折		如何立宪
第五卷九期（1908）	陆军部奏拟订各省人员兼充本部咨议官章程折	法令二	奏折		立宪机构选官
第五卷九期（1908）	直隶咨议局筹办处章程	调查	章程		立宪机构
第五卷九期（1908）	直隶筹办咨议局详细期限清单	调查			立宪机构
第五卷十期（1908）	宪政篇	记载		孟森	立宪进程
第五卷十一期（1908）	宪政篇	记载		孟森	立宪进程
第五卷十一期（1908）	早开国会问答自序	言论	来稿	罗杰	国会请愿
第五卷十二期（1908）	宪政篇	记载		孟森	立宪进程
第六卷一期（1909）	宪政篇	记载一		孟森	立宪进程
第六卷二期（1909）	宪政篇	记载一		孟森	立宪进程

（续表）

期刊号	标题	版块	来源	作者	主题
第六卷三期（1909）	宪政篇	记载一		孟森	立宪进程
第六卷四期（1909）	宪政篇	记载一		孟森	立宪进程
第六卷五期（1909）	宪政篇	记载一		孟森	立宪进程
第六卷六期（1909）	宪政篇	记载一		孟森	立宪进程
第六卷七期（1909）	宪政篇	记载一		孟森	立宪进程
第六卷十期（1909）	各省咨议局议员姓名录	附录			立宪机构选官
第六卷十二期（1909）	全国咨议局促开国会记事	记事			国会请愿
第六卷十三期（1909）	宪政篇	记载一		心史	立宪进程
第六卷十三期（1909）	各省咨议局议案记略	记载一		问天	立宪机构
第七卷一期（1909）	宪政篇	论说		心史	立宪进程
第七卷一期（1909）	都察院代递孙洪伊等吁恳速开国会呈	文件	奏牍		国会请愿
第七卷一期（1909）	都察院代递文耀等吁恳速开国会呈	文件	奏牍		国会请愿
第七卷二期（1909）	宪政篇	论说	本社选稿	心史	立宪进程
第七卷三期（1909）	再记国会请愿代表进行之状况	记载			国会请愿
第七卷三期（1909）	吉林巡抚陈昭常奏请设立责任内阁折	文件	奏牍		如何立宪

（续表）

期刊号	标题	版块	来源	作者	主题
第七卷四期（1909）	宪政篇	论说		心史	立宪进程
第七卷四期（1909）	国会请愿之近况	记载			国会请愿
第七卷七期（1909）	国会请愿之近状	记载			国会请愿
第七卷七期（1909）	署两广总督袁树勋奏中央集权宜先有责任政府及监察机关折	文件	奏折		如何立宪
第七卷七期（1909）	云贵总督李经羲奏请设责任内阁折	文件	奏折		立宪机构
第七卷七期（1909）	湖北布政使王乃征奏请变通宪政办法折	文件	奏折		如何立宪
第七卷八期（1909）	国会请愿之近状	记载			国会请愿
第七卷十一期（1909）	筹备宪政问题	论说		宣樊	预备立宪
第七卷十一期（1909）	续记各省咨议局与行政官争执事	记载			立宪机构
第七卷十一期（1909）	资政院开院后续闻	记载			立宪机构
第七卷十二期（1909）	记疆臣请速设内阁事	记载			立宪机构
第七卷十二期（1909）	资政院开院后续闻	记载			立宪机构
第七卷十二期（1909）	三记各省咨议局与行政官争执事	记载			立宪机构
第八卷五期（1911）	论对于责任内阁制人民与政府两方面之误解			盈之	责任内阁

三、关于振兴实业的相关报道

期刊号	标题	版块	来源	作者	主题
第一卷一期（1904）	豫抚陈奏设立矿务总局片	实业	奏折		矿产
第一卷一期（1904）	北洋大臣准商部咨设法制造煤油分饬司道查照札	实业	公文		煤油制造
第一卷一期（1904）	署漕督陆饬各省司道速议屯田缴价章程通饬遵办札	实业	公文		发展农业
第一卷一期（1904）	各省农桑汇志	实业	汇志		农桑
第一卷一期（1904）	各省矿务汇志	实业	汇志		矿务
第一卷一期（1904）	各省工艺汇志	实业	汇志		工艺
第一卷一期（1904）	商部奏劝办商会酌拟简明章程折	商务	奏折		建商会
第一卷一期（1904）	商部拟定商律折	商务	奏折		商律
第一卷一期（1904）	奏定商会简明章程	商务	章程		商会
第一卷一期（1904）	商律	商务	法律规制		商律
第一卷二期（1904）	河南巡抚陈奏筹设商务农工局大概情形折	实业	奏折		设商务农工局
第一卷二期（1904）	署四川总督锡奏覆陈川边屯垦商矿能否试办情形折	实业	奏折		开发边疆
第一卷二期（1904）	署闽浙总督李奏筹办闽省矿务片	实业	奏折		矿务
第一卷二期（1904）	各省农桑汇志	实业	汇志		农桑
第一卷二期（1904）	各省矿务汇志	实业	汇志		矿务

（续表）

期刊号	标题	版块	来源	作者	主题
第一卷二期（1904）	商部劝办商会谕帖	商务	说贴		商会
第一卷二期（1904）	商部定接见商会董事章程	商务	章程		商会
第一卷二期（1904）	各省商业汇志	商务	汇志		商业
第一卷三期（1904）	论煤铁矿之利	实业	录甲辰第六期商务报		矿务
第一卷三期（1904）	商部奏拟订矿务暂行章程折	实业	奏折		矿务
第一卷三期（1904）	两江总督魏饬江南机器制造局总办沈筹议整顿裁并事宜札	实业	公文		整顿机构
第一卷三期（1904）	奏定暂行矿务章程	实业	章程		矿务
第一卷三期（1904）	外务部通饬南洋各属承办矿务文	实业	公文		矿务
第一卷三期（1904）	各省农桑汇志	实业	汇志		农桑
第一卷三期（1904）	兴商为强国之本说	商务	录甲辰第八期《商务报》		商业
第一卷三期（1904）	商部咨覆外务部美使函询商标版权专利筹办情形文	商务	公文		商业
第一卷三期（1904）	改订商标条例	商务	条例		商业
第一卷三期（1904）	各省商业汇志	商务	汇志		商业
第一卷三期（1904）	赛会志略	商务			商业
第一卷五期（1904）	借民债以兴路矿	时评			路矿

（续表）

期刊号	标题	版块	来源	作者	主题
第一卷五期（1904）	贵州之矿产	时评			矿务
第一卷五期（1904）	湖南之矿产	时评			矿务
第一卷五期（1904）	宁沪铁路开工消息	时评			铁路
第一卷五期（1904）	湘人力争粤汉铁路权	时评			铁路
第一卷五期（1904）	商部奏设实业学堂	时评			商业教育
第一卷五期（1904）	营业方法之变迁	实业	录甲辰三月《大陆报》		商业
第一卷五期（1904）	商部奏派员总理机器造纸公司折	实业	奏折		造纸业
第一卷五期（1904）	河南巡抚陈奏续拨款项推广制造片	实业	奏折		资金辅助
第一卷五期（1904）	外务部咨浙江巡抚聂查明宝昌公司开矿事宜文	实业	公文		矿务
第一卷五期（1904）	商部新定查报矿务总表	实业			矿务
第一卷五期（1904）	商部新定探矿开矿部照格式	实业			矿务
第一卷五期（1904）	各省农桑汇志	实业	汇志		农桑
第一卷五期（1904）	渔业志要	实业	汇志		渔业
第一卷五期（1904）	各省矿务汇志	实业	汇志		矿务
第一卷五期（1904）	各省工艺汇志	实业	汇志		工艺

（续表）

期刊号	标题	版块	来源	作者	主题
第一卷五期 （1904）	论商会倚赖政府	商务	录四月十九日《警钟报》		商会
第一卷五期 （1904）	商部奏拟订公司注册试办章程折	商务	奏折		试办公司
第一卷五期 （1904）	商部刷印整顿出口土货折	商务	奏折		整顿出口
第一卷五期 （1904）	商部申明商律内洋商附股字义咨两江总督魏文	商务	公文		商律
第一卷五期 （1904）	直隶总督袁咨行各省会商订立售卖洋人需用食物章程文	商务	章程		商业
第一卷五期 （1904）	商部奏定公司注册试办章程	商务	章程		商业公司
第一卷五期 （1904）	商标注册暂拟章程	商务	章程		商标
第一卷五期 （1904）	商部商标注册局办法	商务			商标
第一卷五期 （1904）	江苏省商民回华保护章程	商务	章程		保护商民
第一卷五期 （1904）	商部批准北京汇兑庄金银号创立商会章程	商务	章程		商会
第一卷五期 （1904）	各省商业汇志	商务	汇志		商业
第一卷六期 （1904）	淄川博山两县之煤矿	时评			矿务
第一卷六期 （1904）	石头矿收回官办	时评			矿务
第一卷六期 （1904）	杜截请办矿路诸弊策	实业	录五月初三日《中外日报》		矿务
第一卷六期 （1904）	论士人不讲求实业之非	实业	录五月初八日《中外日报》		实业的重要性

（续表）

期刊号	标题	版块	来源	作者	主题
第一卷六期 （1904）	商部等会同议覆山西道监察御史夏奏请推广工艺折	实业	奏折		推广工艺
第一卷六期 （1904）	商部奏机器造纸公司酌拟章程请准试办折	实业	奏折		办造纸公司
第一卷六期 （1904）	两江总督魏两湖总督张会奏江南制造局移建新厂办法折	实业	奏折		江南制造局
第一卷六期 （1904）	署四川总督锡奏振兴川省农工商矿诸务现办情形折	实业	奏折		矿务
第一卷六期 （1904）	前会办福建船政大臣魏奏请造鱼雷艇片	实业	奏折		船政
第一卷六期 （1904）	山东树艺总公司招股章程	实业	章程		公司招股
第一卷六期 （1904）	江西创办机器造纸有限公司集股章程	实业	章程		公司招股
第一卷六期 （1904）	各省农桑汇志	实业	汇志		农桑
第一卷六期 （1904）	各省矿务汇志	实业	汇志		矿务
第一卷六期 （1904）	各省工艺汇志	实业	汇志		工艺
第一卷六期 （1904）	外务部奏议准湘省开办铁道支路折	交通	奏折		铁路
第一卷七期 （1904）	广东商务局联合商群	时评			商业
第一卷七期 （1904）	外务部与英商订定安徽开矿合同	时评	合同		矿产
第一卷八期 （1904）	论实业所以救亡	实业	录六月二十九日《中外日报》		振兴实业的作用

（续表）

期刊号	标题	版块	来源	作者	主题
第一卷八期 （1904）	论女工	实业	录甲辰第 二十一期 《商务报》		女工
第一卷八期 （1904）	江苏巡抚恩奏试办工艺 局片	实业	奏折		办工艺局
第一卷八期 （1904）	两江总督魏饬知江海关道 袁大生纱厂增设崇明分厂 转饬该县示谕保护札	实业	公文		大生纱厂 扩建
第一卷八期 （1904）	钧窑磁业公司章程	实业	章程		钧窑磁业
第一卷八期 （1904）	各省农桑汇志	实业	汇志		农桑
第一卷八期 （1904）	渔业志要	实业	汇志		渔业
第一卷八期 （1904）	各省矿务汇志	实业	汇志		矿务
第一卷八期 （1904）	各省工艺汇志	实业	汇志		工艺
第一卷九期 （1904）	华人宜自办路矿	时评			路矿
第一卷九期 （1904）	全闽议设矿务总公司	时评			矿务
第一卷九期 （1904）	论兴实业在先筹通运	实业	录七月十六日 《汉口日报》		通运事业
第一卷九期 （1904）	兴渔业说	实业	录第二十四 期《商报》		渔业
第一卷九期 （1904）	论纸业宜改良	实业	录第二十五 期《商报》		造纸业
第一卷九期 （1904）	外务部奏英商凯约翰请办 安徽矿务改定合同折	实业	奏折		矿务

（续表）

期刊号	标题	版块	来源	作者	主题
第一卷九期（1904）	署闽浙总督李奏闽省设立矿务总公司派员办理情形折	实业	奏折		矿务
第一卷九期（1904）	外务部与英商订立安徽开矿合同	实业	合同		矿务
第一卷九期（1904）	各省农桑汇志	实业	汇志		农桑
第一卷九期（1904）	各省矿务汇志	实业	汇志		矿务
第一卷九期（1904）	论中国宜保护商务	商务	录六月十四日《时报》		商业
第一卷九期（1904）	湖南巡抚赵奏长沙开设商埠请将盐法长宝道兼充监督并请颁发关防折	商务	奏折		商业
第一卷九期（1904）	商部议覆修撰张謇盐业公司片	商务	奏折		盐业
第一卷九期（1904）	江南商务局详送开办章程请咨汴省文	商务	公文		开办章程
第一卷九期（1904）	各省商务汇志	商务	汇志		商业
第一卷十期（1904）	安徽铜山矿务	时评			矿务
第一卷十期（1904）	论实业	实业	录七月二十九日《时报》		实业的作用
第一卷十期（1904）	论中国工业之前途	实业	录第二十九期《商务报》		工业
第一卷十期（1904）	广西巡抚柯奏试办工厂以养游民而兴实业折	实业	奏折		试办工厂
第一卷十期（1904）	广西巡抚柯奏遵设罪犯习艺所折	实业	奏折		罪犯习艺

（续表）

期刊号	标题	版块	来源	作者	主题
第一卷十期（1904）	直隶赤城县制造玫瑰蜜酒等项呈请发厂考验禀	实业	公文		酿酒业
第一卷十期（1904）	山东济宁州济鱼垦务公司章程	实业	章程		渔业
第一卷十期（1904）	直隶天津监犯习艺所章程	实业	章程		罪犯习艺
第一卷十期（1904）	各省矿务汇志	实业	汇志		矿务
第一卷十期（1904）	各省工艺汇志	实业	汇志		工艺
第一卷十期（1904）	顺天府尹沈奏请 饬下直督借款修路片	交通	奏折		铁路
第一卷十一期（1904）	议设海外招商轮船局	时评			船运业
第一卷十一期（1904）	中葡广澳铁路合同	交通	合同		铁路
第一卷十一期（1904）	各省铁路汇志	交通	汇志		铁路
第一卷十一期（1904）	商部覆奏查核铁路公司将余地招商设厂情形折	商务	奏折		铁路
第一卷十一期（1904）	商部接见商会董事章程	商务	章程		商会
第一卷十一期（1904）	商部议派各省商务议员章程	商务	章程		商务议员
第一卷十一期（1904）	各省商务汇志	商务	汇志		商业
第一卷十二期（1904）	实施商标注册之纠葛	时评			商业
第一卷十二期（1904）	中国商业发达之一斑	时评			商业

（续表）

期刊号	标题	版块	来源	作者	主题
第一卷十二期（1904）	论实业之效大于法政	实业	录《汉口日报》		实业与法政
第一卷十二期（1904）	江西制造厂曾倅昭吉制造氢气球告成请奏咨立案禀	实业	公文		制造氢气球
第一卷十二期（1904）	广东开建甬流金矿办法九条	实业			矿务
第一卷十二期（1904）	江浙渔业公司简明章程	实业	章程		渔业
第一卷十二期（1904）	各省农桑汇志	实业	汇志		农桑
第一卷十二期（1904）	各省矿务汇志	实业	汇志		矿务
第一卷十二期（1904）	各省工艺汇志	实业	汇志		工艺
第一卷十二期（1904）	各省铁路汇志	实业	汇志		铁路
第一卷十二期（1904）	论商标注册不应展期	商务	录九月十八日《新闻报》		商业
第一卷十二期（1904）	广东总商会简明章程	商务	章程		商会
第二卷一期（1905）	奖励华商	时评			奖励华商
第二卷一期（1905）	商部奏派大员办理福建广东农工路矿折	实业	奏折		路矿
第二卷一期（1905）	两江总督端江西巡抚夏会奏筹办江西铁路折	交通	奏折		铁路
第二卷二期（1905）	山东巡抚胡奏筹办东省各项实业情形折	实业	奏折		地方实业
第二卷二期（1905）	山东巡抚为德使争执山东矿务事移行农工商务局文	实业	公文		矿务

（续表）

期刊号	标题	版块	来源	作者	主题
第二卷二期（1905）	山东华德矿务公司章程	实业	章程		矿务
第二卷二期（1905）	各省农桑汇志	实业	汇志		农桑
第二卷二期（1905）	各省矿务汇志	实业	汇志		矿务
第二卷二期（1905）	各省工艺汇志	实业	汇志		工艺
第二卷二期（1905）	论商部与商业之关系	商务	录甲辰十二月初四日《时报》		商部与商业
第二卷二期（1905）	商部奏拟订商标注册试办折	商务	奏折		商标
第二卷二期（1905）	商标类书	商务			商标
第二卷二期（1905）	各省商业汇志	商务	汇志		商业
第二卷三期（1905）	论宜自造机器	实业	录第三十七期《商务报》		机器制造业
第二卷三期（1905）	商部咨行各省宜用土法开采小矿文	实业	公文		矿务
第二卷三期（1905）	湖南垦牧公司条议	实业	公文		垦牧
第二卷三期（1905）	江浙渔业公司渔会章程	实业	章程		渔业
第二卷三期（1905）	各省工艺汇志	实业	汇志		工艺
第二卷三期（1905）	各省矿务汇志	实业	汇志		矿务
第二卷三期（1905）	江西通省铁路会拟办理简章	交通	章程		铁路

（续表）

期刊号	标题	版块	来源	作者	主题
第二卷五期（1905）	论林业与水旱之关系	实业	录乙巳二月初七日《大公报》		林业
第二卷五期（1905）	论教无业游民宜多设工艺局厂	实业	录乙巳二月十一日《汉口日报》		设工艺局
第二卷五期（1905）	盐业改良后议	实业	录乙巳二月十五日《新闻报》	张謇	盐业
第二卷五期（1905）	路矿通论	实业	录乙巳二月二十五日《时报》		路况
第二卷五期（1905）	商部奏京城倡办凿井推广便民折	实业	奏折		凿井
第二卷五期（1905）	商部奏在籍员绅创设笔铅公司拟请准予立案保护折	实业	奏折		笔铅公司
第二卷五期（1905）	垦务大臣绥远城将军贻奏伊克昭盟杭锦旗报垦蒙地改收押荒折	实业	奏折		垦荒
第二卷五期（1905）	直隶总督袁奏筹办工艺各事渐著成效分别胪陈折	实业	奏折		习工艺
第二卷五期（1905）	伊犁将军马奏旧满营协领博贵等呈请拨荒开垦请勅部立案片	实业	奏折		垦荒
第二卷五期（1905）	河南布按两司商务局会呈表册振兴实业详文并批	实业	公文		地方实业
第二卷五期（1905）	江西全省农工商矿总局陈列所章程	实业	章程		矿务
第二卷五期（1905）	各省农桑汇志	实业	汇志		农桑
第二卷五期（1905）	各省矿务汇志	实业	汇志		矿务

（续表）

期刊号	标题	版块	来源	作者	主题
第二卷五期（1905）	各省工艺汇志	实业	汇志		工艺
第二卷五期（1905）	各省渔盐汇志	实业	汇志		渔业
第二卷七期（1905）	中国工艺日衰之塙论	实业	录乙巳三月二十一日《时报》		工艺日衰之原因
第二卷七期（1905）	论振兴商务当先兴农业工业	实业	录乙巳四月二十四日《时报》		商务与农工业
第二卷七期（1905）	前奉天将军增奏查勘锦州府属试垦续垦及海退河淤各地酌拟办法派员丈放以裕饷原折	实业	奏折		垦荒
第二卷七期（1905）	出使俄国大臣胡致商部筹议织兽毛制树胶咨呈	实业	公文		发展制造业
第二卷七期（1905）	安徽磁土公司机器开采磁土节略	实业			矿务
第二卷七期（1905）	江苏农务总局查荒招垦详细章程	实业	章程		垦荒
第二卷七期（1905）	各省农桑汇志	实业	汇志		农桑
第二卷七期（1905）	各省工艺汇志	实业	汇志		工艺
第二卷七期（1905）	各省矿务汇志	实业	汇志		矿务
第二卷七期（1905）	各省渔盐汇志	实业	汇志		渔盐
第二卷七期（1905）	外务部商部户部会奏议覆川汉铁路集股章程折	交通	奏折		铁路
第二卷七期（1905）	四川京官为川汉铁路请商部代奏公呈并批	交通	公文		铁路

（续表）

期刊号	标题	版块	来源	作者	主题
第二卷七期（1905）	川汉铁路按租抽谷详细章程	交通	章程		铁路
第二卷七期（1905）	商业首重调查说	商务	录乙巳二月初十日《大公报》		商业
第二卷七期（1905）	各省商务汇志	商务	汇志		商业
第二卷七期（1905）	侨商自治	商务			侨商
第二卷九期（1905）	外务部奏改定华英公司合办四川江北厅煤铁矿合同折	实业	奏折		矿务
第二卷九期（1905）	商部奏候补京堂陈呈请于川省广兴各项实业折	实业	奏折		地方实业
第二卷九期（1905）	豫南矿务华宝公司招股章程	实业	章程		矿务
第二卷九期（1905）	直隶临城矿务局与比国公司订正借款合办合同	实业	合同		矿务
第二卷九期（1905）	江皖赣查矿总局雇用日本矿师合同	实业	合同		矿务
第二卷九期（1905）	各省农桑汇志	实业	汇志		农桑
第二卷九期（1905）	各省工艺汇志	实业	汇志		工艺
第二卷九期（1905）	各省矿务汇志	实业	汇志		矿务
第二卷九期（1905）	各省渔业汇志	实业	汇志		渔业
第二卷九期（1905）	外务部商部会奏议覆云贵总督请在云南省城开设商埠折	商务	奏折		开商埠

（续表）

期刊号	标题	版块	来源	作者	主题
第二卷九期（1905）	书美洲学报实业界记散鲁伊斯博览会中国入赛情形后	商务			博览会
第二卷九期（1905）	福建洋务局移知各局不准洋商在内地开设行栈文	商务	公文		限制洋商
第二卷九期（1905）	各省商务汇志	商务	汇志		商业
第二卷九期（1905）	侨民商业	商务	汇志		侨民
第二卷十期（1905）	论铁路与国家之关系	交通	录乙巳五月十三日《时报》		
第二卷十期（1905）	敬告各省自办铁路者	交通	录乙巳第十八号《外交报》		
第二卷十期（1905）	督会办关内外铁路大臣袁胡会奏提款开修京张铁路折	交通	奏折		
第二卷十期（1905）	云贵总督丁奏请兴筑滇蜀铁路折	交通	奏折		
第二卷十一期（1905）	说针业	实业	录乙巳七月十三日《南洋日日官报》		针业
第二卷十一期（1905）	论中国今日宜多设植物学试验场	实业	录乙巳《汉口日报》		植物学试验场
第二卷十一期（1905）	直隶总督袁奏直隶临城煤矿现与比国公司订立借款合办合同折	实业	奏折		矿务
第二卷十一期（1905）	湖南熊庶常希龄上前抚端考察醴陵磁业书	实业	公文		制磁业
第二卷十一期（1905）	各省农桑汇志	实业	汇志		农桑

（续表）

期刊号	标题	版块	来源	作者	主题
第二卷十一期（1905）	各省矿务汇志	实业	汇志		矿务
第二卷十一期（1905）	各省工艺汇志	实业	汇志		工艺
第二卷十一期（1905）	各省盐业汇志	实业	汇志		盐业
第三年第一卷（1906）	盛京将军赵奏札萨克镇国公旗荒地将次放竣亟宜添设地方官以资治理折	内务	奏折		垦荒
第三年第一卷（1906）	论津镇铁路之关系	交通	录乙巳九月二十八日《南方报》		铁路
第三年第一卷（1906）	商部奏浙绅筹办铁路请派员总理折	交通	奏折		铁路
第三年第一卷（1906）	商部奏福建绅士筹筑本省铁路援案公举大员总理呈请奏咨立案折	交通	奏折		铁路
第三年第一卷（1906）	前山西巡抚张奏晋省绅商拟集股设立同蒲铁路公司折	交通	奏折		铁路
第三年第一卷（1906）	商部核定商船公会章程	交通	章程		船政业
第三卷二期（1906）	吏部户部奏遵议署黑龙江将军程奏汤旺河添设知县并试办垦荒事宜折	内务	奏折		垦荒
第三卷二期（1906）	工业改良辨	实业	录乙巳十一月十二日《南洋日日官报》		工业改良
第三卷二期（1906）	变通通九场盐法议略	实业		张謇	盐业
第三卷二期（1906）	商部奏陈矿政调查局章程折	实业	奏折		矿务

（续表）

期刊号	标题	版块	来源	作者	主题
第三卷二期（1906）	江苏海赣垦牧公司办理章程	实业	章程		垦牧
第三卷二期（1906）	各省农桑汇志	实业	汇志		农桑
第三卷二期（1906）	各省矿务汇志	实业	汇志		矿务
第三卷三期（1906）	两湖总督张奏进矿务章程折	实业	奏折		矿务
第三卷三期（1906）	安徽全省矿务总局章程	实业	章程		矿务
第三卷三期（1906）	各省农桑汇志	实业	汇至		农桑
第三卷三期（1906）	各省工艺汇志	实业	汇志		工艺
第三卷三期（1906）	各省矿务汇志	实业	汇志		矿务
第三卷三期（1906）	侨民垦务	实业			侨民垦务
第三卷三期（1906）	云贵总督丁奏自办滇蜀铁路议定集股章程折片	交通	奏折		铁路
第三卷三期（1906）	安徽全省铁路议略	交通			铁路
第三卷三期（1906）	安徽全省铁路图说	交通			铁路
第三卷三期（1906）	安徽全省铁路招股章程	交通	章程		铁路
第三卷三期（1906）	外务部等议覆署两江总督周奏请海州开埠折	商务	奏折		开商埠
第三卷三期（1906）	前出使韩国大臣曾奏察看在韩中国商民酌筹维持办法折	商务	奏折		商民

（续表）

期刊号	标题	版块	来源	作者	主题
第三卷三期 （1906）	云贵总督丁奏请饬部指拨的款开辟云南省城商埠折	商务	奏折		开商埠
第三卷三期 （1906）	署商部右丞左参议王奏考察闽粤沿海各埠商务情形折	商务	奏折		商业
第三卷三期 （1906）	商部通行各商埠劝谕速办商会文	商务	公文		商会
第三卷三期 （1906）	商部新订出洋赛会章程	商务	章程		出洋赛会
第三卷三期 （1906）	上海租界华商公议会章程	商务	章程		商民
第三卷三期 （1906）	各国会议中国商标章程	商务	章程		商标
第三卷三期 （1906）	各省商务汇志	商务	汇志		商业
第三卷四期 （1906）	实业砺志谈	社说	本社撰稿	陈筠	振兴实业的作用
第三卷四期 （1906）	中国各省铁路办法撮要	交通	录丙午二月十三日《中外日报》	胡朝栋	铁路
第三卷四期 （1906）	商部奏陈广埔铁路拟准先行立案折	交通	奏折		铁路
第三卷四期 （1906）	两湖总督张奏陈川汉铁路办法折	交通	奏折		铁路
第三卷五期 （1906）	苏杭甬铁路草议之解决	交通	录丙午三月十八日《中外日报》	浙江留学日本生稿	铁路
第三卷五期 （1906）	商部奏筹办商船公会酌拟章程折	交通	奏折		船政业
第三卷五期 （1906）	署黑龙江将军程奏拟修江省铁路折	交通	奏折		铁路

（续表）

期刊号	标题	版块	来源	作者	主题
第三卷六期（1906）	论考察农业	实业	录丙午三月十八日《羊城日报》		农业
第三卷六期（1906）	振兴林业策	实业	合选山西农林学堂毕业考试前列各稿		林业
第三卷六期（1906）	论满洲实业考略	实业	节译日本明治三十九年一月三日东京日日新闻		地方实业
第三卷六期（1906）	商部奏请拨官地兴办农事试验场折	实业	奏折		农业
第三卷六期（1906）	前工部右侍郎盛奏请裁撤勘矿总公司拨款专办晋矿折	实业	奏折		矿务
第三卷六期（1906）	各省农桑汇志	实业	汇至		农桑
第三卷六期（1906）	各省工艺汇志	实业	汇至		工艺
第三卷六期（1906）	各省矿务汇志	实业	汇至		矿务
第三卷六期（1906）	各省渔盐汇志	实业	汇至		渔盐
第三卷六期（1906）	论贸易家必需之准备	商务	录丙午第一期商务官报译日本实业报		商民
第三卷六期（1906）	署两江总督周奏筹备通州开埠片	商务	奏折		开商埠
第三卷六期（1906）	商部订定商会章程附则六条	商务	章程		商会
第三卷六期（1906）	各省商务汇志	商务	汇志		商业

（续表）

期刊号	标题	版块	来源	作者	主题
第三卷七期（1906）	筹办滇蜀铁路议	交通	录滇省旅京同乡告父老书		铁路
第三卷七期（1906）	商部奏请预定路线折	交通	奏折		铁路
第三卷七期（1906）	商部奏定新宁铁路章程折	交通	奏折		铁路
第三卷七期（1906）	前工部左侍郎商约大臣盛奏覆苏杭甬铁路草约自可作废折	交通	奏折		铁路
第三卷七期（1906）	两湖总督张奏陈收回粤汉铁路自办折	交通	奏折		铁路
第三卷七期（1906）	商部奏奉天设立商务总会折	商务	奏折		商务总会
第三卷七期（1906）	商部奏定破产律	商务	法律规制		商旅
第三卷七期（1906）	各省商务汇志	商务	汇志		商业
第三卷八期（1906）	商部奏议覆广设工艺厂自造机器折	实业	奏折		设工艺厂
第三卷八期（1906）	商部札行各商会改良茶业章程	实业	章程		茶业
第三卷八期（1906）	各省农桑汇志	实业	汇志		农桑
第三卷八期（1906）	各省工艺汇志	实业	汇志		工艺
第三卷八期（1906）	各省矿务汇志	实业	汇志		矿务
第三卷八期（1906）	各省渔业汇志	实业	汇志		渔业
第三卷八期（1906）	论物价	商务	录丙午第九期商务汇报		物价

（续表）

期刊号	标题	版块	来源	作者	主题
第三卷八期（1906）	商部颁发各商会理结讼案格式札	商务	公文		商会
第三卷八期（1906）	各省商务汇志	商务	汇志		商业
第三卷九期（1906）	商部奏请由京张铁路接修支路折	交通	奏折		铁路
第三卷九期（1906）	商部奏江苏绅士筹筑本省铁路折	交通	奏折		铁路
第三卷九期（1906）	商部奏粤汉铁路湘省路线归商筹办并公举总协理折	交通	奏折		铁路
第三卷九期（1906）	署两广总督岑奏粤汉铁路请准归商接收办理折	交通	奏折		铁路
第三卷九期（1906）	商部奏派同蒲铁路总办片	交通	奏折		铁路
第三卷九期（1906）	前工部左侍郎商约大臣盛奏覆沪宁铁路情形片	交通	奏折		铁路
第三卷九期（1906）	商部咨署两广总督岑核准粤路章程文	交通	章程		铁路
第三卷九期（1906）	湖北承办粤汉铁路招股简章	交通	章程		铁路
第三卷九期（1906）	湖南商办粤汉铁路有限公司招股章程	交通	章程		铁路
第三卷十期（1906）	续实业砺志谈	社说	本社撰稿	陈筹	如何振兴实业
第三卷十期（1906）	论中国宜求为工业国	实业	录丙午第九期商务官报		发展工业
第三卷十期（1906）	外务部商部议覆华洋商合办矿务合同折	实业	奏折		矿务
第三卷十期（1906）	各省农桑汇志	实业	汇志		农桑

（续表）

期刊号	标题	版块	来源	作者	主题
第三卷十期（1906）	各省工艺汇志	实业	汇志		工艺
第三卷十期（1906）	各省矿务汇志	实业	汇志		矿务
第三卷十期（1906）	各省渔盐汇志	实业	汇志		渔盐
第三卷十一期（1906）	筹办广西全省铁路刍议	交通	来稿	留日学生	铁路
第三卷十一期（1906）	商部奏广西官绅筹筑本省铁路折	交通	奏折		铁路
第三卷十一期（1906）	两湖总督张奏粤汉川汉两路亟须兴工折	交通	奏折		铁路
第三卷十一期（1906）	商部订定铁路购地章程	交通	章程		铁路
第三卷十一期（1906）	论商业补助机关	商务	录丙午第十一期商务官报		商业
第三卷十一期（1906）	外务部户部会奏议覆通州天生港自开商埠折	商务	奏折		开商埠
第三卷十一期（1906）	商部咨行各省独资商业注册呈式文	商务	公文		商业
第三卷十一期（1906）	商部颁发各商会商务分类总册表式札	商务	公文		商会
第三卷十一期（1906）	各省商务汇志	商务	汇志		商业
第三卷十二期（1906）	上海总工程局暂定章程	内务	章程		上海总工程局
第三卷十二期（1906）	振兴糖业议	实业	录丙午第十五期商务官报		糖业

（续表）

期刊号	标题	版块	来源	作者	主题
第三卷十二期（1906）	商部奏酌拟奖给商勋章程折	实业	奏折		奖励商业
第三卷十二期（1906）	热河都统廷奏遵旨开放敖汉旗九道湾上台蒙荒酌拟章程折	实业	奏折		垦荒
第三卷十二期（1906）	奉天将军赵奏奉省设立农业试验场折	实业	奏折		农业试验场
第三卷十二期（1906）	奉天将军赵奏奉省创设渔业公司折	实业	奏折		渔业
第三卷十二期（1906）	山东农事试验场试办章程	实业	章程		农事试验场
第三卷十二期（1906）	各省农牧汇志	实业	汇至		农牧业
第三卷十二期（1906）	各省工艺汇志	实业	汇至		工艺
第三卷十二期（1906）	各省矿务汇志	实业	汇志		矿务
第三卷十二期（1906）	各省渔盐汇志	实业	汇志		渔盐
第三卷十二期（1906）	论铁路国有与民有之得失	交通	来稿	留日学生赵襕华	铁路
第三卷十二期（1906）	度支部农工商部邮传部奏覆沪宁铁路借款折	交通	奏折		铁路
第三卷十二期（1906）	署两广总督岑奏陈粤汉铁路交商接办情形折	交通	奏折		铁路
第三卷十三期（1906）	论投机商业	商务	录丙午二十二期商务官报		商业
第三卷十三期（1906）	各省商务汇志	商务	汇志		商业

（续表）

期刊号	标题	版块	来源	作者	主题
第四卷一期（1906）	陕西西潼铁路章程	交通	章程		铁路
第四卷一期（1906）	论组合	商务			商业
第四卷一期（1906）	论各国取引所及中国取引所	商务			商业
第四卷一期（1906）	农工商部奏芜湖设立商务总会折	商务	奏折		商务总会
第四卷一期（1906）	农工商部札行各总分商会准设商务分所文	商务	公文		商会
第四卷一期（1906）	奉天候补知县罗大令振方禀覆奉天将军赵赴日考察商务情形	商务	公文		考察商务
第四卷一期（1906）	各省商务汇志	商务	汇至		商业
第四卷二期（1907）	煤油说	实业			煤油业
第四卷二期（1907）	农工商部奏通饬各省研精工艺并酌予奖励折	实业	奏折		奖励工艺
第四卷二期（1907）	度支部奏议覆兴复云南旧矿折	实业	奏折		矿务
第四卷二期（1907）	各省农业汇志	实业	汇至		农业
第四卷二期（1907）	各省矿务汇志	实业	汇至		矿务
第四卷二期（1907）	各省渔盐汇志	实业	汇至		渔盐
第四卷三期（1907）	工业进化论	社说	来稿	侯维良	工业
第四卷四期（1907）	振兴华货议	实业		侯维良	华货

（续表）

期刊号	标题	版块	来源	作者	主题
第四卷四期 （1907）	度支部农工商部会奏核覆广西招商垦荒折	实业	奏折		垦荒
第四卷四期 （1907）	河南豫丰公司与英商福公司订办河南矿务章程	实业	章程		矿务
第四卷四期 （1907）	各省农桑汇志	实业	汇志		农桑
第四卷四期 （1907）	论市面之弛缓与紧张	商务	录丙午第十八期商务官报		商业
第四卷四期 （1907）	农工商部奏长崎华商创设商务总会折	商务	奏折		商务总会
第四卷四期 （1907）	农工商部奏南洋槟榔屿拟设中华商务总会折	商务	奏折		商务总会
第四卷四期 （1907）	各省商务汇志	商务	汇至		商业
第四卷四期 （1907）	丙午上海商业调查记	商务			商业
第四卷四期 （1907）	侨民商业汇志	商务			侨民商业
第四卷五期 （1907）	改革中国制造业论	实业	录丁未四月二十八日《京报》		制造业改革
第四卷五期 （1907）	度支部奏核覆直隶总督袁奏开办围场屯垦折	实业	奏折		垦荒
第四卷五期 （1907）	各省矿脉一览	实业			矿务
第四卷五期 （1907）	论今日铁道计划之先后	交通	录丁未三月十三日《南方报》		铁路
第四卷五期 （1907）	两江总督端等奏派员查勘淮河故道并筹办工赈情形折	交通	奏折		河运

（续表）

期刊号	标题	版块	来源	作者	主题
第四卷五期（1907）	四川总督锡奏举川汉铁路总副理及续行章程折	交通	奏折		铁路
第四卷五期（1907）	湖南粤汉铁路总公司暂定简明章程	交通	章程		铁路
第四卷五期（1907）	中日商办沈阳马车铁道股份有限公司条规	交通	条规		铁路
第四卷六期（1907）	满洲实业谈	实业	录丁未二月三十日《新闻报》		地方实业
第四卷六期（1907）	前奉天将军赵奏丈放凤凰厅等属荒地酌拟章程折	实业	奏折		垦荒
第四卷六期（1907）	大清国矿务正章	实业	章程		矿务
第四卷六期（1907）	各省工艺汇志	实业	汇志		工艺
第四卷七期（1907）	论铁路国有主义与民有主义之得失	交通	录丁未四月二十日《南方报》		铁路
第四卷七期（1907）	邮传部会同度支部农工商部议覆前署黑龙江将军程奏请创修江省铁路折	交通	奏折		铁路
第四卷七期（1907）	福建全省铁路路线说帖	交通	说贴		铁路
第四卷八期（1907）	邮传部议覆肃亲王请办蒙古铁路折	交通	奏折		铁路
第四卷八期（1907）	邮传部奏遵议陕西铁路联合三省办理折	交通	奏折		铁路
第四卷八期（1907）	商办广西铁路办事公所简章	交通	章程		铁路
第四卷八期（1907）	补录津镇铁路预约	交通			铁路

（续表）

期刊号	标题	版块	来源	作者	主题
第四卷九期（1907）	论通商利害之真相	商务		侯维良	商业
第四卷九期（1907）	前署黑龙江将军程奏设立齐齐哈尔商埠派员设局折	商务	奏折		开商埠
第四卷九期（1907）	农工商部陈列所寄售货物章程	商务	章程		商品寄售
第四卷九期（1907）	各省商务汇志	商务	汇至		商业
第四卷十期（1907）	论苏杭甬铁路借债之不可许	交通	录丁未第二十四号《外交报》		铁路
第四卷十期（1907）	邮传部奏核议整顿路政事宜折	交通	奏折		铁路
第四卷十期（1907）	邮传部奏核议黑龙江省购买轮船并订购轻便铁路折	交通	奏折		铁路
第四卷十期（1907）	邮传部等会奏议覆陕甘两省联合筹办铁路折	交通	奏折		铁路
第四卷十期（1907）	邮传部奏改定京汉京奉铁路名称并派监督会办片	交通	奏折		铁路
第四卷十一期（1907）	论保守土地主权及路矿利权为国民惟一之天职	社说	节录丁未十月十六日《神州日报》		矿务
第四卷十一期（1907）	公司类别说	商务	录丁未第十三期《商务官报》		公司类别
第四卷十一期（1907）	农工商部以各处当商注册应与钱业一律用无限字样札各省商务议员文	商务	公文		商业
第四卷十一期（1907）	各省商务汇志	商务	汇志		商业

（续表）

期刊号	标题	版块	来源	作者	主题
第四卷十二期（1907）	论振兴实业之三要策	实业	录丁未九月十五日《南方报》		振兴实业的措施
第四卷十二期（1907）	度支部农工商部会奏筹议开采铜矿折	实业	奏折		矿务
第四卷十二期（1907）	陆军部奏办制造呢革公司折	实业	奏折		呢革制造业
第四卷十二期（1907）	农工商部奏准汉口职商创设扬子机器制造厂折	实业	奏折		机器制造
第四卷十二期（1907）	理藩部农工商部会奏喀喇沁札萨克请开办矿政以工代赈折	实业	奏折		矿务
第四卷十二期（1907）	两江总督端江西巡抚瑞会奏筹拨官款开办铜矿折	实业	奏折		矿务
第四卷十二期（1907）	前湖广总督张前护理两广总督胡护理四川总督赵湖南巡抚岑会奏联合粤湘川鄂四省自造铁路应用各项料物折	实业	奏折		铁路
第四卷十二期（1907）	护理河南巡抚袁奏兴办实业社会游民教养局折	实业	奏折		规范游民
第四卷十二期（1907）	绥远城将军贻奏验收垦地拟即设局开办折	实业	奏折		垦荒
第五卷一期（1908）	外务部覆陈苏杭甬铁路借款交涉情形折	交通	奏折		铁路
第五卷一期（1908）	邮传部奏接收新奉铁路增改工程先后筹拨款项折	交通	奏折		铁路
第五卷二期（1908）	大学士张外务部尚书袁等奏请津浦铁路官商合股办法折	交通	奏折		铁路
第五卷二期（1908）	邮传部奏筹划全国铁路轨线折	交通	奏折		铁路

（续表）

期刊号	标题	版块	来源	作者	主题
第五卷二期 （1908）	邮传部奏正太铁路告成派员验收情形折	交通	奏折		铁路
第五卷二期 （1908）	邮传部奏拟设交通银行绾合轮路电邮四政收回利权并派充总协理折片	交通	奏折		铁路
第五卷二期 （1908）	两广邮船会社有限公司招股章程	交通	章程		船政业
第五卷二期 （1908）	省港梧航业公司招股章程	交通	章程		航运业
第五卷二期 （1908）	论出口土货急宜筹整顿之策	商务	录戊申正月二十一日《中外日报》		出口贸易
第五卷二期 （1908）	各省商务汇志	商务	汇志		商业
第五卷四期 （1908）	考验土宜以兴农利说	实业	录丁未十一月初五日《津报》		发展农业
第五卷五期 （1908）	论矿政调查之关系	实业	录丁未十二月初九日《津报》		矿务
第五卷五期 （1908）	论今日宜急开内国赛会以兴工商	商务	录戊申二月二十八日时《事报》		赛会
第五卷六期 （1908）	扩张航业应先组织航律说录	交通	录戊申三月二十八日《津报》		航运业
第五卷六期 （1908）	邮传部新设交通银行章程	交通	章程		交通银行
第五卷八期 （1908）	论官办铁路之恶结果忠告邮部警醒国民	言论	录《大公报》	曾鲲化	铁路

（续表）

期刊号	标题	版块	来源	作者	主题
第五卷九期（1908）	农工商部准度支部咨送银行注册章程札各商务总会转饬遵照文	法令二	公文		商务总会
第五卷九期（1908）	邮传部拟定运矿铁路办法	法令二			铁路
第五卷九期（1908）	民政部郎中魏勋拟订津浦铁路聘用总工程司合同底稿	调查			铁路
第五卷十期（1908）	四省绅商设立津浦铁路商股有限公司招股章程	调查	章程		铁路
第五卷十二期（1908）	改良商标办法	言论	录《时报》		商标
第六卷二期（1909）	论北满洲商业地理	调查一			商业地理
第六卷二期（1909）	纱厂调查表	调查一			
第六卷二期（1909）	津浦商股公司之组织	调查一			商股公司
第六卷二期（1909）	沪宁运货合同正文	调查一			贸易合同
第六卷三期（1909）	南洋劝业会记事第一	记事			南洋劝业会
第六卷三期（1909）	近年镇江商况	调查一			地方商业
第六卷三期（1909）	浙省农工商三业之调查	调查一			地方商业
第六卷三期（1909）	粤省近年商况	调查一			地方商业
第六卷三期（1909）	广西开办矿务详情	调查一			矿务

（续表）

期刊号	标题	版块	来源	作者	主题
第六卷三期（1909）	贵州实业之一斑	调查一			地方实业
第六卷四期（1909）	两江总督端江苏巡抚陈会奏创办南洋第一次劝业会折	奏牍	奏折		南洋劝业会
第六卷四期（1909）	农工商部奏议覆御史王履康奏振兴丝业请饬上海商会筹拟章程折	奏牍	奏折		振兴丝业
第六卷四期（1909）	南洋第一次劝业会事务所简章	章程	章程		南洋劝业会
第六卷四期（1909）	记邮部严限商办铁路克期告成事	记事			铁路
第六卷四期（1909）	各省商办路事汇录	记事			铁路
第六卷四期（1909）	粤路最新之风潮	记事			铁路
第六卷四期（1909）	南洋劝业会记事第二	记事			南洋劝业会
第六卷五期（1909）	南洋劝业会记事第三	记事			南洋劝业会
第六卷六期（1909）	天津设立补救市面大会	记事			商业
第六卷六期（1909）	筹商收回胶济铁路办法	记事			铁路
第六卷六期（1909）	南洋劝业会记事第四	记事			南洋劝业会
第六卷六期（1909）	杭州商学公会成立大会记事	记事			商学公会
第六卷六期（1909）	安奉铁路之前途	调查			铁路
第六卷六期（1909）	东三省矿务汇志	调查			矿产

（续表）

期刊号	标题	版块	来源	作者	主题
第六卷六期（1909）	南满铁道最近之状况	调查			铁路
第六卷六期（1909）	皖路公司报部情形	调查			公路
第六卷六期（1909）	戊申年浙路营业表	调查			公路
第六卷六期（1909）	戊申年粤路车利表	调查			公路
第六卷六期（1909）	广州商务之调查	调查			地方商业
第六卷七期（1909）	南洋劝业会记事第五	记事			南洋劝业会
第六卷七期（1909）	纪浙路股东年会大会情形	记事			铁路
第六卷八期（1909）	中日两国会议安奉铁路问题	记事			铁路
第六卷八期（1909）	吉长铁路合同大略	记事			铁路
第六卷八期（1909）	山东京官对于路矿之筹划	记事			矿产
第六卷八期（1909）	南洋劝业会记事第六	记事			南洋劝业会
第六卷八期（1909）	汉冶萍煤铁路矿厂概略	调查			矿务
第六卷八期（1909）	附录汉冶萍煤铁矿厂有限公司注册商办第一届说略	调查			矿务
第六卷九期（1909）	奏准商办江浙铁路两公司连带运输合同	章程	合同		铁路
第六卷九期（1909）	南洋劝业会租赁规则	章程			南洋劝业会

（续表）

期刊号	标题	版块	来源	作者	主题
第六卷九期（1909）	南洋劝业会记事第七	纪事			南洋劝业会
第六卷九期（1909）	中国煤矿记略	调查			矿产
第六卷九期（1909）	中国已设铁道记略	调查			铁路
第六卷九期（1909）	中国汉阳钢铁厂煤焦铁矿制钢记略	调查			矿务
第六卷九期（1909）	上海商情论	调查			地方商业
第六卷十期（1909）	记京张铁路行开车礼事	记事			铁路
第六卷十期（1909）	津浦铁路四省检查公会缘起	记事			铁路
第六卷十期（1909）	续记山东士绅对于路矿之计议	记事			矿务
第六卷十期（1909）	记烟台商人请办烟潍铁路事	记事			铁路
第六卷十期（1909）	南洋劝业会记事第八	记事			南洋劝业会
第六卷十期（1909）	续记浙路公司总理简授滇臬事	记事			铁路
第六卷十期（1909）	湖南铁路公司报告长洙路工近状	记事			铁路
第六卷十期（1909）	东报载中国铁道各国经营表	调查			铁路
第六卷十期（1909）	上海谦顺安茶栈茶业改良议	调查			茶业
第六卷十一期（1909）	锦齐铁路交涉记闻	记事			铁路

（续表）

期刊号	标题	版块	来源	作者	主题
第六卷十一期（1909）	三记山东士绅对于路矿之计议	记事			矿务
第六卷十一期（1909）	续记烟台商人议办烟潍铁路事	记事			铁路
第六卷十一期（1909）	南洋劝业会记事第九	记事			南洋劝业会
第六卷十一期（1909）	江西铁路公司股东会冲突详记	记事			铁路
第六卷十一期（1909）	各省路矿要闻	记事			路矿
第六卷十一期（1909）	京张铁路之旅行谭	行纪			铁路
第六卷十一期（1909）	唐山路矿学堂甲班生考察京张铁路工程日记	行纪			铁路
第六卷十二期（1909）	锦瑷铁路交涉续闻	记事			铁路
第六卷十二期（1909）	宁古塔商会会长激变记	记事			商会
第六卷十二期（1909）	开平煤矿交涉记闻	记事			矿务
第六卷十二期（1909）	直隶永平盐局激变巨案	记事			盐业
第六卷十二期（1909）	四记山东士绅对于路矿之计议	记事			矿务
第六卷十二期（1909）	南洋劝业会记事第十	记事			南洋劝业会
第六卷十二期（1909）	杭州众商集议会缘起	记事			商民集会
第六卷十二期（1909）	江西铁路公司股东会冲突续记	记事			铁路

（续表）

期刊号	标题	版块	来源	作者	主题
第六卷十二期（1909）	粤汉川汉铁路借款合同草议	记事			铁路
第六卷十二期（1909）	九记湘鄂路线商借外款情形	记事			铁路
第六卷十二期（1909）	武昌自开商埠入手办法	记事			开商埠
第六卷十二期（1909）	广东铁路公司选举总协理风潮记	记事			铁路
第六卷十三期（1909）	两江总督张人骏奏劝业会布置情形折	奏牍	奏折		劝业会
第六卷十三期（1909）	五记山东士绅对于路矿之计议	记事			矿产
第六卷十三期（1909）	南洋劝业会记事第十一	记事			南洋劝业会
第六卷十三期（1909）	邮传部核准筑造瓜清铁路公文	记事			铁路
第六卷十三期（1909）	安徽路矿近闻汇录	记事			路矿
第六卷十三期（1909）	江西铁路公司股东会冲突余记	记事			铁路
第六卷十三期（1909）	粤商承办全省盐饷记事	记事			盐业
第七卷一期（1909）	署理两广总督袁树勋奏刻铁路弊混折	文件	奏牍		铁路
第七卷一期（1909）	中国商业概观	调查	中国调查录	冯承钧	商业
第七卷一期（1909）	黑龙江渔业记	调查	中国调查录	译金山江尼咕西报	渔业
第七卷二期（1909）	广东商承盐饷改正立案章程	文件章程	章程		盐业

（续表）

期刊号	标题	版块	来源	作者	主题
第七卷二期（1909）	满洲之煤矿	调查			矿务
第七卷二期（1909）	调查劝业会会务纪略	调查			博览会
第七卷二期（1909）	江西铁路工程现状	调查			铁路
第七卷三期（1909）	续记锦瑷铁路问题	记载			铁路
第七卷三期（1909）	山东路事述闻	记载			公路
第七卷三期（1909）	记山东德人推广盐政权事	记载			盐业
第七卷三期（1909）	苏路公司第四次股东会记事	记载			公路
第七卷三期（1909）	粤路公司改定选举办法	记载			公路
第七卷三期（1909）	述天津之商况	调查			地方商业
第七卷三期（1909）	山东矿产之近状	调查			矿产
第七卷三期（1909）	山东种植美国木棉之成效	调查			种植业
第七卷四期（1909）	三记锦瑷铁路问题	记载			铁路
第七卷四期（1909）	山东路矿述闻	记载			路矿
第七卷四期（1909）	河南洛阳县开办商埠情形	记载			开商埠
第七卷四期（1909）	沪金铁路缘起	记载			铁路

（续表）

期刊号	标题	版块	来源	作者	主题
第七卷五期 （1909）	山东路矿述闻	记载			路矿
第七卷五期 （1909）	粤路公司选举总协理董事情形	记载			公路
第七卷五期 （1909）	各省路事述闻	记载			公路
第七卷五期 （1909）	侨商禀请组织商舰协会	记载			商会
第七卷六期 （1909）	实业救国之悬谈	论记		胜因	实业救国
第七卷六期 （1909）	南洋劝业会续闻	记载			博览会
第七卷六期 （1909）	四记锦瑷铁路问题	记载			铁路
第七卷六期 （1909）	山东路事述闻	记载			公路
第七卷六期 （1909）	全国铁路盈亏记略	记载			铁路
第七卷六期 （1909）	浙路公司第五届股东年会记事	记载			铁路
第七卷六期 （1909）	浙盐改售洋码记闻	记载			盐业
第七卷七期 （1909）	南洋劝业会续闻	记载			南洋劝业会
第七卷七期 （1909）	五记锦瑷铁路问题	记载			铁路
第七卷七期 （1909）	记本溪湖煤矿交涉之结果	记载			矿务
第七卷七期 （1909）	山东路矿述闻	记载			铁路

（续表）

期刊号	标题	版块	来源	作者	主题
第七卷七期（1909）	浙盐改售洋码续记	记载			盐业
第七卷七期（1909）	汉冶萍煤铁厂矿记略	调查			矿务
第七卷八期（1909）	借款筑路问题	论说		宣樊	铁路
第七卷八期（1909）	六记锦瑷铁路问题	记载			铁路
第七卷八期（1909）	江苏全省商会联合会记事	记载			商会
第七卷八期（1909）	霍山商会总理被辱始末记	记载			商会
第七卷八期（1909）	十七记湘鄂路线商借外款情形	记载			铁路
第七卷八期（1909）	全国农务联合会章程草案	文件	章程		农业
第七卷八期（1909）	船政厂邬模型说明书	调查			船政业
第七卷九期（1909）	上南洋第一次劝业会书	论说	景学今		南洋劝业会
第七卷九期（1909）	发起中国商品懋迁公司之理由	论说	候馆李郁		商业
第七卷九期（1909）	中国出洋赛会预备办法议	论说	武原		出洋赛会
第七卷九期（1909）	借债筑路大问题	记载			铁路
第七卷九期（1909）	十八记湘鄂路线商借外款情形	记载			铁路
第七卷九期（1909）	粤省路事述闻	记载			铁路

（续表）

期刊号	标题	版块	来源	作者	主题
第七卷九期（1909）	记云南官绅力保矿权事	记载			矿产
第七卷九期（1909）	山东矿务之一斑	调查			矿产
第七卷九期（1909）	大冶铁矿历史谈	调查			矿产
第七卷九期（1909）	上海面粉公司谈	调查			面粉制造业
第七卷十期（1909）	各处宜亟兴工厂以救民穷议	论说		张肇熊	工业
第七卷十期（1909）	各省督抚会商要政电	记载			商业
第七卷十期（1909）	铁路借款表之大略	记载			铁路
第七卷十期（1909）	东三省路矿记闻	记载			矿务
第七卷十期（1909）	续记云南官绅力保矿权事	记载			矿务
第七卷十期（1909）	筹议收回开平矿产奏折附录历年案据	文件	奏折		矿务
第七卷十期（1909）	浙省矿务股份无限公司章程草案	文件	章程		矿务
第七卷十一期（1909）	记邮传部对于铁路之政策	记载			铁路
第七卷十一期（1909）	记开平煤矿之争议	记载			矿务
第七卷十一期（1909）	锦瑷铁路协商草约	记载			铁路
第七卷十一期（1909）	东三省路矿记闻	记载			矿务

（续表）

期刊号	标题	版块	来源	作者	主题
第七卷十一期（1909）	筹议收回开平矿产奏折附录历年案据	文件	奏折		矿务
第七卷十二期（1909）	续记开平煤矿之争议	记载			矿务
第七卷十二期（1909）	记福公司要求修武铁矿事	记载			铁路
第七卷十二期（1909）	记两浙盐商力争盐务改章事	记载			盐业
第七卷十二期（1909）	记江西铁路该归公有之议	记载			铁路
第八卷四期（1911）	禁止遏籴以抒农困议			采兰	发展农业
第八卷五期（1911）	中国南方之通运事业		译泰《晤士报》	甘永龙	通运事业
第八卷五期（1911）	东三省商业统计表		译《裕商报》	甘永龙	商业
第八卷七期（1911）	今日亟宜振兴应用工业以裕生计论			冶民	振兴工业
第八卷八期（1911）	振兴工商业意见书			林淮琛	振兴工商业

四、关于教育改革的相关报道

（一）中国教育改革概况

期刊号	标题	版块	来源	作者	主题
第一卷一期（1904）	论小学教育	教育	录《鹭江报》		小学教育
第一卷一期（1904）	论穷僻州县兴学尤不可缓	教育	录《汉口日报》		教育普及

（续表）

期刊号	标题	版块	来源	作者	主题
第一卷三期（1904）	中国国学保存论之一	教育	录《政法学报》		保存国学
第一卷一期（1904）	管学大臣等奏遵旨复位学堂章程妥筹办法折	教育	奏折		学堂
第一卷一期（1904）	管学大臣等奏专设总理学务大臣片	教育	奏折		教育管理
第一卷三期（1904）	商部奏请拟办实业学堂大概情形折	教育	奏折		实业教育
第一卷三期（1904）	新定学务纲要	教育			新定学务纲要
第一卷四期（1904）	敬告学生	时评			规范学生
第一卷四期（1904）	晨工商矿四科并于一学堂	时评			学堂整改
第一卷四期（1904）	论中国当注意于精神教育	教育	录四月初三日《中外日报》		精神教育
第一卷四期（1904）	教育普及议	教育	录四月二十日《警钟报》		教育普及
第一卷四期（1904）	新定学务纲要	教育			新定学务纲要
第一卷五期（1904）	商部奏设实业学堂	时评			实业教育
第一卷五期（1904）	论提倡女学之宗旨	教育	录四月初六日《大公报》		女子教育
第一卷六期（1904）	论中国学堂程度缓进之原因	教育	录甲辰六月第七至十册《鹭江报》		教育现存问题
第一卷六期（1904）	论中国亟宜教育律师	教育	录六月二十二《时报》		法律教育
第一卷六期（1904）	敬告学堂教习诸君	教育	录六月初六日《杨城日报》		教职培养

（续表）

期刊号	标题	版块	来源	作者	主题
第一卷六期（1904）	政务处议覆前署湖广总督端奏请奖派赴日本游学毕业学生折	教育	奏折		出洋留学
第一卷七期（1904）	咨添浙学生之特别费	时评			教育经费
第一卷七期（1904）	论教育	教育	录七月初四日《时报》		教育的重要性
第一卷八期（1904）	论科举误人之深		录七月初六日《岭东日报》		教育现存问题
第一卷九期（1904）	论民智不进之可忧	社说	录七月二十六日《岭东日报》		教育现存问题
第一卷九期（1904）	教会兴学	时评			教会教育
第一卷九期（1904）	慈善教育说	教育	录七月二十二日《汉口日报》		慈善教育
第一卷九期（1904）	论游学不可太滥	教育	录七月二十六日《中外日报》		教育现存问题
第一卷九期（1904）	论学堂之腐败	教育	录九月二十日《中外日报》		教育现存问题
第一卷九期（1904）	部奏准奖励学生折	教育	奏折		奖励学生
第一卷十期（1904）	中国军人教育之现象	教育	录八月二十九日《时报》		军事教育
第一卷十一期（1904）	论日报与社会之关系	教育	录九月初三日《时报》		报纸的作用
第一卷十一期（1904）	论教育之不能普及	教育	录九月二十八日《时报》		教育现存问题
第一卷十二期（1904）	论中国当以遍兴蒙学女学为先务	教育	录八月十七日《大公报》		女子教育
第一卷十二期（1904）	练兵处新定陆军学堂办法二十条	教育			军事教育

（续表）

期刊号	标题	版块	来源	作者	主题
第二卷一期（1905）	查办留学生问题	时评			留学生
第二卷一期（1905）	留学界之怪象	时评			出洋留学
第二卷一期（1905）	论中国士人腐败之原因	教育	录甲辰十一月二十五日《警钟报》		教育现存问题
第二卷二期（1905）	论中国教育宜急图改良之法	教育	录甲辰十二月初四日《大公报》		改革教育措施
第二卷三期（1905）	论教育普及宜注重初等小学及变通语言文字	教育	录正月十九日《新闻报》		教育普及
第二卷三期（1905）	学务大臣奏遵拟考验出洋毕业学生章程折	教育	奏折		出洋留学
第二卷三期（1905）	外务部学务大臣会奏遵议出使比国大臣杨奏西洋游学办法折	教育	奏折		出洋留学
第二卷四期（1905）	论道德教育之关系	教育	录乙巳二月初八日《新闻报》		道德教育
第二卷四期（1905）	论报馆之有益于国	教育	录乙巳二月二十三日至二十六日《新闻报》		报馆
第二卷四期（1905）	练兵处兵部会奏陆军小学堂章程折	教育	奏折		小学教育
第二卷四期（1905）	出使比国大臣杨奏比国学制大备学费较廉请饬各省分遣游学以储成材折	教育	奏折		出洋留学
第二卷四期（1905）	大学堂总监督张奏开办预科并招师范生折	教育	奏折		师范教育
第二卷六期（1905）	论民气与国家之关系	社说	录乙巳四月二十六日《时报》		教育的重要性
第二卷六期（1905）	论中国个人之不能自治	社说	录乙巳四月二十七日《同文沪报》		教育的重要性

（续表）

期刊号	标题	版块	来源	作者	主题
第二卷六期（1905）	语言文字宜合为一说	教育	录乙巳三月十一日《汉口日报》		语言文字宜合为一
第二卷六期（1905）	论除刑讯必先开化愚民	教育	录乙巳四月初二日《中外日报》		教育的重要性
第二卷六期（1905）	练兵处奏定小学堂章程	教育	章程		小学教育
第二卷六期（1905）	户部计学馆拟添汉文功课章程	教育	章程		户部计学馆
第二卷九期（1905）	普通学校宜兼课兵学说	教育	录乙巳六月十一日《大公报》		学堂
第二卷九期（1905）	说报	教育	录乙巳七月二十四日《南方报》		报刊
第二卷十一期（1905）	论废科举后补救之法	教育	录乙巳八月二十二日《中外日报》		教育改革措施
第二卷十一期（1905）	论女学所以兴国	教育	录乙巳八月二十五日《南方报》		女子教育
第二卷十一期（1905）	论宜多设徒弟学堂	教育	录乙巳九月十五日《中外日报》		徒弟学堂
第二卷十一期（1905）	钦天监奏筹经费整顿数学折	教育	奏折		整顿数学
第二卷十一期（1905）	练兵处新定陆军参谋大学堂章程	教育	章程		军事教育
第二卷十一期（1905）	翰林院奏请酌筹经费兴办实学折		奏折		实业教育
第二卷十二期（1904）	吏部奏拟将教职逐渐停选折	内务	奏折		教职选拔
第二卷十二期（1904）	论停科举后宜专办小学	教育	录乙巳九月初三日《时报》		小学教育
第二卷十二期（1904）	论设学部办法	教育	录乙巳九月初四日《南方报》		设学部

（续表）

期刊号	标题	版块	来源	作者	主题
第二卷十二期（1904）	学务大臣奏议覆出使法国大臣孙奏请劝励绅商广设小学堂折	教育	奏折		小学教育
第二卷十二期（1904）	练兵处兵部会奏试办贵胄学堂拟订章程折	教育	奏折		贵胄学堂
第三年第一卷（1906）	论统一学制	教育	录乙巳十月二十二日《时报》		统一学制
第三卷三期（1906）	论教育与国家之关系	教育	录乙巳十二月十六日《中外日报》	严复	教育与国家的关系
第三卷三期（1906）	普及教育议	教育	录丙午正月十七日《时报》	留美学生稿	普及教育
第三卷三期（1906）	政务处奏遵议设立学部折	教育	奏折		教育机构
第三卷四期（1906）	论民气	社说	录第七十二期《新民丛报》	梁启超	教育的重要性
第三卷四期（1906）	论国民不可无政治思想	社说	录丙午第四期《北洋学报》		政治思绪培养
第三卷五期（1906）	强迫教育私议	教育	录丙午第四期《北洋学报》		强迫教育
第三卷五期（1906）	学部奏请宣示教育宗旨折	教育	奏折		教育宗旨
第三卷六期（1906）	论教育之普及须实行强迫	社说	本社撰稿	方言	教育普及
第三卷六期（1906）	论小学教科书亟宜审定	教育	录丙午三月十四日《中外日报》	严复	小学教育
第三卷六期（1906）	论女学宜注重德育	教育	录丙午第十三期《北洋学报》		女子教育
第三卷六期（1906）	练兵处奏议覆御史王步瀛奏请推广咨送自费生出洋学习武备折	教育	奏折		出洋留学

（续表）

期刊号	标题	版块	来源	作者	主题
第三卷七期（1906）	论救中国必先培养国民之公德	教育	录丙午五月二十九日《羊城日报》		公德
第三卷七期（1906）	实业教育	教育	录丙午五月十一日《中外日报》	严复	实业教育
第三卷九期（1906）	学部奏酌拟教育会章程折	教育	奏折		教育会
第三卷九期（1906）	学部第一次审定教科书凡例	教育			教科书
第三卷十期（1906）	学界刍言		录第一期《环球中国学生报》		改革教育的措施
第三卷十期（1906）	修律大臣订定法律学堂章程	教育	章程		法律学堂
第三卷十一期（1906）	学生应试	内务			考试制度
第三卷十一期（1906）	学务刍言	教育	甲午九月初七日《申报》		改革教育的措施
第三卷十一期（1906）	商部奏筹办艺徒学堂酌拟简明章程折	教育	奏折		艺徒学堂
第三卷十一期（1906）	练兵处订定陆军学生游学欧美暂行办法	教育			出洋留学
第三卷十一期（1906）	东三省学务处颁定小学校管理纲要	教育			学校管理
第三卷十一期（1906）	各省教育汇志	教育	汇志		地方教育
第三卷十一期（1906）	各省游学汇志	教育	汇志		地方游学
第三卷十一期（1906）	各省报界汇志	教育	汇志		地方报界
第三卷十二期（1906）	今日教育上第一问题	社说	本社撰稿	莛照	称职教育家

（续表）

期刊号	标题	版块	来源	作者	主题
第三卷十二期（1906）	礼部奏定考试举贡办法折附片	内务	奏折		考试办法
第三卷十二期（1906）	论今日之教育	教育	录丙午九月初五日《时报》		教育现存问题
第三卷十三期（1906）	兴女学议	社说	本社撰稿	勇立	女子教育
第三卷十三期（1906）	论中国教育之弊	教育	录丙午十月十八日《申报》		教育现存问题
第三卷十三期（1906）	民政部奏办高等巡警学堂折	教育	奏折		巡警学堂
第三卷十三期（1906）	学部订定优级师范选科简章	教育	简章		师范教育
第三卷十三期（1906）	学部新定京内外官绅出洋游历简章	教育	简章		出洋留学
第四卷二期（1907）	广设公民学堂议	教育		孟昭常	公民学堂
第四卷二期（1907）	学部奏酌拟管理留日学生章程并设总副监督折	教育	奏折		留学生
第四卷三期（1907）	论幼儿园	教育	录丁未二月初四日《天津日日新闻》		幼儿教育
第四卷三期（1907）	游历欧美考察教育意见书	教育		田吴照	出洋留学
第四卷三期（1907）	学部奏遵改各学堂考试章程折	教育	奏折		改革考试制度
第四卷三期（1907）	学部奏续拟管理游日学生章程折	教育	奏折		留学生
第四卷三期（1907）	侨民兴学	教育			侨民教育
第四卷三期（1907）	学生立会	教育			学生组织

（续表）

期刊号	标题	版块	来源	作者	主题
第四卷四期（1907）	民政部奏修明礼教以养成民德折	内务	奏折		道德教育
第四卷四期（1907）	礼部奏陈考试举贡办法折	内务	奏折		改革考试制度
第四卷四期（1907）	论家庭教育当铲除依赖性质	教育	录丙午月日《津报》		家庭教育
第四卷四期（1907）	礼部奏议覆孔子升为大祀典礼折	教育	奏折		保存国学
第四卷四期（1907）	中国留日学生教育协议会会章	教育			留学生
第四卷五期（1907）	学校贡举私议	社说	本社撰稿	蛤笑	学校改革
第四卷七期（1907）	论中国救亡之策	社说	录丁未七月初一日《中外日报》		教育与救亡
第四卷七期（1907）	论女学宜先定教科宗旨	教育	录丁未三月二十八日《南方报》		女子教育
第四卷七期（1907）	商业教育 Commercial Education	教育	薛来西		商业教育
第四卷七期（1907）	学部等会奏遵议荫生入学期限折	教育	奏折		学校管理
第四卷七期（1907）	学部奏议覆中西医学分科肄习折	教育	奏折		医学教育
第四卷七期（1907）	学部奏议覆两江总督端等会奏拟建南洋大学堂折	教育	奏折		南洋大学堂
第四卷七期（1907）	学部奏拟请派员赴美筹办侨民兴学事宜折	教育	奏折		出洋留学
第四卷九期（1907）	论国民之前途及救亡之责任	社说	录丁未七月二十四日《神州日报》		国民文化程度
第四卷九期（1907）	学部奏遵议候选道许珏条陈学务情形折	教育	奏折		汇报教育改革进程

（续表）

期刊号	标题	版块	来源	作者	主题
第四卷九期（1907）	学部奏筹设满蒙文高等学堂折	教育	奏折		满蒙文高等学堂
第四卷九期（1907）	学部奏限制考试游学毕业片	教育	奏折		教育改革措施
第四卷九期（1907）	学部颁订京师初级小学画一课程表	教育			小学教育
第四卷十期（1907）	论文明先女子	社说	录丁未九月十七日《津报》		女子教育
第四卷十一期（1907）	教育感言	教育	录丁未八月十九日《时报》		教育的作用
第四卷十一期（1907）	学部奏议覆八旗及驻防学堂特设满文专科折	教育	奏折		驻防学堂
第四卷十一期（1907）	升任两湖总督张奏设存古学堂折	教育	奏折		存古学堂
第五卷一期（1908）	普及教育节省经费条议	教育	来稿	上海沈亮启	教育普及
第五卷一期（1908）	外务部宪政编查馆学部陆军部会奏请派贵胄出洋游学折章程附	教育	奏折		出洋留学
第五卷一期（1908）	学部奏议覆翰林院编修陈襄条陈学务折	教育	奏折		汇报教育改革进程
第五卷一期（1908）	学部拟定全国学堂聘请洋教习模范合同	教育	合同		外聘教员
第五卷一期（1908）	京师大学堂附属博物品实习科规则	教育	规则		实践
第五卷三期（1908）	论强迫教育须有预备	教育	录戊申正月十四日《岭东日报》		强迫教育
第五卷三期（1908）	学部奏请变通奖给大学堂优级师范蒙古毕业生折	教育	奏折		师范学堂

（续表）

期刊号	标题	版块	来源	作者	主题
第五卷三期（1908）	学部咨行各省督抚留日学生肄业外国语学校者毋庸改给官费文	教育	公文		留学生
第五卷六期（1908）	京师建设帝国博览馆议	教育	来稿	通州张謇撰	帝国博览馆
第五卷八期（1908）	学部奏准各项学堂招考限制章程折附清单	法令二	奏折		学堂招考
第五卷八期（1908）	学部奏遵议设立女子师范学堂折	法令二	奏折		女子教育
第五卷八期（1908）	学部通咨聘用外国教员合同式样文附合同式样	法令二			外聘教员
第五卷九期（1908）	学部奏酌拟各学堂毕业请奖学生执照章程折	法令二	奏折		毕业奖励
第五卷九期（1908）	学部奏续拟法政学堂别科及讲习科毕业奖励章程折	法令二	奏折		法政学堂
第五卷九期（1908）	学部奏改定法政学堂别科课程片	法令二	奏折		法政学堂
第五卷十二期（1908）	学部咨复出使日本大臣严定留日学生毕业后考试资格文	法令二	公文		留学生
第五卷十二期（1908）	学部咨行各省严禁中小学堂学生吸食各种烟草文	法令二	公文		规范学生
第八卷二期（1911）	论今日之教育行政			杜亚泉	教育改革措施
第八卷三期（1911）	论现今国民道德堕落之原因及其救治法			圣心	道德教育
第八卷八期（1911）	论今日之教育行政（续）			杜亚泉	教育改革措施
第八卷九期（1911）	女子职业问题			钱智修	女子教育

（二）地方教育

期刊号	标题	版块	来源	作者	主题
第一卷一期 （1904）	兼湖广总督端奏选派学生续赴德国游学片	教育	奏折		出洋留学
第一卷一期 （1904）	直隶延庆州新设算法学堂禀并批	教育	公文		算法学堂
第一卷一期 （1904）	直隶师范学堂学生添设武备编制暂行条规	教育	条规		师范教育
第一卷一期 （1904）	各省学堂类志	教育	汇志		地方教育 汇志
第一卷一期 （1904）	派遣游学汇志	教育	汇志		地方游学 汇志
第一卷二期 （1905）	两广学务处批女学堂绅董禀请给地拨款由	教育			女子教育
第一卷二期 （1904）	各省学堂类志	教育	汇志		汇志
第一卷二期 （1904）	派遣游学类志	教育	汇志		汇志
第一卷三期 （1904）	山东临清州堂邑馆陶等县详请巡抚周奏旌义丐武训兴学禀	教育	奏折		兴办学堂
第一卷三期 （1904）	各省学堂汇志	教育	汇志		汇志
第一卷四期 （1904）	四川派赴美国游学学生	时评			出洋留学
第一卷四期 （1904）	直隶总督袁准出使比国大臣杨咨开续派学生须习法文分饬津海关道大学堂查照札	教育	公文		学堂改革
第一卷五期 （1904）	四川总督锡奏请设立军医学堂片	教育	奏折		医学教育
第一卷六期 （1904）	直隶天津县详送试办女学堂章程	教育	章程		女子教育
第一卷六期 （1904）	拟订各省政治速成科简明章	教育	章程		政治速成科

（续表）

期刊号	标题	版块	来源	作者	主题
第一卷六期（1904）	各省教育汇志	教育	汇志		汇志
第一卷六期（1904）	各省报界汇志	教育	汇志		汇志
第一卷六期（1904）	游学汇志	教育	汇志		汇志
第一卷七期（1904）	两湖总督张札幼儿园文	教育	公文		幼儿教育
第一卷七期（1904）	两广学务处派游学规约	教育	规约		出洋留学
第一卷七期（1904）	四川学务调查所章程	教育	章程		学务调查
第一卷七期（1904）	各省教育汇志	教育	汇志		汇志
第一卷八期（1904）	广东省河蛋户提议兴学	时评			兴学
第一卷八期（1904）	贵州巡抚李奏增设练将学堂片	教育	奏折		军事教育
第一卷八期（1904）	湖南仕学馆章程	教育	章程		仕学馆
第一卷八期（1904）	创办皖报章程	教育	章程		报刊
第一卷八期（1904）	各省教育汇志	教育	汇志		汇志
第一卷八期（1904）	各省报界汇志	教育	汇志		汇志
第一卷九期（1904）	山西学政宝奏考选蒙小学教习发给文凭片	教育	奏折		小学教育
第一卷九期（1904）	江宁江楚编译书局条具译书章程并厘定局章呈江督禀	教育	公文		编译书局

（续表）

期刊号	标题	版块	来源	作者	主题
第一卷九期（1904）	山东试办兖州初级农业学堂章程	教育	章程		实业教育
第一卷九期（1904）	江宁江楚编译书局章程	教育	章程		编译书局
第一卷九期（1904）	各省教育汇志	教育	汇志		汇志
第一卷九期（1904）	各省游学汇志	教育	汇志		汇志
第一卷十期（1904）	两江总督魏奏现办江宁省城并各府厅州县学堂大概情形折	教育	奏折		各府厅州县学堂
第一卷十期（1904）	垦务大臣绥远城将军贻奏设直晋边厅学堂折	教育	奏折		边厅学堂
第一卷十期（1904）	两湖总督张饬各州县免解赔款留办学堂札	教育	公文		教育经费
第一卷十期（1904）	各省教育汇志	教育	汇志		汇志
第一卷十期（1904）	各省报界汇志	教育	汇志		汇志
第一卷十一期（1904）	山西学政宝奏给生童蒙小学堂教习文凭片	教育	奏折		小学教育
第一卷十一期（1904）	湖北幼儿园开办章程	教育	章程		幼儿教育
第一卷十一期（1904）	各省教育汇志	教育	汇志		汇志
第一卷十二期（1904）	广西巡抚柯奏改设广西高等学堂办理情形折	教育	奏折		高等学堂
第一卷十二期（1904）	各省教育汇志	教育	汇志		汇志
第一卷十二期（1904）	各省游学汇志	教育	汇志		汇志

（续表）

期刊号	标题	版块	来源	作者	主题
第二卷一期（1905）	湖南巡抚陆奏筹办湘省学堂情形折	教育	奏折		湘省学堂
第二卷一期（1905）	两湖总督张札设存古学堂文	教育	公文		存古学堂
第二卷一期（1905）	河南建设武备学堂开办章程	教育	章程		武备学堂
第二卷一期（1905）	各省教育汇志	教育	汇志		汇志
第二卷一期（1905）	各省游学汇志	教育	汇志		汇志
第二卷二期（1905）	江苏私塾改良会章程	教育	章程		私塾改良
第二卷二期（1905）	各省教育汇志	教育	汇志		汇志
第二卷二期（1905）	各省游学汇志	教育	汇志		汇志
第二卷三期（1905）	河南巡抚陈奏筹设豫河客籍学堂折	教育	奏折		兴办学堂
第二卷三期（1905）	热河将军崧奏筹建热河陆军武备学堂折	教育	奏折		军事教育
第二卷三期（1905）	各省教育汇志	教育	汇志		汇志
第二卷三期（1905）	各省游学汇志	教育	汇志		汇志
第二卷四期（1905）	各省教育汇志	教育	汇志		汇志
第二卷六期（1905）	两湖总督张札饬改办武师范学堂文	教育	公文		武师范学堂
第二卷六期（1905）	两湖总督张札饬各学堂补习学科文	教育	公文		学堂授课

（续表）

期刊号	标题	版块	来源	作者	主题
第二卷六期（1905）	各省教育汇志	教育	汇志		汇志
第二卷六期（1905）	各省游学汇志	教育	汇志		汇志
第二卷八期（1905）	河南巡抚陈奏设立初级师范学堂折	教育	奏折		师范教育
第二卷八期（1905）	河南巡抚陈奏筹设河南驻防满营小学堂折	教育	奏折		小学教育
第二卷八期（1905）	护江西巡抚周奏遵章设立学务处折	教育	奏折		学务处
第二卷八期（1905）	各省教育汇志	教育	汇志		汇志
第二卷八期（1905）	各省游学汇志	教育	汇志		汇志
第二卷八期（1905）	各省报界汇志	教育	汇志		汇志
第二卷九期（1905）	山西巡抚张奏筹款开办师范学堂先授简易科折	教育	奏折		师范学堂
第二卷九期（1905）	署两江总督周请派学生赴奥学习武备片	教育	奏折		出洋留学
第二卷九期（1905）	湖南蒙养院教课说略	教育			蒙养院
第二卷九期（1905）	各省教育汇志	教育	汇志		汇志
第二卷九期（1905）	各省游学汇志	教育	汇志		汇志
第二卷九期（1905）	各省报界汇志	教育	汇志		汇志
第二卷九期（1905）	侨民兴学汇志	教育	汇志		汇志

（续表）

期刊号	标题	版块	来源	作者	主题
第二卷十一期（1905）	上海私塾改良总会章程	教育	章程		私塾改良
第二卷十一期（1905）	各省教育汇志	教育	汇志		汇志
第二卷十一期（1905）	各省游学汇志	教育	汇志		汇志
第二卷十一期（1905）	各省报界汇志	教育	汇志		汇志
第二卷十二期（1904）	江苏学会暂定简章	教育	章程		学会
第二卷十二期（1904）	北京豫教女学堂章程	教育	章程		女子教育
第二卷十二期（1904）	各省教育汇志	教育	汇志		汇志
第二卷十二期（1904）	各省游学汇志	教育	汇志		汇志
第二卷十二期（1904）	各省报界汇志	教育	汇志		汇志
第二卷十二期（1904）	韩语设堂	教育			韩语学堂
第二卷十二期（1904）	侨商游学	教育			侨商游学
第三年第一卷（1906）	直隶学务处分课章程	教育	章程		学务处
第三年第一卷（1906）	直隶学务处各属劝学所章程	教育	章程		劝学所
第三年第一卷（1906）	各省教育汇志	教育	汇志		汇志
第三卷三期（1906）	护理湖南巡抚庞学政支会奏改设学堂以保国粹而励真才折	教育	奏折		改革学堂

（续表）

期刊号	标题	版块	来源	作者	主题
第三卷三期 （1906）	各省教育汇志	教育	汇志		汇志
第三卷三期 （1906）	各省游学汇志	教育	汇志		汇志
第三卷三期 （1906）	各省报界汇志	教育	汇志		汇志
第三卷五期 （1906）	署两江总督周署江北提督刘奏改江北高等学堂为初级师范附设高等预科并拟简明章程折	教育	奏折		师范教育
第三卷五期 （1906）	各省教育汇志	教育	汇志		汇志
第三卷五期 （1906）	各省游学汇志	教育	汇志		汇志
第三卷五期 （1906）	各省报界汇志	教育	汇志		汇志
第三卷六期 （1906）	学部奏湘省学堂不合定章拟令改正折	教育	奏折		规范学堂
第三卷七期 （1906）	各省教育汇志	教育	汇志		汇志
第三卷七期 （1906）	各省游学汇志	教育	汇志		汇志
第三卷七期 （1906）	侨民兴学	教育			侨民兴学
第三卷七期 （1906）	学生立会	教育			学生组织
第三卷九期 （1906）	北洋女子师范学堂章程	教育	章程		女子教育
第三卷九期 （1906）	各省教育汇志	教育	汇志		汇志
第三卷十期 （1906）	各省教育汇志	教育	汇志		汇志

（续表）

期刊号	标题	版块	来源	作者	主题
第三卷十期（1906）	各省游学汇志	教育	汇志		汇志
第三卷十期（1906）	各省报界汇志	教育	汇志		汇志
第三卷十二期（1906）	各省教育汇志	教育	汇志		汇志
第三卷十三期（1906）	各省教育汇志	教育	汇志		汇志
第三卷十三期（1906）	各省游学汇志	教育	汇志		汇志
第三卷十三期（1906）	各省报界汇志	教育	汇志		汇志
第三卷十三期（1906）	侨民兴学汇志	教育	汇志		汇志
第四卷二期（1907）	湖北按察使梁奏请建曲阜学堂折	教育	奏折		曲阜学堂
第四卷二期（1907）	各省教育汇志	教育	汇志		汇志
第四卷三期（1907）	江苏道监察御史赵侍御炳麟奏请定教育宗旨折	教育	奏折		教育宗旨
第四卷三期（1907）	学部札行各省提学使司通饬府厅州县调查境内一切有关教育事宜文	教育	公文		教育事宜
第四卷三期（1907）	各省教育汇志	教育	汇志		汇志
第四卷三期（1907）	各省游学汇志	教育	汇志		汇志
第四卷三期（1907）	各省报界汇志	教育	汇志		汇志
第四卷四期（1907）	学部通行京外考核各学堂学生品行文	教育	公文		学生考核

（续表）

期刊号	标题	版块	来源	作者	主题
第四卷四期（1907）	学部通行京外议定游学欧美学费数目文	教育	公文		出洋留学
第四卷七期（1907）	各省教育汇志	教育	汇志		汇志
第四卷七期（1907）	各省游学汇志	教育	汇志		汇志
第四卷七期（1907）	各省报界汇志	教育	汇志		汇志
第四卷七期（1907）	侨民兴学汇志	教育	汇志		侨民兴学
第四卷七期（1907）	留法学会纪闻	教育			出洋留学
第四卷九期（1907）	各省教育汇志	教育	汇志		汇志
第四卷九期（1907）	各省游学汇志	教育	汇志		汇志
第四卷九期（1907）	各省报界汇志	教育	汇志		汇志
第四卷十一期（1907）	学部奏派调查直隶学务员报告书	教育			学务员
第四卷十一期（1907）	各省教育汇志	教育	汇志		汇志
第四卷十一期（1907）	各省游学汇志	教育	汇志		汇志
第五卷一期（1908）	各省教育汇志	教育	汇志		汇志
第五卷一期（1908）	各省游学汇志	教育	汇志		汇志
第五卷一期（1908）	各省报界汇志	教育	汇志		汇志

（续表）

期刊号	标题	版块	来源	作者	主题
第五卷三期（1908）	学部奏派调查山西学务员报告书	教育			学务员
第五卷三期（1908）	直隶全省中学堂现行详章	教育	章程		中学堂规制
第五卷三期（1908）	各省教育汇志	教育	汇志		汇志
第五卷三期（1908）	各省游学汇志	教育	汇志		汇志
第五卷三期（1908）	各省报界汇志	教育	汇志		汇志
第五卷六期（1908）	学部奏议覆闽浙总督松奏请筹款兴办实业学堂折	教育	奏折		实业教育
第五卷六期（1908）	各省教育汇志	教育	汇志		汇志
第五卷三期（1908）	各省游学汇志	教育	汇志		汇志
第五卷三期（1908）	各省报界汇志	教育	汇志		汇志
第六卷十三期（1909）	杭州师范学堂解散日记	记事			师范学堂

五、关于法制改革的相关报道

法律与法制机构改革

期刊号	标题	版块	来源	作者	主题
第一卷四期（1904）	中外法制调查局规则	内务	规则		法制调查局
第一卷五期（1904）	日本设速成政法科	时评			速成政法科

（续表）

期刊号	标题	版块	来源	作者	主题
第一卷五期（1904）	日本法政速成科规则	教育			速成政法科
第一卷八期（1904）	论中国改革刑法	内务	录七月十三日《警钟报》		改革刑法
第二卷九期（1905）	政务处议覆改定刑律案折	内务	奏折		改革刑法
第二卷十期（1905）	直隶总督袁奏拟定天津四乡巡羁章程折	内务	奏折		巡警制度
第二卷十期（1905）	前署湖南巡抚端奏湘省改造监狱羁所办理情形折	内务	奏折		监狱改良
第二卷十期（1905）	节录留学日本警务生潘世琛张玉辉上署两江总督周条陈警务纲要八则	内务	节录留学日本警务生潘世琛张玉辉上署两江总督周条陈		警务纲要
第二卷十一期（1905）	中国未立宪以前当以法律徧教国民论	社说	本社撰稿	闵闇	法律与立宪
第三卷一期（1906）	刑部奏遵旨议覆私铸银元伪造纸币治罪折	内务	奏折		改革刑法
第三卷一期（1906）	理藩院刑部会奏议覆改减蒙古刑律折	内务	奏折		改革刑法
第三卷一期（1906）	奉天保卫公所实行新章	内务	章程		保卫公所
第三卷三期（1906）	巡警部奏酌拟本部及巡警厅权限章程折	内务	奏折		巡警厅权限
第三卷三期（1906）	天津监狱习艺所办法	内务			监狱习艺所
第三卷三期（1906）	天津监狱习艺所办理事务规程	内务			监狱习艺所
第三卷三期（1906）	天津监狱习艺所看守兵差务规则	内务			监狱习艺所

（续表）

期刊号	标题	版块	来源	作者	主题
第三卷五期（1906）	论主张竞争者当知法制	社说	录第七十二期《新民丛报》		法制的重要性
第三卷五期（1906）	论国人宜知政法之大要	社说	录丙午三月二十九日时报		政法的重要性
第三卷七期（1906）	警察刍言	内务	录丙午闰四月二十二日《时报》	杨宝书	警察制度
第三卷七期（1906）	刑部都察院会奏议覆虚拟死罪改为流徒折	内务	奏折		改革刑法
第三卷七期（1906）	刑部奏严定伪造邮票并冒用旧票等项治罪章程折	内务	奏折		法律规制
第三卷八期（1906）	监狱改良两大纲	内务	来稿		监狱改良
第三卷九期（1906）	刑部议覆左给谏奏驳上海会审刑章折书后	外交	奏折		审判制度
第三卷九期（1906）	刑部议覆左给谏奏驳上海会审刑章折书后	外交	录丙午六月二十九日《新闻报》		审判制度
第三卷十二期（1906）	论改良法律所应注意之事	社说	录丙午七月初四日《时报》		改良法律应注意之事
第三卷十二期（1906）	刑部都察院会奏议覆御史刘汝骥奏请将上控案件自行提审折	内务	奏折		审判制度
第四卷一期（1907）	直隶天津府属试办审判厅章程	内务	章程		法制机构
第四卷二期（1907）	论今日宜定国籍法	内务	录丙午十一月二十六日《时报》		国籍法
第四卷三期（1907）	我国现行法制概论	内务	录第十二期《北洋法政学报》		法制概论

（续表）

期刊号	标题	版块	来源	作者	主题
第四卷三期（1907）	大理院奏审判权限厘定办法折	内务	奏折		审判权限
第四卷三期（1907）	大理院审判编制法	内务			审判编制法
第四卷三期（1907）	民政部颁定违警罪章	内务			违警罪章
第四卷五期（1907）	广东南海县改良监狱试办简章	内务	章程		改良监狱
第四卷五期（1907）	论道德与法律之关系	社说	录丁未四月初八日《时报》		道德与法律
第四卷六期（1907）	论中国急宜编制民法	内务	录丁未四月初四日《南方报》		民法的重要性
第四卷六期（1907）	法部奏酌拟司法权限折	内务	奏折		司法权限
第四卷六期（1907）	大理院奏谨就司法权限酌加厘订折	内务	奏折		司法权限
第四卷六期（1907）	法部奏议覆变通枷号并除去苛刑折	内务	奏折		刑法改革
第四卷七期（1907）	论国民法律上之地位	内务	录丁未五月二十三日《时报》		法律与国民
第四卷十期（1907）	法部奏遵议御史王金镕奏请严禁驳审清厘冤狱折	内务	奏折		审讯制度
第四卷十二期（1907）	法部奏议覆实行改良监狱折	内务	奏折		改良监狱
第四卷十二期（1907）	考察政治馆奏议覆修订法律折	内务	奏折		修订法律
第五卷一期（1908）	吏部奏变通京察大典例章折	内务	奏折		京察大典
第五卷一期（1908）	大理院奏设详谳处专司核稿折	内务	奏折		详谳处

（续表）

期刊号	标题	版块	来源	作者	主题
第五卷二期（1908）	法部奏京师各级审判预算经费请拨款开办折附清单	内务	奏折		规制审判
第五卷二期（1908）	法部奏核议大学士张奏虚拟死罪人犯变通办理折	内务	奏折		改革刑法
第五卷三期（1908）	法部奏各级审判厅定期开办情形折 附片	内务	奏折		法制机构
第五卷四期（1908）	法部会同大理院奏核覆奉省提法司各级审判检察厅官制折	内务	奏折		法制机构
第五卷四期（1908）	法部等会奏各级审判厅成立酌拟司法警察及营翼地方办事章程折附清单二件	内务	奏折		法制机构
第五卷四期（1908）	法部会同大理院奏请变通秋审缓决人犯办法折 附清单	内务	奏折		刑审制度
第五卷四期（1908）	法部奏嗣后计赃科罪之案请按照市价估值折	内务	奏折		刑审制度
第五卷五期（1908）	论编制法典之要素	内务	录戊申三月二十一日《津报》		编制法典
第五卷六期（1908）	宪政编查馆奏考核违警律折附清单	内务	奏折		考核违警律
第六卷二期（1909）	中国籍法草案	调查一			中国籍法
第六卷八期（1909）	法律馆调查各省商习惯条例	章程			商业规制
第七卷六期（1909）	各省不得设会审公堂纪实	记载			审讯改革
第八卷八期（1911）	国家与法之关系			野村淳治 毕厚	法律的重要性